Geograph. Anst. v. Wagner & Debes, Leipzig.

böhlau Wien

Helmut Wohnout

Das österreichische Hospiz in Jerusalem

Geschichte des Pilgerhauses an der Via Dolorosa

Mit einem Vorwort von Kardinal Franz König

BÖHLAU VERLAG WIEN · KÖLN · WEIMAR

Diese Ausgabe wurde mit
freundlicher Unterstützung des Kuratoriums des
Hospizes zur Heiligen Familie, Jerusalem, ermöglicht.

Gedruckt mit Unterstützung durch das Bundesministerium für Unterricht,
Wissenschaft und kulturelle Angelegenheiten und das
Bundesministerium für auswärtige Angelegenheiten.

Umschlaggestaltung: Andreas Burghardt
Umschlagabbildung: Ansicht des Österreichischen Hospizes um die Jahrhundertwende
(Archiv des Österreichischen Hospizes, Jerusalem)
Vorsatz: Übersichtskarte Jerusalem, Baedeker Palästina
(Bildarchiv der Österreichischen Nationalbibliothek)
Nachsatz: Plan des Österreichischen Hospizes in Jerusalem (Diözesanarchiv Wien)

Die Deutsche Bibliothek – CIP-Einheitsaufnahme

Der Titeldatensatz für diese Publikation ist bei
Der Deutschen Bibliothek erhältlich

ISBN 3-205-99095-1

Gedruckt auf umweltfreundlichem, chlor- und säurefreiem Papier.

Druck: Manz, A-1050 Wien

Inhalt

Zum Geleit

Die Geschichte des Österreichischen Hospizes in Jerusalem ist wechselvoll. Dr. Helmut Wohnout hat sich der Mühe unterzogen, die Gründe für das Wechselvolle zu erheben und in übersichtlicher Weise darzustellen. Bei seinen Forschungsarbeiten sichtete er nicht nur Archivmaterial in Österreich, sondern oftmals auch im Hospiz in Jerusalem.

Nach der Wiedereröffnung des Hospizes im März 1988 galt es zuerst, „Lebenszeichen“ dieser Institution zu setzen. Viele, die durch einen Besuch oder durch einen Aufenthalt das Hospiz kennenlernen konnten, gingen mit der festen Absicht, es zu Hause bekanntzumachen. Parallel dazu verlief ein Prozeß der Verlebendigung des Hauses. Dazu trugen und tragen seither die vielen Volontärinnen und Volontäre bei, die im Hospiz mitarbeiten und im Zuge ihres Aufenthalts das Heilige Land näher kennenlernen können.

Neben der Pilgerbeherbergung ist die im Jahr 1991 gegründete Bibelpastorale Arbeitsstelle im Österreichischen Hospiz mit ihrem vielfältigen bibelorientierten Bildungsangebot Ausdruck dafür, daß Pilgern im Heiligen Land mehr sein kann, als heilige Stätten zu besuchen. Darüber hinaus fühlt sich die Leitung des Hauses auch der Präsentation österreichischer Kultur verpflichtet, bietet sich doch dazu das Haus, das ein „Stück Österreich“ inmitten der Altstadt Jerusalems ist, in einer besonderen Weise an.

Da die Christen im Heiligen Land in klarer Minorität leben, hindern Überlebensfragen und Berührungsängste eine praktizierte Ökumene. „Besuchsökumene“ charakterisiert am besten die Situation. Kontakte zu den anderen monotheistischen Religionen (Judentum und Islam) sind in der momentanen Situation nur über den Weg persönlicher Bekanntschaften möglich.

Als Anlaufpunkt für viele Pilger und Einheimische hat sich das „Wiener Kaffeehaus“ im Hospiz etabliert. Man schätzt das Hospiz und seinen Garten als „Oase“ inmitten des hektischen Lebens in Jerusalem, wie es viele unserer Gäste nach ihrem Besuch zum Ausdruck bringen.

Das Österreichische Hospiz – eine „hidden pearl“, so die „New York Times“ vom 4. April 1999.

Msgr. Dr. Wolfgang Schwarz
Rektor

Vorwort

Gerne erinnere ich mich heute noch meines ersten Besuches Anfang Februar 1994 im wiedereröffneten, gänzlich neu renovierten Österreichischen Hospiz an der Via Dolorosa Nr. 37 in der Altstadt von Jerusalem; dies ist dort, wo der Pilgerweg zur nicht weit entfernten Grabeskirche hinaufführt. Bereits einige Jahre zuvor, am 19. März 1988, waren die umfangreichen Renovierungsarbeiten im und am Hospiz durch den Wiener Dombaumeister und Architekten Kurt Stögerer mit viel Wissen und Können, vor allem aber mit großer Hingabe zum Abschluß gekommen. Damit konnte der neue Rektor, Monsignore Wolfgang Schwarz, das Haus offiziell auch als Pilgerhaus eröffnen. Infolge schwieriger Zeitverhältnisse konnte die externe Feier erst fünf Jahre später im Rahmen der 130jährigen Bestandsfeier des Hauses begangen werden.

Schon 1993 sollte eine kurz gefaßte Darstellung der Geschichte des Österreichischen Hospizes durch den Autor ein stetig wachsendes Interesse am viel besuchten Jerusalemer Pilgerhaus befriedigen. Ich freue mich, daß diese Arbeit nun in einer umfassenden Darstellung vorliegt.

Bei einem Gang durch das Haus mit der altehrwürdigen Kapelle, dem Herzstück des Hospizes mit seinen vielen wertvollen Erinnerungen aus der Gründerzeit, gelangen wir über verschiedene Stockwerke zu bequem eingerichteten Wohneinheiten und Gemeinschaftsräumen und besteigen schließlich das Dach des Hauses an der Via Dolorosa mit einem atemberaubenden Blick auf die große und schöne Stadt Jerusalem. Ein solcher Rundblick ist in der Tat einzigartig. Zu Füßen des Besuchers liegt die Altstadt mit der Grabeskirche, etwas erhöht der Abendmahlsaal und der Mariendom auf dem Berg Zion; nicht weit von der Via Dolorosa entfernt befindet sich die El-Aqsa-Moschee, befindet sich der Felsendom, neben Mekka eines der wichtigsten Heiligtümer des Islam. Der Blick gleitet entlang der alten Stadtmauer mit den 34 Türmen und acht noch erhaltenen Toren; er geht hinüber zu Jerusalems Neustadt mit dem Parlament und der Regierung Israels; dort befinden sich die Hebrew-University sowie zahlreiche wissenschaftliche Institute verschiedener Nationalitäten. Die jüdische Klagemauer in der Nähe der Trümmer des Salomonischen Tempels erinnert an Jerusalem als Gottesstaat des Volkes Israels vergangener Jahrhunderte.

Die selten schöne Stadt Jerusalem ist voller Geheimnisse und voller Geschichte. Wir befinden uns hier am weltgeschichtlichen Schnittpunkt der drei großen monotheistischen Religionen. Ihre gemeinsame Grundlage ist der Glaube an einen Gott, den Schöpfer des Himmels und der Erde, wie ihn die Propheten, wie ihn Jesaia und Jeremia oder sonst einer der großen Gottesmänner gelehrt und verkündet haben. – Ein schönes

Beispiel hierfür findet sich im Buche des Propheten Jesaia (40,12): „Wer mißt das Meer mit der hohlen Hand? Wer kann mit der ausgespannten Hand den Himmel vermessen? Wer mißt den Staub der Erde mit einem Scheffel? – Seht, die Völker sind wie ein Tropfen am Eimer, sie gelten so viel wie ein Stäubchen auf der Waage. – Weißt du es nicht, hörst du es nicht, der Herr ist ein ewiger Gott, der die weite Erde erschuf."

Mit einem solchen Wissen und Bekennen des Glaubens an einen gemeinsamen Vater im Himmel ging Jesus von Nazareth im Tempel zu Jerusalem aus und ein; durch seinen Tod am Kreuze und seine Auferstehung verkündet er auf der Grundlage der Propheten das Kommen des messianischen Gottesreiches. Und der Prophet Mohammed beruft sich auf den Eingottglauben Abrahams, um im Sinne des Korans seine neue Religionsgemeinschaft zu gründen. Diese drei Religionen sind es, die – trotz des gemeinsamen Gottesglaubens – durch die Geschichte und menschliches Versagen in größeren Spannungen leben. Aber sie prägen das Antlitz dieser Stadt, sie spannen sie in die großen politischen Gegensätze und Kämpfe hinein.

Die Anzahl der Christen in ihren verschiedenen geschichtlich gewordenen Gemeinschaftsformen ist stark zurückgegangen; aber der internationale Einfluß der gesamten Christenheit ist auf der Weltebene beachtlich und bleibt mit der Stadt Jerusalem verbunden.

Die Geschichte des österreichischen Pilgerhauses, wie sie im vorliegenden Buch umfassend dargestellt wird, wurzelt in der größeren österreichischen Geschichte des vergangenen Jahrhunderts. Im Jahre 1869 kam Kaiser Franz Joseph – er führte u. a. den Titel eines „Königs von Jerusalem" – aus Anlaß seiner Reise zur Eröffnung des Suez-Kanals auch nach Jerusalem und nahm im Hospiz Quartier. Die erfolgreiche Geschichte des Hauses in den ersten Jahrzehnten seines Bestandes wurde mit dem Beginn des Ersten Weltkrieges jäh unterbrochen und führte schließlich 1939 zur Beschlagnahme des Hauses durch britische Militärs. Daß in den folgenden Jahren die österreichische Präsenz im Hospiz aufrechterhalten werden konnte, war insbesondere das Verdienst der Vöcklabrucker Schulschwestern, die ab 1933 die Sorge für das Haus mittrugen und allen existentiellen Bedrohungen erfolgreich Widerstand leisteten. Über 50 Jahre standen sie dem Haus in vorbildlicher Weise zur Verfügung. Daher möchte ich als emeritierter Erzbischof von Wien im Namen der österreichischen Diözesen hier öffentlich den Schwestern und ihrem Mutterhaus, das so viel Verständnis für das Hospiz zeigte, einen großen Dank abstatten. Noch vor kurzem habe ich mit Sr. Liliosa Fasching persönlich gesprochen. Sie hatte als letzte im Jahr 1985 das Haus verlassen und hat mir, obwohl schon weit über 90, noch voll innerer Bewegung von den großen Schwierigkeiten und dem Einsatz der Schwestern in Jerusalem erzählt.

Nachdem das Hospiz durch viele Jahre unter anderem als Militär- und Zivilspital gedient hatte, wurde bei der Rückgabe im Jahre 1985 vor allem der desolate Bauzustand ersichtlich. Neben dem heldenhaften Einsatz der Vöcklabrucker Schwestern war es der Jerusalemer Rechtsanwalt Dr. Joseph Kollek, der mit großer Sachkenntnis und Geduld die Rückgabe des Hospizes durchzusetzen half. Hilfreich im Hintergrund war aber auch das grundsätzliche Wohlwollen des damaligen Bürgermeisters von Jerusalem, Teddy Kollek. Dazu kamen nicht zuletzt die großen Verdienste der für das Haus bestellten Kuratoren, vor allem des Kurators Dr. Julius Schuster; es waren die Ritter vom Heiligen Grab, die mit großer finanzieller Hilfe und manchem guten Rat das Haus immer wieder unterstützten. Die verschiedenen für das Haus ernannten geistlichen Rektoren, an ihrer Spitze der unermüdliche Prälat Dr. Franz Sauer, mußten sehr viel Zeit und Geduld aufwenden, um jeweils zu den notwendigen Verhandlungen und Sitzungen zu kommen. In meiner eigenen langen Amtszeit als Erzbischof von Wien mußte ich mich ebenfalls immer wieder mit den alten und neuen Schwierigkeiten des Hauses beschäftigen.

Das wiedereröffnete neue Österreichische Hospiz konnte unter der Führung seines Rektors, Msgr. Wolfgang Schwarz, die alten Aufgaben mit Schwung und Erfolg aufgreifen; mußte sich aber auch rüsten für neue Wege in ein neues Millennium. Das Interesse für das Österreichische Hospiz ist sprunghaft angestiegen, und die damit zu bewältigenden Aufgaben sind enorm gewachsen. Die alte Aufgabe, eine geistliche Rast- und Pilgerstätte im Heiligen Lande für die österreichischen Landsleute zu sein, bleibt immer wichtig und vordringlich. Aber auch neue Aufgaben in Verbindung mit der Ökumene, mit einem Brückenbau über östlich-westliche Gegensätze in einem politischwechselnden Spannungsfeld, können nicht übersehen werden und verlangen immer wieder neue Überlegungen. Die vorliegende, auf umfassendem Quellenstudium gründende Arbeit möge hiezu eine Hilfe sein.

Kardinal Franz König

Jerusalem im Jahre 1839: Eingang zur Zitadelle, im Hintergrund die Grabeskirche

Österreich und Palästina im 19. Jahrhundert

DAS GENERALKOMMISSARIAT DES HEILIGEN LANDES IN WIEN

Mit der Eroberung Jerusalems im Sommer 1244 durch den ägyptischen Sultan as-Salih Ejjub und dem Ende des von den Kreuzfahrern errichteten Lateinischen Königreiches 1291 gerieten die von den Christen verehrten Gedächtnisorte des Lebens und Leidens Jesu Christi, die sich während der Kreuzfahrerzeit großen Zuspruchs erfreut hatten, für mehr als sechs Jahrhunderte in moslemische Hand.

Jede Art von Wallfahrt aus den katholischen Ländern Europas war zunächst unmöglich. In den ersten Jahrzehnten des 14. Jahrhunderts gelang es durch eine Intervention König Roberts von Neapel und seiner Gemahlin Sanzia beim mameluckischen Sultanshof in Kairo, die heiligen Stätten der Christenheit freizukaufen und sie ab 1333 den Franziskanern zur Obsorge anzuvertrauen. Papst Clemens VI. bestätigte 1342 mit der Bulle „Gratias agimus" die Niederlassung der Franziskaner, die fortan die katholische Präsenz in Jerusalem und an anderen den Katholiken verehrungswürdigen Plätzen in Palästina aufrechterhielten.[1]

Die Tradition der Minores, der Minderbrüder, wie sich die Franziskaner in Hinblick auf ihre einfache Lebensweise nannten, ging im Heiligen Land bis auf den Heiligen Franz von Assisi zurück, der sich 1219/1220 in Palästina aufgehalten hatte. Schon seine Schüler hatten hier die ersten Niederlassungen gegründet, um sich der Seelsorge unter den Kreuzfahrern zu widmen. Nun übernahmen die Franziskaner die gesamte Obsorge über die mit dem Abzug der Kreuzfahrer verwaisten Kirchen, Klöster und Hospize Palästinas, insbesondere aber über die biblischen Leidensstätten Christi. Die Niederlassungen wurden zur Kustodie des Heiligen Landes, der Custodia Terrae Sanctae, die einer Ordensprovinz entsprach, vereinigt. Ihr Oberer, der Custos, fungierte bis zur Wiederherstellung des Patriarchats im 19. Jahrhundert als päpstlicher Vikar und Delegat und war das geistliche Haupt der katholischen Kirche in Palästina. Er unterstand direkt dem Ordensgeneral in Rom. Ihre Mittel bezogen die Franziskaner aus Europa, wo eigene Sammlungen für das Heilige Land eingeleitet wurden.[2]

Doch galt der Nahe Osten trotz der Anwesenheit der Franziskaner vielfach als eine Art „terra incognita" für die katholische Welt. Nur vereinzelt gelangten europäische Reisende, oft unter großen Gefahren, in das Heilige Land. Dies sollte sich erst in der Frühneuzeit, genauer gesagt ab dem 16. Jahrhundert, ändern, als sich Orient und Okzident langsam näherzukommen begannen. Seit dem Jahr 1516, von dem an das Osmanische Reich, nachdem Sultan Selim die Mamelucken bei Aleppo besiegt und Jerusalem erobert hatte, die Herrschaft über Palästina ausübte, kam es wieder zu einer verstärkten Kontaktnahme. Den ersten Schritt dazu bildeten sogenannte Kapitulationen, die die christlichen Mächte mit der Hohen Pforte abschlossen.

Kapitulationen waren zwischenstaatliche Verträge des Osmanischen Reiches mit ausländischen Mächten, in denen die Rechte der jeweiligen Staatsangehörigen innerhalb der dem Sultan unterstehenden Gebiete geregelt wurden. Als Folge der gemeinsamen Gegnerschaft zum Hause Habsburg war Frankreich die erste europäische Macht, die bereits im 16. Jahrhundert diesbezügliche Vereinbarungen mit der Hohen Pforte getroffen hatte.[3] Waren die Kapitulationen anfangs vornehmlich zur Regelung der Handelsbeziehungen geschlossen worden, so boten sie bald auch die rechtliche Handhabe für die Tätigkeit katholischer Geistlicher auf dem Territorium des Osmanischen Reiches und schrieben den ungehinderten Zutritt zu den Heiligen Stätten Jerusalems fest. Dabei standen nicht nur französische Geistliche und Pilger, sondern alle Katholiken unter dem Protektorat Frankreichs, das zu Beginn als einzige katholische Macht ein solches Schutzrechte gewährendes Abkommen mit der Pforte vereinbart hatte.[4]

Durch die Friedensschlüsse von 1606 und 1615 erhielt erstmals auch die Habsburgermonarchie vergleichbare Kapitulationen zugesprochen. Später wurden dann in den Friedensverträgen von Karlowitz 1699, Passarowitz 1718 und Belgrad 1739 die Protektoratsrechte der Habsburger gegenüber ihren christlichen Untertanen im Osmanischen Reich festgeschrieben. Unmittelbare Folge dieser Verträge war die Errichtung von Konsulaten seitens der Monarchie in mehreren Küstenstädten der Levante, unter anderem in Akko, Aleppo und Jaffa, die – von Einheimischen geleitet – als Stützpunkte für den Handel mit dem Habsburgerreich dienten und daher von handelspolitischer, aber kaum von politischer oder religionspolitischer Bedeutung waren.

1791 begruben die Monarchie und das Osmanische Reich mit dem Frieden von Sistowa nach jahrhundertelangen verlustreichen Kriegen endgültig ihre wechselseitige Feindschaft und sollten fortan, von kurzen Irritationen abgesehen, bis zum Untergang beider Großmächte einander freundschaftlich verbunden bleiben.

Dennoch betrachtete die Pforte Frankreich weiterhin als Vertreter aller übergeordneten katholischen Interessen im Heiligen Land und als seinen ersten Ansprechpartner in Angelegenheiten der Kirche. Daran sollten auch die Französische Revolution und die

Napoleonischen Kriege nichts ändern. Für das seit den Revolutionen der Jahre 1830 und 1848 den Einfluß der Kirche immer mehr zurückdrängende Frankreich bedeutete das Protektorat nicht so sehr eine aus Idealismus wahrgenommene religiöse Aufgabe, sondern diente vielmehr als ein Instrument der Außenpolitik, das dem Land in der Levante eine Vorrangstellung sichern sollte.

In der Habsburgermonarchie gründete Kaiser Ferdinand II. 1633, also schon relativ bald nach den ersten Friedensschlüssen mit der Pforte, das sogenannte Generalkommissariat für das Heilige Land in Wien. Dessen Hauptaufgabe bestand darin, die Verbindung mit den Franziskanern der Kustodie zu pflegen, Spenden für sie zu sammeln und das Pilgerwesen nach Jerusalem zu organisieren. Vergleichbare Kommissariate waren auch in anderen europäischen Ländern etabliert worden, wobei so wie in Wien die Administration in den Händen des Franziskanerordens lag. Sie waren durch päpstliche Konstitutionen bestätigt und erhielten vom Ordensgeneral der Franziskaner in Rom spezielle Vollmachten. Doch kam es mit dem Ordensgeneral bald zu Mißhelligkeiten, weshalb Kaiser Leopold 1664 durchsetzte, daß nur mehr Franziskaner, die aus der Monarchie stammten, für das Generalkommissariat in Wien tätig sein durften.[5]

120 Jahre später, im Jahr 1784, fiel das Generalkommissariat dann überhaupt – wie so viele andere kirchliche Einrichtungen – den Säkularisierungsmaßnahmen Josephs II. zum Opfer. Das vorhandene Vermögen wurde dem bosnischen Missionsfonds zugewiesen und die Sammeltätigkeit für das Heilige Land eingestellt.

Eine Zäsur für das gesamte Verhältnis zwischen Europa und dem Vorderen Orient bedeuteten die kriegerischen Auseinandersetzungen während der Napoleonischen Kriege. An sich hinterließ die ägyptische Expedition Napoleons so gut wie keine Spuren im Heiligen Land. Palästina als solches war kein Kriegsziel des Unternehmens. Die französischen Truppen ließen daher das damals politisch bedeutungslose Jerusalem auf ihrem Vormarsch nach Akko außer acht.[6]

Und dennoch hatte der Feldzug langfristige Auswirkungen, denn erstmals seit den Kreuzzügen war der Nahe Osten wieder in das Bewußtsein Europas zurückgekehrt. Militärisch war der spektakuläre Versuch Napoleons, das britische Königreich von seinen Kolonien zu trennen, erfolglos und letztlich nur eine Episode geblieben, geistesgeschichtlich eröffnete er Europa eine neue Dimension: den ab diesem Zeitpunkt nicht mehr abreißenden Kontakt mit dem Orient.[7]

Die „Ägyptomanie", unmittelbar ausgelöst durch den Feldzug Napoleons, bildete einen ersten Höhepunkt der Faszination, die in Europa während des 19. Jahrhunderts für den Orient entstand. Die politischen Veränderungen der folgenden Jahrzehnte brachten es mit sich, daß die Bedrohlichkeit wich und Sehnsüchte nach exotischen Impressionen an deren Stelle traten. Literatur, Malerei, Architektur und Kunsthandwerk wa-

Vinzenz Eduard Milde, Erzbischof von Wien

ren von den Phantasmagorien des „Morgenlandes“ durchdrungen.[8] Diese Entwicklung machte auch vor der Kirche nicht halt. Geprägt von der Romantik und der ihr zugrundeliegenden Sehnsucht nach Freiheit und Ursprünglichkeit, begann man sich den Heils- und Leidensstätten Christi, die seit der Kreuzfahrerzeit dem europäischen Gesichtskreis entrückt waren, wieder verstärkt zuzuwenden.

Es waren vor allem katholische Geistliche, die – ganz im Geiste der Romantik – erste, noch ziemlich beschwerliche und teilweise nicht ungefährliche Pilgerreisen in das Heilige Land unternahmen. Ab 1836 wurde dies immerhin dadurch erleichtert, daß der Österreichische Lloyd von Triest aus regelmäßige Schiffahrtsverbindungen in die Levante aufzubauen begann. Dazu kam, daß unter der neunjährigen Herrschaft des ägyptischen Statthalters Mehmet Ali von 1831 bis 1840 in Palästina eine bis dahin nicht gekannte religiöse Toleranz gegenüber nichtmuslimischen Religionen Platz griff.[9]

Einer der bedeutendsten Priester, der das Heilige Land bereiste und danach bei den geistlichen wie weltlichen Stellen ein verstärktes Engagement der Monarchie befürwortete, war der einflußreiche Wiener Domkapitular Joseph Salzbacher.[10] Die Erinnerungen an seine noch unter abenteuerlichen Umständen im Jahr 1837 stattgefundene Palästinafahrt faßte er in einem zwei Jahre später erschienenen, populären Buch zusammen.[11] Es besteht kein Zweifel, daß Salzbacher wesentlichen Anteil daran hatte, Metternich von der Notwendigkeit eines stärkeren österreichischen Engagements in der Levante in Hinblick auf das Heilige Land zu überzeugen. Unmittelbar nach seiner Rückkehr übergab er dem Staatskanzler ein Promemoria und seinen Reisebericht, worin er eindringlich schilderte, in welche Probleme die in Palästina tätigen Priester und Ordensleute durch die Einstellung der regelmäßigen Sammlungen geraten waren.[12]

Kaiser Ferdinand gestattete daraufhin 1842, die unter Joseph II. eingestellte Karwochenkollekte für das Heilige Grab und andere christliche Stätten im Heiligen Land wieder einzuführen. Allerdings wurde diese nicht wie in anderen Ländern von den Franziskanern durchgeführt, sondern von den Pfarren der Diözesen der Monarchie im Auftrag ihres jeweiligen Bischofs. Ein Jahr später wurde mit kaiserlichem Dekret vom 13. Juni 1843 das Generalkommissariat in Wien wieder errichtet. Gemäß den vom Wiener Erzbischof Vinzenz Eduard Milde ausgearbeiteten und von Kaiser Ferdinand genehmigten Statuten wurde das Generalkommissariat weiterhin vom Franziskanerorden geleitet, doch unterstand es nicht dem Generaloberen des Franziskanerordens in Rom, sondern dem Protektorat und der Aufsicht des jeweiligen Erzbischofs von Wien.[13] Diesem oblag auch die Ernennung des Generalkommissärs, der allerdings Franziskaner sein mußte.

Zu den Aufgaben des Kommissariats gehörte es, die katholischen Einrichtungen im Heiligen Land zu erhalten und zu fördern sowie Pilgerfahrten aus dem Gebiet der Monarchie nach Jerusalem in die Wege zu leiten. Weiters wurden einige Franziskaner aus der Monarchie nach Palästina gesandt, um die Pilger als Führer und Beichtväter zu betreuen.[14] Vor allem ihnen, so wurde in den Statuten festgelegt, beziehungsweise implizit den von ihnen betreuten Wallfahrern, sollten die aus der Monarchie gesandten Spendengelder zukommen.

Daß diese Bestimmungen, die dem Erzbischof von Wien ein weitgehendes Ein- und Durchgriffsrecht in die Angelegenheiten des Generalkommissariats ermöglichten, teilweise in Widerspruch zu den Ordensregeln standen und in einigen Punkten sogar gegen vom Papst bestätigte Konstitutionen des Franziskanerordens verstießen, wurde sowohl vom Ordensgeneral des Franziskanerordens als auch vom päpstlichen Nuntius in Wien 1843 sofort beanstandet. Metternich bestand jedoch auf der vom Kaiser approbierten Organisation des Kommissariats und drohte für den Fall, daß man seitens Roms nicht bereit wäre, dies zu akzeptieren, mit dessen neuerlicher Auflösung. In dieser Situation blieb dem Heiligen Stuhl und den Franziskanern nichts anderes übrig, als nolens volens nachzugeben. Freilich sollte dieser unter der Oberfläche weiter schwelende Konflikt später den Anlaß für heftige innerkirchliche Auseinandersetzungen bilden. Vorderhand wurde aber einvernehmlich mit den Franziskanern der erste Generalkommissär, Pater Joseph Matzek, von Erzbischof Milde ernannt und vom Kaiser bestätigt, und die neue Institution konnte 1844 ihre Arbeit aufnehmen. Für den Fall seiner Abwesenheit ernannte Erzbischof Milde für die Angelegenheiten des Kommissariats Joseph Salzbacher, der an der Wiederherstellung dieser Institution wesentlichen Anteil hatte, zu seinem Stellvertreter.[15] Vinzenz Eduard Milde bewies aber auch persönlich ein großes Interesse an der Situation der katholischen Kirche im Heiligen Land, vor allem in Jerusalem, und ließ sich von Priestern, die in die Levante reisten, nicht nur detaillierte Schilderungen über den Zustand der kirchlichen Einrichtungen geben, sondern war auch für Vorschläge darüber offen, inwieweit österreichischerseits das Engagement verstärkt werden könnte.[16]

Einen Meilenstein für die weiteren Aktivitäten der katholischen Kirche der Habsburgermonarchie bildete die im Jahre 1845 stattgefundene Reise des aus Görz stammenden Geistlichen und Professors für Altes Testament, Johann Mosetizh. Dessen Mission fand im Auftrag Kaiser Ferdinands statt, der den Priester auf Vorschlag Metternichs und mit Zustimmung Mildes ausgesucht hatte, und war Teil einer gemeinsamen Initiative des Kaisers und des bayerischen Königs Ludwig I. Gemeinsam mit dem jungen Münchner Orientalisten Johann Nepomuk Sepp, der später als Palästina-Forscher zu Berühmtheit gelangte, sollte Mosetizh an Ort und Stelle für beide Länder die Möglichkeiten erkunden, wie die katholischen Interessen gefördert und unterstützt werden könnten.[17] Schon während seiner Erkundungsmission stand Mosetizh mit Erzbischof Milde in brieflichem Kontakt. Nach seiner Rückkehr nach Europa erstattete er dem Erzbischof im Jänner 1846 in Wien Bericht und übergab ihm ein Memorandum, in dem er vehement für eine stärkere Unterstützung der Franziskaner in Syrien, Ägypten und Palästina plädierte und dafür auch einige konkrete Vorschläge unterbreitete.[18]

DIE WIEDERERRICHTUNG DES LATEINISCHEN PATRIARCHATS IN JERUSALEM

Die Geschichte des Patriarchats in Jerusalem reicht wesentlich weiter zurück als jene der Kustodie des Heiligen Landes. 418 unter Papst Juvenal gegründet, waren die ersten 88 Patriarchen bis zur Eroberung Jerusalems durch die Kreuzfahrer im Jahr 1099 Griechen. In diesem Jahr wurde der erste Lateinische Patriarch ernannt; seine Nachfolger behielten die Würde bis 1369. Freilich war das Amt schon seit der Eroberung Jerusalems durch die Moslems 1244 nicht mehr von Jerusalem aus wahrzunehmen. Bis 1291 residierte der Patriarch noch im Heiligen Land, zuletzt in Akko, danach reduzierte sich sein Amt auf eine Titularwürde. 1369 gingen alle patriarchalen Befugnisse auch formell auf die Franziskaner über.

Mitte des 19. Jahrhunderts kam es zur Wiedererrichtung des Patriarchats.[19] Einen wesentlichen Anstoß dazu gab die Schaffung eines evangelischen Bistums in Jerusalem im Jahre 1841. Dieses ging auf eine gemeinsame Initiative der beiden protestantischen Monarchien Preußen und England zurück und führte katholischerseits zu erheblicher Verunsicherung. Vieles deutet darauf hin, daß auch in Wien der letzte, unmittelbare Anstoß für die Wiedereinführung der Sammlungen für das Heilige Land und die Wiedererrichtung des Generalkommissariats von der als schockierend empfundenen Nachricht von der Gründung des protestantischen Bistums in Jerusalem ausgegangen ist.[20]

1847 reagierte der Heilige Stuhl, indem Papst Pius IX. mit der Bulle „Nulla celebrior" das seit mehr als fünf Jahrhunderten verwaiste Lateinische Patriarchat wiederherstellte. Sein Gebiet umfaßte Palästina, das Ostjordanland und die Insel Zypern. Mit Joseph Valerga berief der Papst einen jungen, aber sehr energischen und vor allem bereits in der

Orientmission mehrere Jahre lang erprobten Geistlichen zum ersten Patriarchen.[21] Von Anfang an übernahm Frankreich, gestützt auf seine alten Protektoratsprivilegien, den diplomatisch-politischen Schutz über die neue katholische Diözese, sodaß Valerga trotz des anfänglichen osmanischen Widerstandes ganz Palästina mit einem Netz katholischer Missionsstützpunkte überziehen konnte.

Patriarch Joseph Valerga

Schon zu Beginn seiner Tätigkeit sah sich der Patriarch allerdings einer innerkatholischen Front gegenüber. Denn die Franziskaner konnten und wollten sich nicht mit der Tatsache abfinden, daß sie sich, nachdem sie durch fünf Jahrhunderte die katholische Alleinvertretung im Heiligen Land innegehabt hatten, nun dem Patriarchat unterordnen sollten. Zweifellos war es für sie eine große Enttäuschung, daß der Papst nicht ihren Custos, sondern einen jungen Missionar zum Patriarchen erwählt hatte. Sie begegneten dem Patriarchat deshalb schon vom ersten Tag an mehr als reserviert.

Um die Stellung der Franziskaner zu schwächen, trachtete der Patriarch wiederum, ihm wohlgesonnene andere Kongregationen ins Heilige Land zu bringen und begünstigte die Gründung des einheimischen Ordens der „Schwestern des allerheiligsten Rosenkranzes".[22] Zwischen dem Patriarchen und dem Custos kam es aus diesem Grund bald zu schweren Konflikten. Konnte Valerga dabei mit der Unterstützung Frankreichs rechnen, so erhielten die Franziskaner Rückendeckung seitens der Habsburgermonarchie.

DIE ERÖFFNUNG DES ÖSTERREICHISCHEN KONSULATS – AUSGANGSPUNKT FÜR WEITERE AKTIVITÄTEN DER HABSBURGERMONARCHIE

War der Orient überhaupt erst durch die Expedition Napoleons in den Gesichtskreis einer breiteren europäischen Öffentlichkeit zurückgekehrt, so war es vier Jahrzehnte später abermals eine militärische Aktion – diesmal allerdings von mehreren Mächten –, die zu einer weiteren Etappe der Wiederentdeckung des Heiligen Landes seitens der europäischen Diplomatie führen sollte.

Das Osmanische Reich hatte es der Heiligen Allianz zu verdanken, daß es die volle Souveränität über Palästina ab den vierziger Jahren des 19. Jahrhunderts überhaupt noch weiter ausüben konnte. Denn im Jahr 1831 war der ägyptische Statthalter Mehmet Ali vom Sultan abgefallen, und seine Truppen hatten unter dem Oberbefehl seines Sohnes Ibrahim ganz Syrien einschließlich Palästina erobert. Um das Wohlwollen der europäischen Mächte, insbesondere Großbritanniens, für seine Expansionspolitik zu erreichen, beseitigten die neuen Herren in Palästina alle Formen der Diskriminierung von Angehörigen nichtmuslimischer religiöser Gemeinschaften.[23] Zugleich ebnete man den Weg für das Eindringen europäischer kirchlicher Einrichtungen, indem die Eröffnung von Konsulaten im Landesinneren und die Ausweitung religiös-missionarischer Aktivitäten ermöglicht wurden. Schon 1839 nahm daher das erste europäische Konsulat, jenes der Briten, in Jerusalem seine Arbeit auf.

1839 führte Mehmet Ali abermals einen erfolgreichen Angriff gegen die Hohe Pforte. Nach der Niederlage bei Nizip, dem Überlaufen der osmanischen Flotte und dem Tod Sultan Mehmeds schien überhaupt das Ende des Osmanischen Reiches gekommen. In dieser Situation traten auf eine Initiative Metternichs hin Österreich, England, Preußen und Rußland der Pforte zur Seite, und nach dem Eingreifen eines britisch-österreichischen Flottenverbandes im Herbst 1840 konnte die osmanische Herrschaft über die syrische Provinz, zu der auch Palästina zählte, wiederhergestellt werden.[24]

In der Folge trachtete Metternich, diesen militärischen Erfolg auch politisch umzusetzen und Österreich ein festes Standbein in der Levante zu verschaffen. Denn der Sultan, der in der Schuld der Europäer stand, konnte, was die Öffnung Palästinas betraf, die durch Mehmet Ali eingeleitete Politik nicht mehr rückgängig machen. Dadurch erhielt aber nicht nur das Interesse der europäischen Öffentlichkeit am Heiligen Land einen neuerlichen Auftrieb, sondern Palästina geriet auch unmittelbar „in den Strudel der Interessengegensätze der europäischen Großmächte im Rahmen der ‚Orientalischen Frage' des 19. Jahrhunderts."[25]

Für Metternich spielten neben wirtschaftlichen von Anfang an auch religionspolitische Überlegungen eine Rolle. Dabei ging es dem Staatskanzler in erster Linie darum, ein Gegengewicht zu Frankreich, das weiter das traditionelle Protektorat über die Katholiken im Heiligen Land wahrnahm, zu schaffen. Den Ansatz hiezu bildete das Österreich in allen Verträgen mit dem Sultan eingeräumte Schutzrecht für Katholiken. Dieses galt nämlich für das gesamte Osmanische Reich; gewohnheitsmäßig hatte Österreich es aber bisher nur am Balkan, nicht jedoch in der Levante ausgeübt.

Hier beabsichtigte Metternich nun, eine Änderung herbeizuführen, und dies umso mehr, als Frankreich den Plan vorbrachte, in Jerusalem und dessen Umgebung eine Art kirchlich-religiösen Staat unter christlich-internationalem Schutz zu errichten. Der österreichische Staatskanzler argwöhnte, daß ein solcher unter französischen Einfluß geraten würde.[26] Darüber hinaus wollte Metternich alles vermeiden, was die Stellung des Osmanischen Reiches nach außen hin weiter geschwächt hätte. Den französischen Plan konnte er vereiteln, so wie er auch andere Projekte erfolgreich abwehrte, die – von den protestantischen Mächten, in erster Linie von Preußen, vorgebracht – auf die eine oder andere Weise auf einen Sonderstatus für das Heilige Land hinausgelaufen wären.

Metternich ging es besonders darum, in einer konkreten Art und Weise den österreichischen kirchlichen und politischen Einfluß in Jerusalem bei gleichzeitigem Fortbestand der türkischen Souveränität über Palästina zu verstärken. Im April 1841 schrieb er an den Präsidenten der Hofkammer, Karl Friedrich von Kübeck:

> „Jetzt, wo durch die glänzenden Erfolge des vorjährigen Feldzuges diese Länder unter die Oberherrschaft der osmanischen Pforte zurückgekehrt sind, macht die allgemeine Stimme der zivilisierten Welt es den verbündeten Mächten zur unerläßlichen Pflicht, eine so schöne Gelegenheit für die Begründung eines besseren Geschicks der dortigen christlichen Bewohner nicht unbenützt vorübergehen zu lassen. Ganz vorzüglich ist es aber wahre Ehrensache des kk. Hofes, sich unserer unglücklichen Glaubensbrüder daselbst nicht nur für den Augenblick, sondern auch für die Zukunft eifrig und werkthätig anzunehmen. Es wird solches überdieß sowohl von den Gefühlen der Menschlichkeit und Religionssympathie, als von höheren politischen Gründen gebothen, deren entschiedenes Gewicht der erleuchteten Einsicht Ew. Exzellenz nicht entgehen kann, und das in der Waagschale selbst die kommerziellen Interessen bei weitem überwiegen dürfte."[27]

Eine zentrale Maßnahme war für den österreichischen Staatskanzler in diesem Zusammenhang eine Neuordnung und Intensivierung des Konsularwesens in der Levante. Schon 1841 kam es in Beirut zur Einrichtung eines von einem Diplomaten aus der Monarchie geleiteten Generalkonsulats für ganz Syrien, das durch ein Vizekonsulat in Jerusalem ergänzt werden sollte. Vor allem auch die Tatsache, daß Mitte der vierziger Jahre bereits England (1839), Frankreich (1843), Preußen (1842), Sardinien (1843) und die Vereinigten Staaten (1844) konsularische Vertretungen besaßen, führte zum Entschluß, den Plan einer Niederlassung energischer voranzutreiben. Dazu kam noch, daß, als Metternich den Auftrag erteilte, interimistisch eine der in Jerusalem bestehenden Vertretungen mit der konsularischen Betreuung der aus der Habsburgermonarchie kommenden Christen zu betrauen, der in Beirut residierende Generalkonsul Adelburg mit wenig Fingerspitzengefühl diese Aufgabe ausgerechnet dem preußischen Konsul übertrug. Es wurde als unzumutbar empfunden, daß die Interessen der katholischen Großmacht Österreich in Jerusalem vom Vertreter eines mehrheitlich protestantischen Landes, das noch dazu in Konkurrenz zur katholischen Kirche ehrgeizige Missionierungspläne verfolgte, wahrgenommen werden sollten. So kritisierte etwa das Küstenländische Gubernium in seinem Bericht an die Hofkammer, daß

> „das religiöse Gefühl der österreichischen Unterthanen, die größtentheils Catholiken sind, und das heilige Grab des Erlösers besuchen, schwer verletzt wird, wenn sie eben in der Stadt, wo die Gegensätze in den christlichen Bekenntnissen sich in neuerer Zeit so grell entgegentreten und zu bedauerlichen Anfeindungen Anlaß geben, den Rath und Beistand eines protestantischen Consuls ansuchen müssen, zu dem sie kein Vertrauen haben können ... Da die bedeutenderen christlichen Mächte Europa's in Jerusalem eigene Nationalconsulate halten; so dürfte sich der österreichische Hof, welcher unter allen catholischen Höfen den ersten Rang einnimmt, theils um seine wichtige Stellung und seinen Einfluß auf die catholische Kirche im Orient zu behaupten, theils um seinen Angehörigen daselbst den nöthigen Schutz zu gewähren, nicht wohl des Opfers entschlagen können, einen eigenen besoldeten Nationalconsul in Jerusalem anzustellen ...“.[28]

Alle diese Überlegungen bewogen den Kaiser 1846/1847, entgegen den Bedenken mancher Hofstellen ob der zusätzlich erwachsenden finanziellen Belastungen seine Zustimmung zum Plan Metternichs zu geben.[29] Unmittelbar ausschlaggebend für die Entscheidung Ferdinands war wiederum der bereits erwähnte Bericht des Görzer Geistlichen Professor Mosetizh vom Jänner 1846, den Metternich seinem „Allerhöchsten Vortrag“ an Kaiser Ferdinand vom 24. Februar 1846, der die Grundlage für die kaiserliche Entscheidung bildete, als Beilage angefügt hatte.[30] Letztere verfügte, einem Vorschlag des Präsidenten der Hofkammer, Karl Friedrich von Kübeck, folgend, die Errichtung eines Vizekonsulats in Jerusalem.

In seinen Ausführungen gegenüber Kaiser Ferdinand hatte Metternich ausschließlich religionspolitische Erwägungen als Begründung für die Notwendigkeit der österreichischen Vertretung in Jerusalem ins Treffen geführt. Diese sollte sowohl einen Beitrag leisten, der katholischen Seite in Jerusalem in ihrer Auseinandersetzung mit der Orthodoxie den Rücken zu stärken, als auch ein Gegengewicht zu den Missionsaktivitäten der Protestanten im Heiligen Land bilden. Darüber hinaus ginge es innerkatholisch darum, den Suprematieansprüchen Frankreichs entgegenzutreten, das – wie Metternich formuliert hatte – „unter dem Deckmantel der Religion seine eigenen politischen Absichten zu fördern bemüht ist.“[31]

Bis zur tatsächlichen Eröffnung des österreichischen Vizekonsulats sollte allerdings noch einige Zeit vergehen. Zwar erfolgte bereits im Herbst 1847 die Bestellung des gebürtigen Venezianers Josef Pizzamano, eines Beamten der Hofkammer, zum Vizekonsul, doch wurde sein Dienstantritt durch die Revolutionswirren und den Rücktritt Metternichs vorerst verzögert. Erst Anfang 1849 reiste Pizzamano nach Jerusalem ab, wo er am 1. März 1849 eintraf.

In der ihm vom Internuntius in Konstantinopel – so der damals offizielle Titel des österreichischen Botschafters bei der Pforte – übergebenen Instruktion waren nochmals die Beweggründe der kaiserlichen Diplomatie für das Vizekonsulat in der Heiligen Stadt zusammengefaßt. Darin hieß es ausdrücklich, daß dessen Errichtung

> „zwar einer commerziellen Begründung entbehre ... jedoch aus politischen und religiösen Rücksichten desto rätlicher erscheine, als mehrere christliche Mächte in neuester Zeit Konsularämter daselbst aufgestellt haben, und sowohl die Würde des österreichischen Kaiserhauses als die demselben im osmanischen Reiche traktatmäßig zustehende Vertretung der Interessen unserer heiligen Religion, es in hohem Grade wünschenswert machen, daß Österreich auch in dieser Hinsicht mit den übrigen Großmächten gleichen Schritt halte."[32]

Demgemäß standen an erster Stelle der Aufgaben des neuen Vizekonsuls die Wahrung der katholischen Interessen, der Schutz der aus dem Gebiet der Monarchie stammenden Personen geistlichen und weltlichen Standes sowie der Pilger und Reisenden, die Berichterstattung über alle religiösen Vorgänge in Jerusalem, ausdrücklich auch über die Bestrebungen der Protestanten in ihrem neu errichteten Bistum. Schließlich sollte sich der Vizekonsul aber auch um die Zustellung und widmungsgetreue Verwendung der vom Generalkommissariat nach Jerusalem übermittelten Sammelgelder kümmern.

Pizzamano nahm sich dieser Aufgaben von Anfang an mit großem Engagement an. Sein gewandtes Auftreten, sein sicherer Umgang mit Menschen und sein entschlossenes Agieren als umtriebiger, aber stets professioneller Diplomat brachten ihm in Jerusalem Anerkennung und Wertschätzung sowohl bei den jüdischen „Schutzbefohlenen" der Habsburgermonarchie, die sich hilfesuchend an ihn wandten, als auch in der christlichen Gemeinde ein. Probleme hatte Pizzamano lediglich mit Frankreich.

In seinem Bestreben, die österreichische kirchliche Position in Jerusalem zu stärken, geriet Pizzamano von Anfang an mit Frankreich in einen Interessenkonflikt. Zwar standen, wie bereits gesagt, der Monarchie auf Grund der Friedensverträge mit dem Osmanischen Reich völkerrechtlich gleichwertige Schutzrechte zu wie Frankreich, doch trat letzteres mit der Begründung, länger auf diese Privilegien zurückzublicken als die Habsburger, nicht nur als primäre Protektoratsmacht für die katholische Kirche auf, sondern beanspruchte in der Praxis hiefür ein Exklusivitätsrecht. Dies führte dazu, daß sich Pizzamano, der nicht bereit war, diesen Zustand auf Dauer zu akzeptieren, mit den Franzosen in einem permanenten diplomatischen Kleinkrieg befand.[33] Ein neutraler Beobachter, der britische Konsul James Finn, schrieb 1850, daß Österreich dabei sei, „mit Energie“ die Führungsposition innerhalb der katholischen Mächte in Jerusalem an sich zu reißen. Pizzamano, den er dabei als die treibende Kraft sah, beschrieb er als „a military man of resolute character“.[34] Schließlich habe Österreich im Gegensatz zu Frankreich mehrere Geistliche nach Jerusalem entsandt und allein im Jahr 1850 dem Konvent der Terra Sancta 35.000 Kronen zugeeignet.

Seinen Bestrebungen, der österreichischen Position im kirchlichen Leben Jerusalems verstärkt und dauerhaft Ausdruck zu verleihen, sah Pizzamano am besten durch eine österreichische kirchliche Niederlassung in Jerusalem entsprochen. Daher sollte die Schaffung einer solchen Einrichtung, und hier traf sich der Konsul mit den Bestrebungen kirchlicher Repräsentanten in Wien, der Höhepunkt seiner Tätigkeit in Jerusalem werden.

In Wien bemühte sich Pizzamano, die Umwandlung seines Amtes zu einem Konsulat zu erreichen. Als triftigstes Argument diente ihm dabei, daß der Kaiserstaat nicht gegenüber den anderen Großmächten zurückstehen dürfe. Nach längerem Hin und Her war dies schließlich ausschlaggebend dafür, daß es trotz mancher Bedenken, vor allem finanzieller Natur, im Jahr 1852 zur Aufwertung von Pizzamanos Amt in Jerusalem zu einem vollwertigen Konsulat kam.[35] Unterstützung erhielt er in seinen Bestrebungen vom bestimmenden Staatsmann der frühen Regierungsjahre Kaiser Franz Josephs, dem Fürsten Felix Schwarzenberg. Der Ministerpräsident und Außenminister stellte sich anläßlich der Erhebung Pizzamanos zum Konsul ganz auf dessen Seite und argumentierte, daß weder der Umstand, daß die französischen Schutzrechte älter als die der Habsburgermonarchie seien, noch die bisherige Politik der Monarchie, sich vornehmlich der Katholiken im europäischen Teil des Osmanischen Reiches anzunehmen, den österreichischen Kaiserstaat daran hindern sollten, aus religionspolitischen Erwägungen in Jerusalem eine Frankreich zumindest ebenbürtige Stellung anzustreben.[36] Wie Finn, so führte auch Schwarzenberg ins Treffen, daß aus Österreich bedeutende finanzielle Mittel nach Jerusalem flossen. Vor allem ging es ihm aber, wie schon seinem Vorgänger Metternich, um die

> „Bedeutung Österreichs als katholischer Großmacht ..., deren Souverain unter seinen Titeln auch jenen eines ‚Königs von Jerusalem‘ führt.“[37]

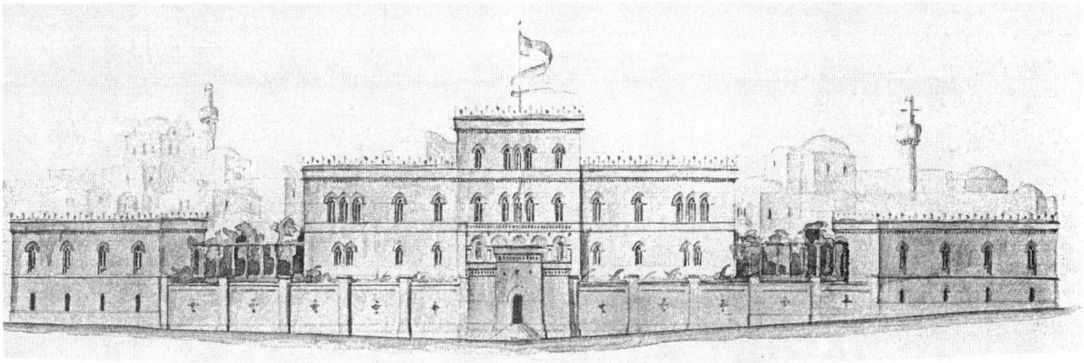

Entwurf für den Bau des Pilgerhauses von Anton Endlicher, 1856

Die Gründung des Pilgerhauses

ERSTE PLÄNE FÜR EIN PILGERSPITAL

Österreichische Spendengelder wurden von den Franziskanern zu einem Gutteil tatsächlich für spezifische Vorhaben verwendet, die unter dem Protektorat des Habsburgerreiches standen. Darauf achteten nicht zuletzt die aus dem Kaiserstaat kommenden Mitglieder der Kustodie. Seine Deckung fand dieses Vorgehen in den von Kaiser Ferdinand sanktionierten „Grundregeln und Vorschriften für das General-Commissariat der heiligen Länder". An erster Stelle dieser Vorhaben zu nennen sind eine auf Initiative des Wiener Geistlichen Sebastian Frötschner mit viel Pioniergeist in Jerusalem aufgebaute Buchdruckerei, durch die katholische Schriften auch in arabisch verbreitet werden konnten, sowie eine 1850 errichtete Gießerei.[1]

Das Jahr 1852 sollte nun nach dem Willen der Franziskaner und des zum Konsul erhobenen Pizzamano eine weitere Niederlassung der Franziskaner unter dem Protektorat des Kaiserstaates bringen. Gegenüber dem Ministerium des Äußeren schlug Pizzamano bereits im Februar vor,

> „in Palestina eigene Anstalten zu errichten, welche den Namen Österreichs tragen, und speziell zum Nutzen unserer Missionare und Pilger bestimmt sein sollten."

Primär dachte er dabei an den Bau einer – wie er sich ausdrückte – „österreichischen Nationalkirche" mit dem Hintergedanken, diese zur Konsulatskapelle zu erklären und mit einem repräsentativen Konsulatsgebäude zu verbinden, so wie es kurze Zeit zuvor seitens der Engländer in Jerusalem vorexerziert worden war. Als zweiten Schritt erwähnte er aber bereits die Möglichkeit der Errichtung eines österreichischen Spitals, das

> „bei der immer mehr wachsenden Anzahl der Pilger und dem Einfluße der dortigen climatischen Verhältnisse ... nicht lange mehr wird entbehrt werden können ...“.

Dabei betonte er den Nutzen für das Generalkommissariat, dessen Hauptzweck er – ganz im Sinne der Einheit von Thron und Altar – dahin interpretierte,

> „unseren Missionären im h. Lande die Bedingungen erfolgreichen Wirkens in ihrem seelsorglichen Berufe darzubieten und ihre Amtswirksamkeit auch mit dem Werthe nationaler Institutionen zu verbinden.“[2]

Den unmittelbaren Anlaß für solche Überlegungen bildete die Tatsache, daß der schwelende Konflikt zwischen Patriarch Valerga und der Kustodie Ende 1851 eine neue Dimension erreicht hatte: Um die Kompetenzkonflikte zwischen Kustodie und Patriarchat zu beenden, hatte Rom, nachdem Valerga zur Kurie gefahren war und seine Sicht der Dinge dargelegt hatte, mit dem Dekret „Licet“ vom 9. September 1851 die Zuständigkeiten der beiden katholischen Instanzen gegeneinander abgegrenzt.[3] Dabei ging es auch um die für Jerusalem zur Verfügung stehenden finanziellen Mittel.

Als nämlich die Propaganda fide 1847 Patriarch Valerga eingesetzt hatte, hatte man ihn zwar mit Kompetenzen, aber nur – wie selbst Erzbischof Milde einräumte – mit einer „karge(n) Dotation“ ausgestattet, die dem ehrgeizigen Kirchenmann nur eingeschränkte Aktivitäten erlaubte.[4] Valerga erreichte nun, daß das Patriarchat künftig über die in Europa aufgebrachten Sammelgelder disponieren sollte, die bis dahin den Franziskanern zugeflossen waren.[5] Unverzüglich ließ sich der Patriarch, als er nach Jerusalem zurückgekehrt war, seitens der Kustodie deren Einnahmen und Ausgaben offenlegen und schrieb ihr einen jährlich an das Patriarchat zu leistenden Betrag vor, der den Weiterbestand der Kustodie in ihrem bisherigen Umfang unmöglich gemacht hätte.

Auch für die aus der Monarchie kommenden Sammelgelder bedeutete das, daß ein beträchtlicher Teil der Mittel vom Generalkommissariat des heiligen Landes in Wien nicht mehr an die Kustodie der Franziskaner, sondern vielmehr an den Patriarchen zu gehen hatte. Die Franziskaner reagierten umgehend, indem sie Anfang Jänner 1852 Erzbischof Milde ersuchten, die in Österreich aufgebrachten Sammelgelder vorläufig zurückhalten zu dürfen. Milde, der zu diesem Zeitpunkt von seiten Roms offiziell noch gar nicht benachrichtigt worden war, stellte sich ganz auf die Seite der Franziskaner.

Unter Berufung auf die Tatsache, daß die Errichtung des Generalkommissariats 1843 mittels kaiserlicher Entschließung erfolgt war, schaltete Milde das Außenministerium ein, wobei er gegenüber Außenminister Buol-Schauenstein argumentierte, man möge von offizieller Seite dafür Sorge tragen, daß die in Österreich aufgebrachten Mittel nicht der französischen Politik zugute kämen,[6] sondern vielmehr entsprechend den Interessen der aus der Monarchie kommenden Pilger verwendet würden. Die Sammelgelder, so argumentierte der Erzbischof, würden nicht vom Generalkommissariat aufgebracht, sondern vielmehr von den Bischöfen des Kaisertums und dienten außerdem nicht ausschließlich der Mission in Jerusalem, weshalb er Rom überhaupt das Zugriffsrecht auf die Mittel absprach. Auch er schnitt die Möglichkeit an, eine Niederlassung in Form einer eigenen Kirche

> „für die Unterthanen der österr. Staaten zu errichten, in welcher die aus unseren Ländern dafür gesendeten Franziskaner die Seelsorge in deutscher, slawischer und ungarischer Sprache besorgen könnten."[7]

Sowohl für Pizzamano als auch für das Generalkommissariat stand jedenfalls fest, daß unter diesen Umständen jede kirchlicherseits projektierte Niederlassung, die mit Mitteln aus der Monarchie errichtet würde, dem österreichischen Einfluß möglicherweise sehr rasch wieder entzogen werden könnte. Daher schlugen beide vor, ein allfälliges Vorhaben über das österreichische Konsulat zu realisieren, um es so dem Einfluß des Patriarchats zu entziehen. Der Generalkommissär des heiligen Landes, P. Joseph Matzek, ging sogar so weit, Erzbischof Milde zu bitten, die aus der Habsburgermonarchie stammenden Geistlichen offiziell dem konsularischen Schutz Pizzamanos zu unterstellen und sich damit von Rom freizuspielen.[8]

Auch Pizzamano erneuerte in der Folge mehrmals seine Anregung, ein spezifisch österreichisches Institut in Jerusalem zu errichten. Die Idee, dies in Form eines Pilgerspitals zu tun, die ihm aus einer österreichischen Zeitung bereits bekannt war, unterstützte er ausdrücklich. Unter den aus Jerusalem heimgekehrten Wallfahrern, die die medizinische Schutzlosigkeit, der man im Krankheitsfall ausgeliefert war, an Ort und Stelle erlebt hatten, war in Wien tatsächlich schon seit längerem der Gedanke erörtert worden, im Heiligen Land ein Spital für Pilger zu errichten, das einigermaßen europäischen Standards entsprechen sollte.[9] Bereits im Frühjahr 1851 war ein diesbezüglicher erster Spendenaufruf in der „Wiener Zeitung" erfolgt. Anfang 1852 wurden Anstrengungen in diese Richtung von privater Seite fortgesetzt.

Konkreter waren freilich die Pläne zum Bau eines Spitals in Jerusalem selbst. Doch einmal mehr drohte der Dauerkonflikt zwischen Patriarchat und Kustodie alles zu blockieren. Die Franziskaner hatten einen Plan zum Bau eines aus österreichischen Spendengeldern zu errichtenden kleinen Pilgerspitals entwickelt. Es sollte in erster Linie Pilgern aus der Monarchie offenstehen und eindeutig österreichischer Provenienz sein. Die Notwendigkeit dafür ergab sich aus der Tatsache, daß die Franziskaner lediglich über eine kleine Krankenstation, gerade noch ausreichend für die eigenen Ordensleute, verfügten, ansonsten aber kein katholisches Spital in Jerusalem existierte und Pilger ins anglikanische Hospital ausweichen mußten.[10]

Zudem realisierte Patriarch Valerga etwa zur gleichen Zeit schrittweise seine eigenen, größer angelegten Pläne bezüglich eines Spitals, das jedoch nicht nur Pilgern zur Verfügung stehen sollte. Der Generalkommissär des heiligen Landes in Wien, P. Joseph Matzek, der sich zur Ausarbeitung des Spitalsprojekts der Franziskaner 1851 längere Zeit in Jerusalem aufgehalten hatte, nannte es abschätzig „ein türkisch-griechisches Spital, welches den armen Katholiken gar nichts nützt."[11]

Dabei handelte es sich um ein allgemeines Spital, das in gleicher Weise Pilger und die in Jerusalem ansässige Bevölkerung medizinisch versorgte. Entsprungen war es der Initiative eines neapolitanischen Weltpriesters, der es im Herbst 1851 gegründet hatte.[12] Da es – auf sich allein gestellt – nicht existenzfähig war, übernahm es der Patriarch, als er von Rom zurückgekommen war, mit der Absicht, es zu einer größeren Anstalt auszubauen. Der Pferdefuß an der Sache aus Sicht der Franziskaner bestand aber darin, daß einmal mehr eine kirchliche Institution ihrem Einfluß entzogen war und unter der Verwaltung des Patriarchen und damit unter dem Protektorat Frankreichs stand.

Zwar versuchte Valerga, dem Spital, das den Namen „Ospedale cattolico" führte, den Stempel des Patriarchats aufzudrücken und es nicht dem alleinigen Einfluß Frankreichs zu überlassen. Doch war nun einmal der französische Konsul der Hauptfinancier des Unternehmens. Er konnte einige Jahre später aus diesem Grund auch die Umbenennung des Krankenhauses nach dem französischen König und Heiligen, Ludwig IX., durchsetzen.[13]

Jedenfalls war Valerga mit dem Argument, daß in seinem Spital jedermann unabhängig von seiner Nationalität aufgenommen werde, in der Lage, die Absichten der Franziskaner vorderhand zu durchkreuzen. Ja, der Patriarch wandte sich sogar offiziell an Kaiser Franz Joseph mit dem Ersuchen, sein Spitalsprojekt mitzufinanzieren, was naheliegenderweise keine Zustimmung fand. Der für Kultusangelegenheiten zuständige Unterstaatssekretär Josef Alexander Helfert bemerkte dazu, indem er einmal mehr den österreichischen Standpunkt wiederholte, daß es nicht angezeigt wäre,

> „die bekannten und laut ausgesprochenen französischen Absichten des Patriarchen mit österreichischem Geld zu unterstützen"

und daß das Generalkommissariat ohnedies die Gründung eines Spitals für österreichische Pilger beabsichtige. Dabei hatte sich Helfert schon im voraus mit Erzbischof Milde verständigt, der entschlossen war, das Projekt der Franziskaner, ein eigenes Pilgerspital zu errichten, weiterhin zu verfolgen.[14]

So wurden vom Wiener Erzbischof, dem Generalkommissariat und dem Außenministerium einvernehmlich die Weichen dahingehend gestellt, daß man beabsichtigte, die im Habsburgerreich gesammelten Spenden zurückzuhalten und damit über das österreichische Konsulat in Jerusalem als dem offiziellen Bauherrn das Pilgerspitalprojekt der Franziskaner doch noch zu realisieren.

Sobald Valerga von diesem Plan Wind bekam, unternahm er alles, um ihn zu verhindern. Noch Ende Juli 1852 wandte er sich an das Außenministerium, legte die Nachteile, die die Konkurrenz eines österreichischen Spitals aus seiner Sicht bringen würde, dar und bezeichnete dessen Bau als gänzlich überflüssig, nicht ohne sich zugleich über Pizzamanos Aktivitäten ausdrücklich zu beschweren.[15]

Pizzamano, dem die formelle Klage des Patriarchen über ihn alles andere als angenehm war, unternahm daraufhin einen Vermittlungsversuch. Er schlug dem Patriarchen die Gründung eines katholischen Spitals vor, bei dem sich – nach dem schon bestehenden Modell des Spitals in Alexandria – die katholischen Mächte in der Ausübung des Protektorats nach einem Rotationsprinzip abwechselten, während die Verwaltung durch das Patriarchat besorgt würde. Nachdem Valerga auf diesen Vorschlag anfangs positiv reagiert hatte, zog er später seine Sympathie – auf französischen Druck hin, wie von seiten Österreichs sofort gemutmaßt wurde – wieder zurück.[16]

Wie verbittert die Franziskaner zu diesem Zeitpunkt waren und damit auch öffentlich nicht hinter dem Berg hielten, geht aus einer Bemerkung in den von ihnen jährlich herausgegebenen „Missions-Notizen aus dem heiligen Lande“ hervor, wo zu lesen stand:

> „... die Gründung eines Krankenhauses ward aber hintertrieben. Wem die in Jerusalem obwaltenden Ränke kein Geheimnis sind, den nimmt es nicht wunder, daß dort bis zur Stunde so manches Gute verhindert wird.“[17]

Erzbischof Milde hielt an seiner harten Haltung fest. Um zu verhindern, daß vom Patriarchen Sammelgelder für Vorhaben, die unter französischem Protektorat standen, verwendet würden, gingen österreichische Spenden nur mehr für spezifische Zwecke und via österreichisches Konsulat an die Franziskaner nach Jerusalem.[18] In der Sitzung des Generalkommissariats des heiligen Landes am 19. November 1852 wurde unter dem Vorsitz Mildes nochmals am Beschluß einer Spitalsgründung festgehalten. Daß dieser in der Folge publik gemacht wurde, sollte signalisieren, daß weitere private Sammlungen dafür nicht notwendig wären.[19]

Ende 1852 tauchten dann Pläne auf, in denen das Projekt erstmals in Richtung eines Hospizes, das über ein ausschließlich als Spital fungierendes Haus hinausgehen sollte, modifiziert wurde. So schrieb der Generalkommissär des heiligen Landes, P. Joseph Matzek, am 28. Dezember 1852 an Erzbischof Milde:

> „Nachdem nun durch die Entsendung von österr. Ordensgeistlichen für die geistigen Bedürfnisse der österr. Staatsangehörigen bereits gesorgt ist, würde für ihre leiblichen Bedürfnisse, nur durch die Gründung einer Anstalt gesorgt werden, worin die Gesunden eine anständige Herberge und Beköstigung, die Kranken aber eine ordentliche Pflege finden könnten."[20]

Sobald daher genaue Pläne vorlägen, sollte geprüft werden, inwieweit beides unter einem Dach vereinbar sei, bzw. wenn ja, welche baulichen Modifikationen erforderlich wären.

Diese Pläne konnte Pizzamano, der gemeinsam mit dem einflußreichsten in Jerusalem wirkenden österreichischen Franziskaner, P. Sebastian Frötschner, schon im Laufe des Jahres 1852 ein entsprechendes Objekt unweit des Franziskanerkonvents gefunden hatte, im Jänner 1853 dem Generalkommissariat in Wien vorlegen.[21] In dem ins Auge gefaßten Haus standen zwölf Zimmer zur Verfügung, zehn weitere konnten zugebaut werden. Inklusive der notwendigen Umbauten wurden die Kosten mit 150.000 Piaster veranschlagt, was 15.000 Gulden entsprach. Darüber hinaus bestand die Möglichkeit, ein weiteres in unmittelbarer Nähe gelegenes Gebäude mit acht Zimmern und Nebenräumen anzukaufen.

Während Valerga, vor dem man die konkreten Pläne so gut es ging geheimzuhalten versuchte, nun auch offiziell bei der österreichischen Regierung Protest gegen den geplanten Spitalsneubau einlegte, hielt der österreichische Episkopat auch nach dem Ableben Erzbischof Mildes im März 1853 an seinen Plänen fest. In der Antwortnote auf den dem Erzbischof übermittelten Protest Valergas unterstrich der Wiener Weihbischof Franz Zenner nochmals die dringliche Notwendigkeit eines katholischen Spitals unter der Leitung der Franziskaner in Jerusalem.[22] Dementsprechend wurde in der Sitzung des Generalkommissariats am 19. April 1853 unter dem Vorsitz Zenners der Ankauf des von Pizzamano und Frötschner vorgeschlagenen Objekts um die dafür erforderlichen 15.000 Gulden genehmigt, allerdings mit der Auflage, daß das Gebäude auf das österreichische Konsulat umgeschrieben werde und unter dem Protektorat Österreichs stehe.[23]

Pizzamano, auf dem nun die Hauptverantwortung bei der Realisierung dieses Vorhabens lastete, stieß allerdings weiterhin auf die entschiedene Gegnerschaft des emotional veranlagten Patriarchen. Valerga verstieg sich Pizzamano gegenüber – wie dieser nicht unbeeindruckt nach Wien berichtete – zur Drohung, den Kaplan des Spitals nicht nur exkommunizieren, sondern sogar aufhängen zu lassen.

Um einen Ausweg aus der mißlichen Situation zu finden, plädierte Pizzamano nun entschieden dafür, das Projekt als Hospiz zu deklarieren, wobei in der Praxis ein Teil als Unterkunft für Pilger, der andere als Krankenstation dienen sollte.[24] Nach außen hin argumentierte er, daß niemand etwas dagegen haben könne, wenn in einem Pilgerhaus auch einige Krankenzimmer eingerichtet würden. Diese Vorgangsweise schien auch dem Ministerium besser geeignet als eine langwierige Intervention in Rom, deren Ausgang ohnedies mehr als ungewiß gewesen wäre.[25]

Was die Modalitäten des Ankaufs anlangte, so schlug Pizzamano den etwas umständlichen, aber nach osmanischem Recht einzig rechtssicheren Weg des Grunderwerbs durch einen Angehörigen des Osmanischen Reiches vor. Dieser würde jedoch die Ankaufsurkunde – in der osmanischen Rechtssprache Hodschet genannt – und damit den Besitz sofort an das österreichische Konsulat abtreten.[26] Ende Oktober 1853 ging endlich mit der Zustimmung des neuen Wiener Erzbischofs Joseph Othmar von Rauscher der definitive Auftrag an Pizzamano, den Kauf zu realisieren.[27]

Man ging damals davon aus, daß das Haus formell im Besitz und unter dem Protektorat des Konsulats bleiben sollte und die geistliche Pflege der Pilger und eventueller Erkrankter genauso wie die administrative Leitung des Hauses durch die Franziskaner besorgt würden. Die Verantwortung für letzteres sollte einem ad hoc zu nominierenden Geistlichen übertragen werden. Dabei würden die seelsorglichen Aufgaben aus der Monarchie kommende Franziskaner wahrnehmen, die der jeweiligen Muttersprache der Pilger mächtig waren. Um allfälligen Komplikationen mit dem Patriarchat in Hinblick auf ein „Spital" vorzubeugen, entschloß man sich, das Haus als „Österreichisches Pilgerhaus" zu bezeichnen.[28]

Doch tauchten nun neue Schwierigkeiten auf. Denn als Pizzamano das Geld endlich in Händen hielt und den Kauf abwickeln wollte, erhöhte der Verkäufer seine Forderungen um ein Viertel.[29] Pizzamano mußte nun zu pokern beginnen und demonstrierte Desinteresse, was zur Folge hatte, daß abermals Zeit verging. Zugleich machte er sich aber wieder auf die Suche nach neuen Objekten.[30] In der Zwischenzeit hatte allerdings auch Patriarch Valerga erfahren, auf welche Weise man österreichischerseits gemeinsam mit den Franziskanern versuchte, seine Person zu umgehen und trotzdem die beabsichtigte Niederlassung zu realisieren. Er reagierte prompt und verbot dem Kustoden der Franziskaner in Jerusalem die Mitwirkung an einem solchen Projekt. Dabei stellte er sich auf den Standpunkt, daß es sich im Falle einer Finanzierung aus Spendengeldern in jedem Fall um ein religiöses Gebäude handle, das daher in seinen Kompetenzbereich falle. Andernfalls aber sei die Unterbringung von Geistlichen oder Mönchen in einem Gebäude, das von Laien verwaltet werde, nicht zu gestatten.[31]

Tatsächlich handelte es sich hier um eine Streitfrage, deren Beurteilung von vornherein nicht zweifelsfrei möglich war. Eindeutig war nach geltendem kanonischen Recht lediglich, daß dem Patriarchat als dem zuständigen Ordinariat die Jurisdiktion über ein Gebäude zugefallen wäre, das die Franziskaner erworben hätten. Genau deshalb war der Gedanke entstanden, das Haus unter staatliche Besitzverhältnisse zu stellen.

Die Franziskaner beriefen sich in ihrer Rechtsauslegung auf die zahlreichen Bullen, in denen ihr Orden immer wieder von den Päpsten beauftragt worden war, im Heiligen Land die Fürsorge für die Pilger zu übernehmen, ihnen Gastfreundschaft zu gewähren und Unterkunft zu geben. Gerade angesichts der im Ansteigen begriffenen Pilgerzahlen leiteten sie daraus das Recht ab, ein Pilgerhaus in ihrer eigenen Verantwortung zu betreiben.

In letzter Konsequenz mußte diese Frage in Rom geklärt werden, wo ohnedies schon Gespräche zwischen der Congregatio de Propaganda fide und dem Generaloberen der Franziskaner im Gange waren, in die auch der österreichische Botschafter beim Heiligen Stuhl eingebunden war.

Der Wiener Erzbischof Joseph Othmar von Rauscher nahm wie schon sein Vorgänger Milde eine eher harte Haltung gegenüber Rom ein. Den österreichischen Außenminister Buol-Schauenstein ließ er wissen, daß bei einem allfälligen Kompromiß an der autonomen Verwendung österreichischer Sammelgelder und an der autonomen Verwaltung damit finanzierter österreichischer Gründungen in Palästina, zu denen er explizit bereits das Pilgerhaus zählte, keineswegs gerüttelt werden dürfe.[32]

GRUNDSTÜCKSKAUF UND BAUVORBEREITUNGEN

Ungeachtet der nach wie vor noch nicht endgültig getroffenen Entscheidung in Rom ersuchte Anfang 1854 der Kustode der Franziskaner Pizzamano, den Ankauf eines Hauses voranzutreiben und lediglich mit der Übergabe an die Franziskaner zuzuwarten, bis die offenen Fragen geklärt seien.[33] Der Konsul hatte nach dem Scheitern des ersten Hauskaufs diesmal kein Haus, sondern einen Baugrund gefunden, der aber nicht die Zustimmung Rauschers fand.[34] Der Wiener Erzbischof beabsichtigte die Errichtung eines repräsentativen Bauwerkes, für das das vorliegende Grundstück einfach zu klein war. Die bereits eingeleitete Transaktion mußte daher wieder rückgängig gemacht werden.

An der Via Dolorosa 1856:
Im Hintergrund der Baugrund des Pilgerhauses

Ende Juli 1854 konnte Pizzamano berichten, abermals fündig geworden zu sein. Das nunmehr zur Rede stehende weitläufige Grundstück befand sich in unmittelbarer Nachbarschaft des Konsulats, an der Ecke der Straße zum Damaskustor und der Via Dolorosa. In seinem Bericht an den Freiherrn von Bruck, zu diesem Zeitpunkt kaiserlicher Botschafter in Konstantinopel, beschrieb es Pizzamano folgendermaßen:

„Die Lage ist die bestmögliche, gesund, windreich und über einer Anhöhe, die die Stadt beherrscht. Sie befindet sich nahe dem Damaskus-Tor und die Entfernung von der Kirche des Heiligen Grabes, dem Hauptziel aller Pilger ist nahezu die gleiche wie von der Casa Nuova zur besagten Kirche. Darüber hinaus befindet sich wenige Schritte entfernt die Geißelungskapelle, wo täglich Gottesdienste abgehalten werden und die als Kirche für die Beamten des österreichischen Konsulats dient. Alle diese vorteilhaften Umstände und mehr als alles die leichte Möglichkeit für das Konsulat, die Pilger wirksam zu überwachen, die nicht alle aus religiösem Geist hierherkommen, haben mich dafür entschieden, den Erwerb dieser Liegenschaft vorzuschlagen. … Österreich würde so ein stolzes Gebäude in Jerusalem besitzen, wo jede Nation alle Anstrengungen macht, um eine Handbreit Bodens zu besitzen und nur Österreich bis jetzt nichts besitzt, trotz des vielen österreichischen Geldes, das hier einlangt."[35]

Im Gegensatz zu den früheren Projekten Pizzamanos befand sich die nun ins Auge gefaßte Liegenschaft nicht mehr im kleinräumigen christlichen Viertel der Altstadt in der Nähe des Franziskanerkonvents; die Gegend, in der der Baugrund lag, gehörte zu jenem moslemischen Teil der Altstadt, der in der zweiten Hälfte des 19. Jahrhunderts kaum bewohnt und teilweise leerstehend war.[36] Dadurch war es für Pizzamano möglich, in der al-Wad Straße, die zeitgenössischen Berichten zufolge verlassen war, ein für einen repräsentativen Bau – wie von Rauscher verlangt – geeignetes Grundstück in unmittelbarer Nachbarschaft seines Konsulats zu finden. Was aus christlicher Sicht die Attraktivität des Bauplatzes ausmachte, war neben der Hügellage die Tatsache, daß er an der Ecke zur Via Dolorosa und damit direkt entlang des legendären Leidensweges Christi lag.

Pizzamano drängte – ungeachtet der nach wie vor offenen Frage, wem die Verwaltung der zu schaffenden Einrichtung obliegen würde – auf eine rasche Entscheidung, die nicht allzulange auf sich warten ließ. Rauscher fand das Grundstück sowohl von seiner Lage als auch von seiner Ausdehnung her passend, und Pizzamano erhielt die Anordnung zum Kauf.[37]

In der Folge mußten die mühsamen Kaufverhandlungen mit den türkischen Behörden abgewickelt werden, war es doch für einen Ausländer, wie schon erwähnt, nicht ohne weiteres möglich, Land zu kaufen. Die Familie des Verkäufers, eine der vornehmsten moslemischen Familien der Stadt Jerusalem, schloß mit Pizzamano im Frühsommer 1855 eine Art Vorvertrag ab, verlangte aber eine schriftliche Zustimmung Konstantinopels zum Grunderwerb, um sich nicht innerhalb der Stadt der Kritik auszusetzen, Land zum Zwecke des Baus einer christlichen Institution zu verkaufen.[38] Derartiges war in Jerusalem nicht ungewöhnlich. Daher bemühte sich in Konstantinopel der nunmehrige kaiserliche Internuntius bei der Pforte, Freiherr von Koller, direkt beim türkischen Außenminister Fuad Pascha um die notwendigen Erklärungen. Auf Grund der freundschaftlichen Beziehungen zwischen Österreich und dem Osmanischen Reich, insbesondere ein Jahr nach dem Krimkrieg, war es klar, daß der Außenminister Unterstützung versprechen würde. Doch hielt Fuad Pascha mit seiner prinzipiellen Skepsis gegenüber dem Verhältnis der katholischen Mächte in Jerusalem zueinander bei dieser Gelegenheit nicht hinterm Berg; sarkastisch meinte er gegenüber Koller, daß angesichts der Streitereien, in die man immer wieder hineingezogen würde, der Pforte schon bei Nennung des Namens Jerusalem bange werde.[39]

Im August 1855 konnte der österreichische Botschafter seinem Konsul das notwendige Vesiralschreiben, das an den Statthalter von Jerusalem, Kiamil Pascha, adressiert war, übermitteln. Darin wurden keine Einwände gegen den Kauf erhoben, „sobald demselben keine Lokalbehörden entgegenstehen und keine der anderen Nationen beeinträchtigt wird."[40] Da Pizzamano mit Kiamil Pascha in bestem Einvernehmen stand, sollte diese Einschränkung keine Schwierigkeiten mehr bereiten.

Inzwischen war Rauscher auch in Rom in die Offensive gegangen. Da er sich aus Anlaß der Konkordatsverhandlungen im Frühjahr 1855 ohnedies längere Zeit im Vatikan aufhielt, benützte er diesen Anlaß auch zu einem Vorstoß in der Angelegenheit des Pilgerhauses. In persönlichen Gesprächen mit dem Kardinal-Staatssekretär Giacomo Antonelli und in einer schriftlichen Eingabe an die Propaganda fide betonte er, daß es sich beim geplanten Bau um kein Spitalsprojekt handle, sondern vielmehr um ein Haus für Pilger, das sich allerdings um diese auch im Krankheitsfalle kümmern werde.[41] Weiters schlug Rauscher vor, neben der geistlichen Leitung des Hauses durch Franziskaner aus der Monarchie stammende geistliche Schwestern zur Versorgung der Pilger und zur Pflege der Kranken in das Pilgerhaus zu entsenden. Konkret dachte er dabei an die Barmherzigen Schwestern aus deren Mutterhaus in Wien-Gumpendorf.[42] Mit der mündlichen Zusicherung des Kardinal-Staatssekretärs, der dem Wiener Erzbischof versicherte, daß seinem Anliegen entsprochen werde, gab sich Rauscher vorderhand zufrieden.

Das Projekt Pizzamanos fand in der Zwischenzeit in Wien einen weiteren prominenten Fürsprecher. Anläßlich einer Reise nach Jerusalem besuchte der jüngere Bruder Franz Josephs, Ferdinand Maximilian, der spätere unglückliche Kaiser von Mexiko, den Bauplatz, befürwortete das Projekt und hob die Verdienste Pizzamanos hervor. Im übrigen war der damals dreiundzwanzigjährige Erzherzog – wie wohl die meisten unbefangenen Beobachter – eher geschockt über die innerhalb der christlichen Welt Jerusalems herrschenden Zustände. Gegenüber Franz Joseph ließ er in einem persönlichen Schreiben vom 23. Juli 1855 seinen Gefühlen freien Lauf:

> „War ich auch durch den religiösen Trost und den erhabenen Eindruck der heiligen Stätten tief ergriffen, so erschütterte mich hingegen das grause Bild des menschlichen Streites, der hier am heiligsten Orte der Erde herrscht. Nicht nur, daß die verschiedenen Konfessionen in Hader und Zank liegen und sich um jeden Zoll Erde streiten, nein auch die Katholiken untereinander leben in der traurigsten Uneinigkeit ...".[43]

Angesichts der Tatsache, daß Ferdinand Maximilian als Gast im Franziskanerkonvent wohnte, war es nicht überraschend, daß er ganz die Sache der Franziskaner vertrat und im Patriarchen den Hauptschuldigen der Misere sah. Valerga bezeichnete er als „einen lächerlich eitlen und beschränkten Mann, der eine blinde Kreatur Frankreichs ist" und beschuldigte ihn des Hasses gegenüber Österreich, nicht zuletzt wegen seiner Herkunft aus Piemont.[44]

Am 13. September 1855 konnte der kaiserliche Gesandte von Konstantinopel aus definitiv den vollzogenen Kauf an den Minister des Äußeren nach Wien melden und eine Abschrift des Kaufvertrages, des Hodschet, beifügen.[45] Der Kaufpreis betrug für den 3.956 m^2 großen Grund 5.700 Gulden. Die Hoffnung, daß der Bau ebenso glatt vonstatten gehen würde wie die letzte Phase des Grundstückerwerbs, sollte sich allerdings nicht erfüllen.

DER BAU DES PILGERHAUSES

Sofort nach dem erfolgten Grunderwerb hatte Pizzamano die Liegenschaft in Besitz genommen und provisorisch mit einer Mauer beziehungsweise einem Graben umgeben lassen. Gleichzeitig drängte er auf einen möglichst raschen Baubeginn. Zu diesem Zweck hatte er schon während der laufenden Verkaufsverhandlungen mit dem in Jerusalem führenden europäischen Architekten Ermete Pierotti[46] einen Situationsplan und einen Kostenvoranschlag für den Bau des Pilgerhauses ausgearbeitet. Dieser enthielt über das Hospiz hinausgehend ein Gebäude für ein Spital, eine Kirche sowie auch eine Unterkunft für das Konsulat.[47] Letzteres sollte ebenso wie in den Komplex integrierte Geschäftslokale ein fixes Einkommen zur Deckung der Erhaltungskosten sicherstellen. Die Kirche wollte Pizzamano direkt an die Via Dolorosa bei der dritten Kreuzwegstation bauen. Dadurch hoffte er, eine Kirche für das österreichische Konsulat zu bekommen, die darüber hinaus an einem prominenten Wallfahrtspunkt gelegen war. Als Kosten veranschlagte Pizzamano 90.000 Gulden, wollte man den Konsulatsbau und die Kirche weglassen, 60.000 Gulden.

Noch im November 1855 ließ Pizzamano mit Genehmigung Rauschers erste Vorarbeiten durchführen. Dabei zeigte sich bereits, daß man enorme Mengen an Erde und Bauschutt beseitigen mußte. Bald stieß man auf eine alte Zisterne, die sich in Betrieb setzen ließ. Sie war allerdings nicht das einzige Relikt vergangener Jahrhunderte auf dem Baugrund. Ständig kamen neue Trümmer und alte Baureste zum Vorschein, die mit unverhältnismäßig großem Einsatz an Arbeitskraft aus der Stadt gebracht werden mußten. Daneben erwarb Pizzamano einen Steinbruch zur Gewinnung der notwendigen Baumaterialien außerhalb der Stadt; dies vor allem deshalb, weil das Gebäude den örtlichen Verhältnissen entsprechend aus Stein errichtet werden sollte.

Auch Erzbischof Rauscher war an einem raschen Baubeginn interessiert, wollte aber

Kardinal Joseph Othmar von Rauscher

den Bau auf das eigentliche Pilgerhaus, also die kleinere der beiden von Pizzamano vorgeschlagenen Varianten, konzentrieren. Vor allem ging es ihm darum, einen möglichst repräsentativen Bau aufführen zu lassen. Das Pilgerhaus, so äußerte er sich gegenüber Buol-Schauenstein, sollte der Würde des Kaisertums entsprechend sein, wobei es ihm auf eine Mehrausgabe von ein paar tausend Gulden nicht ankomme.[48] Diese Nonchalance in Hinblick auf die Kosten, die für die Planung und die erste Phase des Baus charakteristisch war, sollte sich später bitter rächen.

Was die Bauausführung betraf, so griff Rauscher den Vorschlag Pizzamanos, Pierotti zu beauftragen, nicht auf. Vielmehr wünschte er dafür einen österreichischen Architekten und wählte den jungen Ingenieur-Assistenten des Handelsministeriums, Anton Endlicher, aus, der zu diesem Zweck von seiner beamteten Tätigkeit bei weiterlaufenden Bezügen für ein Jahr beurlaubt wurde.[49] Endlicher erstellte, basierend auf den von Pierotti gelieferten Situationsplänen, einen Bauentwurf für das von Rauscher gewünschte großzügige Gebäude, das er zweigeschoßig und mit zwei Seitenflügeln versehen plante. Ein drittes turmartiges Geschoß im Mittelteil der Vorderfront sollte dem Gebäude einen herrschaftlich-fortifikatorischen Charakter geben, ein Eindruck, der durch stilisierte Zinnen am Dach des Gebäudes noch verstärkt wurde. Die beiden Seitenflügel, die mit dem Hauptgebäude durch freiliegende Säulengänge verbunden waren, sollten vorgeschoben direkt gegen die Straße errichtet werden, sodaß sich zwischen Eingang und Hauptgebäude ein trapezförmiger Ehrenhof ergeben hätte.[50] Insgesamt war der konzipierte Bau ganz dem frühen Historismus verhaftet, vom Stil her nicht unähnlich dem 1849–1856 errichteten Arsenal in Wien.

Per Dekret vom 23. Jänner 1856 genehmigte der Erzbischof die ihm von Endlicher vorgelegten Pläne, für die dieser entsprechend den Informationen Pizzamanos 66.000 Gulden veranschlagt hatte, und ordnete den Bau des Pilgerhauses offiziell an. Nun begab sich auch Endlicher, dem zwei qualifizierte österreichische Kräfte, die Maurer- und Steinmetzpoliere Josef Wenz und Johann Wiltner, mitgegeben wurden, nach Jerusalem. Man glaubte, den Bau binnen eines Jahres, bis Ostern 1857, fertigstellen zu können. Was Endlicher, der ein engagierter und begabter junger Architekt war, allerdings fehlte, war die Erfahrung, derer es bedurft hätte, um angesichts so schwieriger äußerer Rahmenbedingungen, wie sie in Jerusalem vorlagen, ein solch großes Projekt zu realisieren. Dies wurde freilich erst später offenkundig.

Ende Jänner 1856 waren die Aushubarbeiten für das Fundament fortgeschritten. Als Endlicher am 4. März 1856 in Jerusalem ankam, sollte mit dem Bau unverzüglich begonnen werden,[51] doch hatten schon die Vorarbeiten einen unerwartet hohen Aufwand verursacht. Während Endlicher an Ort und Stelle entsprechend den tatsächlichen Gegebenheiten seinen Bauplan modifizierte, dauerten die Erdabgrabungs- und Aushubarbeiten nicht nur während des ganzen Frühjahrs an, sondern nahmen auch bereits die Hälfte der ursprünglich für den gesamten Bau vorgesehenen Kosten in Anspruch.[52] Zu dieser Zeit waren am Bau selbst zwischen 400 und 500 Arbeiter beschäftigt, für den Abtransport des Bauschutts und das Herbeischaffen des Baumaterials durch die engen Gassen der Altstadt waren zusätzlich an die 3.000 Erdarbeiter und Handlanger tätig.

Den Generalkommissär des heiligen Landes, P. Joseph Matzek, schienen bereits böse Vorahnungen zu befallen; jedenfalls wies er Endlicher im Jänner 1856 nicht nur zu großer Sparsamkeit an, sondern auch dazu, vorerst nur den Bau des Hauptgebäudes in Angriff zu nehmen. Die beiden Seitengebäude sollten erst nach dessen Abschluß aufgeführt werden.

Auf Grund der Beschaffenheit des Bodens aus Schutt, Geröll etc. mußten die Fundamente besonders tief ausgehoben werden.[53] Im Zuge der Grabungsarbeiten stieß man neben der bereits erwähnten noch auf weitere Zisternen sowie auf andere – darunter auch antike – Bausubstanz, vor allem auf ein Gewölbe mit einem Mosaik-Pflaster und eine in den Felsen gehauene Grotte. Letztere plante Endlicher durch eine Stiege mit dem Keller zu verbinden.[54] Sie hätte als stimmungsvolle Kapelle genützt werden können.

Parallel dazu suchte Endlicher einen weiteren Steinbruch für das notwendige Baumaterial, den er in Resten einer alten Mauer nördlich von Jerusalem, aus der sich große Steine gewinnen ließen, tatsächlich fand.[55] Genau darin, nämlich den Bau nicht mit kleinen Bausteinen, sondern mit großen behauenen Quadern aufführen zu lassen, lag

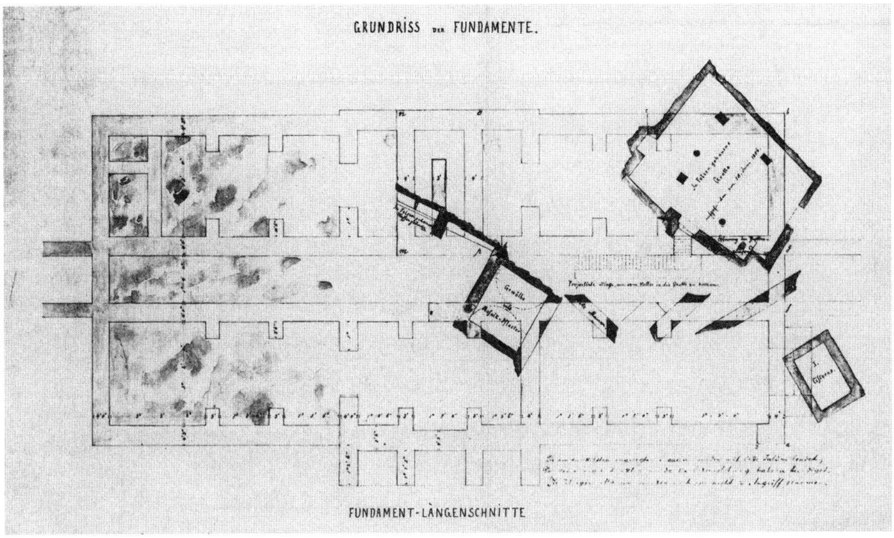

Der Grundriß für den projektierten Bauplan mit den archäologischen Funden auf dem Baugelände

allerdings ein weiterer Grund für die Explosion der Ausgaben. Daß Endlicher dies eigenmächtig und ohne Zustimmung Wiens veranlaßte, war dann einer der Hauptgründe des späteren Zerwürfnisses mit seinen Bauherren.[56]

Nachdem in der zweiten Jahreshälfte 1856 die Grundmauern zumindest an der Stelle der Hauskapelle Sockelhöhe erreicht hatten und bis Jahresende die letzten Fundamentgrabungen des Hauptgebäudes abgeschlossen waren,[57] wurde am 31. Dezember 1856 in Anwesenheit des Gouverneurs von Jerusalem, Kiamil Pascha, und der aus der Habsburgermonarchie stammenden Franziskaner der Grundstein des Pilgerhauses gelegt.[58]

Auch wenn der Baufortschritt ein Jahr nach Baubeginn weit hinter den Erwartungen zurückgeblieben war, so geriet Pizzamano, der sich aufopferungsvoll mit all seinen Möglichkeiten darum kümmerte, die in den fehlenden infrastrukturellen Voraussetzungen Jerusalems begründeten Schwierigkeiten aus dem Weg zu räumen, über das im Entstehen begriffene Haus ins Schwärmen. So schrieb er dem nunmehrigen Botschafter Anton Prokesch-Osten am 21. Jänner 1857 nach Konstantinopel:

„Jetzt ist das Schwierigste überwunden, so daß nun schon alle unterirdischen Räumlichkeiten beendet sind. Mit dem inneren Sockel sind die Außenmauern des Erdgeschoßes begonnen und man beginnt mit dem Blick des Auges der Großartigkeit und Gestalt des Gebäudes gewahr zu werden, das in so gutem Geschmack gehalten ist, daß ich es als jenes erkenne, das wegen der Exaktheit der Arbeit das schönste und bemerkenswerteste der Heiligen Stadt werden wird."[59]

Inzwischen hatte sich allerdings die finanzielle Situation weiter zugespitzt. Die unerwartet kostspieligen Erdbewegungen sowie die notwendig gewordenen, ungewöhnlich tiefen Fundamente hatten ein Loch in die Kassa gerissen, das nicht mehr geschlossen werden konnte. Mit Jahresabschluß 1856 hatte Pizzamano Schulden in der Höhe von über 90.000 Piaster eingehen müssen, um keine Verzögerungen im Baufortschritt zu verursachen.[60] Als im Frühjahr 1857 jene 60.000 Gulden, die Pizzamano für den Bau ursprünglich veranschlagt und auf die Endlicher seinen Bauplan ausgerichtet hatte, bereits aufgebraucht waren, sah man sich in Wien zum Handeln veranlaßt. Da keine zusätzlichen Geldmittel absehbar waren, gab es nur die Alternative, den Bau gegenüber dem ursprünglichen Plan zu vereinfachen oder das Projekt in halbfertigem Zustand auf einige Zeit zu sistieren. Unter diesen Umständen wies Rauscher Endlicher an, einige Abstriche zu machen und den reduzierten Bau so rasch wie möglich fertigzustellen.[61] Dies betraf vor allem die beiden Seitengebäude, auf die vorderhand verzichtet werden sollte. Zwecks Aufbringung der notwendigen Gelder mußte das Generalkommissariat seine gebundenen Mittel auflösen.

In der Folge kam es zu einer Reihe von Interventionen bei Kardinal Rauscher, den Bau doch noch in der ursprünglichen Form fertigzustellen. Hinter diesen Versuchen, den Kardinal umzustimmen, dürften in erster Linie Architekt Endlicher und Pizzamano gestanden sein, die ihr ehrgeiziges Projekt unbedingt realisieren wollten. So argumentierte der Legationssekretär der Internuntiatur in Konstantinopel, Franz von Reyer, der noch im Mai in Jerusalem gewesen war, daß Endlicher möglicherweise einen Fehler dahingehend gemacht habe, von Wien aus ohne Kenntnis der örtlichen Verhältnisse die Kosten veranschlagt zu haben. Außerdem hätte man eine einfachere Bauart wählen können, obgleich es besser sei, „ein Haus von Stein für Jahrhunderte, als eines von Ziegeln für kurze Dauer zu bauen". Dennoch warnte er unter Bezugnahme auf die äußere Symbolkraft solcher Entscheidungen im Orient eindringlich davor, den Bau einzuschränken oder gar einzustellen. Letzteres, so Reyer, würde den völligen Triumph des Patriarchen und Frankreichs bedeuten. Wörtlich schrieb Reyer:

„Jetzt steht das Gebäude bis zum ersten Stocke dar, so fest und schön gebaut, daß ich glaube es wird nicht nur das schönste Hospiz, sondern auch das solideste Gebäude weit und breit im Orient seyn, würdig des mächtigen katholischen Staates, der es errichtet; – soll jetzt die Bauart geändert, der Kern zugestutzt (sic!) werden um ein paar tausend Gulden zu sparen – so wird ein verpfuschtes Machwerk herauskommen. Eine Einstellung des

Baues wäre aber ein solcher Skandal, daß es besser wäre, man hätte nie begonnen – ein Skandal, der den Einfluß Oesterreich's in Jerusalem zerstören und bei der französischen Partei, welche jene des Patriarchen ist, wahren Jubel hervorrufen würde."[62]

Der prominenteste Intervenient bei Kardinal Rauscher war Erzherzog Ferdinand Maximilian. Über Bitte des kaiserlichen Internuntius Prokesch-Osten wandte sich der Bruder Franz Josephs an den Wiener Erzbischof, zu dem er schon deshalb eine Nahebeziehung hatte, da Rauscher in Jugendtagen sein Philosophielehrer gewesen war.[63] Ähnlich wie Reyer argumentierte er unter Bezugnahme auf seinen eigenen Besuch am Bauplatz, daß der Bau des Hospizes mit dem Ansehen Österreichs gleichgesetzt werde.[64]

Doch blieb in Anbetracht der Tatsache, daß keine weiteren Geldmittel absehbar waren – der Baufonds war völlig erschöpft – Rauscher gar nichts anderes übrig, als bei den angeordneten Einschränkungen zu bleiben. Endlicher hielt sich aber nicht an die aus Wien ergangenen Vorgaben und setzte eigenmächtig seinen ursprünglichen Plan fort, indem er mit dem Bau der Verbindungsgänge und dem Fundamentaushub der Nebengebäude begann, als im Sommer das Hauptgebäude bis zum ersten Stockwerk stand.[65]

Daraufhin kam es zum Eklat. Noch im Sommer 1857 wurde Endlicher abberufen und die Bauführung an seinen Polier Josef Wenz übertragen.[66] In der an ihn ergangenen Instruktion wurde dem neuen Bauleiter eingeschärft, ja nicht mehr oder anders zu bauen, als von Wien aus genehmigt wurde. Und dies war nur mehr eine Rumpfvariante des ursprünglich Geplanten. Mit lediglich 12.000 Gulden, die bei der Sitzung des Generalkommissariats unter dem Vorsitz Rauschers am 21. Juli 1857 für den Fertigbau genehmigt wurden, sollte Wenz den Bau der Kapelle und zweier Zimmer im ersten Stockwerk abschließen. Ansonsten mußte der Bau vorläufig unvollendet bleiben.[67]

Pizzamano reiste eigens nach Wien, um das Ministerium des Äußeren wie auch den Kardinal angesichts des ungeheuren Schadens, der, wie er argumentierte, sonst für das Ansehen von Kirche und Staat entstehen würde, zu einer Fortsetzung des Baus zu bewegen. Vorerst konnte der Konsul von seiten Rauschers lediglich erreichen, daß er vor Ort offiziell als Repräsentant des Generalkommissariats, das Bauherr war, bestimmt wurde. Über seinen Schreibtisch gingen nun alle Anweisungen und Instruktionen aus Wien, für deren Einhaltung er zu sorgen hatte.

Bis Anfang 1858 war es mit den zur Verfügung stehenden geringen Mitteln gerade möglich, das Erdgeschoß des Baus fertigzustellen. Nach Anordnung Wiens hätte dieses mit Ausnahme der Kapelle und der gegenüberliegenden Zimmer nun überdacht werden sollen. Dies war aber nicht nur ein aus statischen Gründen problematisches Unterfangen, sondern hätte auch zahlreiche Disfunktionalitäten hervorgerufen. Zudem war bereits das Baumaterial, vor allem die aus den Steinbrüchen außerhalb der Stadt gewonnenen Bausteine, bezahlt und für deren Antransport gesorgt. Ähnliches galt für die Umfassungsmauer, die ebenfalls der Geldknappheit zum Opfer fallen sollte, was auch erhebliche Sicherheitsprobleme mit sich gebracht hätte.

Beschwörend appellierte Pizzamano, den Bau zumindest so zu Ende zu führen, daß das Pilgerhaus ein „harmonisches Ganzes" ergebe, wie er es gegenüber Rauscher ausdrückte.[68] Dafür machte er folgenden Vorschlag: Die beiden Seitengebäude und der zweite Stock sollten aufgegeben werden, der von Endlicher projektierte Baustil und die ornamentale Ausschmückung der Fassade waren zugunsten einer nüchternen und wesentlich billigeren Außengestaltung abzuändern und die Umfassungsmauer in einer modifizierten Form zu errichten. Um so ein „vollständiges, zweckdienliches und ansehnliches Gebäude" fertigzustellen, bedurfte es nach den Berechnungen Pizzamanos nochmals rund 85.000 Gulden, nachdem insgesamt bis Ende 1857 bereits 160.000 Gulden in das Gebäude geflossen waren. Zur Aufbringung der Mittel regte er an, bei der Regierung um ein Darlehen von 80.000 Gulden, rückzahlbar in acht Jahren aus dem Erlös der jährlichen Sammlungen, anzusuchen.

Zugleich wandte sich Pizzamano an Außenminister Buol-Schauenstein und legte die politischen Implikationen eines Baustopps dar.[69] In der Öffentlichkeit Jerusalems gelte der Kaiser als Schöpfer und Bauherr des Pilgerhauses. Ein Aufbrauchen der finanziellen Mittel würde man Österreich nicht glauben, vielmehr würde das Ende des Pilgerhauses als Triumph Frankreichs und des Patriarchen angesehen werden. Auch der kaiserliche Vertreter in Konstantinopel, Prokesch-Osten, betonte in Wien, daß durch die Einstellung des Baus ein über Jerusalem hinausgehender Prestigeverlust für die Monarchie entstünde, dem die Regierung nicht gleichgültig zusehen könne.[70]

Tatsächlich galt die Errichtung des Hospizes längst als Ausdruck des zunehmenden österreichischen Einflusses in Jerusalem. Allein schon der Bau, durch den beträchtliche Mittel in die Wirtschaft der Stadt flossen und die österreichischen Bauherren kurzfristig zum größten Arbeitgeber in Jerusalem und Umgebung wurden, habe das Ansehen der Habsburgermonarchie gehoben, berichtete beispielsweise der britische Konsul James Finn seiner Regierung nach London.[71]

Etwa zur selben Zeit kam es auch zur Etablierung einer säkularen österreichischen Niederlassung in Jerusalem, nämlich eines Postamts, das 1859, basierend auf einer besonderen Vereinbarung zwischen dem Außenministerium in Wien und der Hohen Pforte, errichtet wurde.[72] Dabei handelte es sich nicht nur um die erste europäische Postniederlassung, die in Jerusalem eröffnet wurde, sondern sie galt bis 1914 als der beste und verläßlichste Weg, Sendungen nach Europa zu befördern.

Inzwischen blieben die Bemühungen Pizzamanos, das Projekt wieder in Schwung zu bringen, nicht ohne Wirkung. Kaiser Franz Joseph beauftragte Buol-Schauenstein, ihm einen allerhöchsten Vortrag zu erstatten. Kardinal Rauscher war zwar über Pizzamanos Vorstoß bei Buol-Schauenstein ungehalten – insbesondere hielt er die immer wieder geschilderten allfälligen negativen Auswirkungen auf das Prestige des Kaiserstaates für übertrieben –, doch stimmte er dessen Vorschlag über den Bauabschluß des reduzierten Projekts zu.[73] Da sich der Kardinal von einer außerordentlichen Sammlung in Österreich wenig versprach, hoffte er, von der Regierung einen zinsenlosen Vorschuß der notwendigen 80.000 Gulden zu erhalten. Zur Aufbringung der Mittel schlug er Buol-Schauenstein vor, auf den sogenannten bosnischen Religionsfonds zurückzugreifen. Dabei handelte es sich um jene Mittel, die bei der unter Joseph II. erfolgten Aufhebung des Generalkommissariats dem ungarischen Religionsfonds zur Ausbildung der nach Bosnien entsandten Franziskaner zugewiesen worden waren und die schon Rauschers Vorgänger Milde und danach Rauscher selbst für das Generalkommissariat bei seiner Wiedererrichtung zurückverlangt hatten.

Sowohl der für Kultusangelegenheiten zuständige Unterrichtsminister Leo Thun als auch Finanzminister Bruck lehnten allerdings das Ansinnen Rauschers ab.[74] Beide Minister stimmten darin überein, wenn, dann ein verzinstes Darlehen zu gewähren und dafür nicht den bosnischen Religionsfonds, sondern den griechisch nicht-unierten Religionsfonds der Bukowina heranzuziehen, da dieser die größten jährlichen Überschüsse aller Stiftungsfonds abwerfe.

Schließlich erklärte sich Rauscher bereit, auf eine mit fünf Prozent verzinslichte Anleihe aus dem griechisch nicht-unierten Religionsfonds der Bukowina einzugehen. Seine einzige Bedingung lautete, daß eine Fristerstreckung über die mit 15 Jahren festgelegte Kreditlaufzeit hinaus in Aussicht gestellt werden müßte. Dementsprechend arbeitete Buol-Schauenstein Mitte Juni 1858 einen allerhöchsten Vortrag an Franz Joseph mit dem Entwurf der Genehmigung der Mittel unter den beschriebenen Kriterien aus, der allerdings unerledigt blieb.[75]

Während sich also die Finanzierungsfrage weiter hinzog, konnten die Arbeiten in Jerusalem zumindest teilweise fortgesetzt werden, wobei jetzt ein baukundiger Franziskaner zusätzlich den Bau überwachte. Seitens des Generalkommissariats flossen mehrere Tranchen mit jeweils 3.000 Gulden nach Jerusalem, wodurch wenigstens der Außenbau bis zum Oktober 1858 abgeschlossen werden konnte. Die Gelder kamen von privater Seite, auch Kardinal Rauscher spendete einen Betrag aus seinem Privatvermögen. Am 20. Oktober konnte schließlich in einer feierlichen Zeremonie der Schlußstein gesetzt werden.[76] Bis zum Abschluß des erforderlichen Innenausbaus sollte jedoch noch geraume Zeit vergehen. Vorderhand fehlte es am Geld, zumal sich die Hoffnungen, von staatlicher Seite Unterstützung zu erhalten, endgültig zerschlagen hatten.[77]

Für 1859 konnte nur so viel nach Jerusalem gesandt werden, daß das Haus einiger-

Bozzetto für das Altarbild der Hospizkapelle von Leopold Kupelwieser, 1859

maßen bewohnbar gemacht wurde. Erst Ende 1859/Anfang 1860 wurde die Ausgestaltung der Kapelle in Angriff genommen, deren Fertigstellung und Einweihung Voraussetzung für die Aufnahme jedes Pilgerbetriebes war.[78] Zugleich wurde mit der Anlage des Gartens begonnen. Als die bisherigen Schulden, die das Generalkommissariat aufnehmen mußte, bis Mitte 1860 zurückgezahlt waren, konnte bei der Sitzung des Generalkommissariats am 26. Juli 1860 wieder ein größerer Betrag von rund 6.000 Gulden, der der Kapelle zugute kommen sollte, genehmigt werden.[79]

Mit diesen Geldern konnten das Altarbild der Kapelle, das von Leopold Kupelwieser gemalt wurde und die Darstellung der Heiligen Familie zum Inhalt hatte, und der

Die Kapelle des Pilgerhauses, 1863

marmorne Altaraufbau bei Heinrich von Ferstel bezahlt werden. Beide Werke trafen im Juli 1861 in Jerusalem ein und wurden am vorgesehenen Platz aufgestellt.

Nun, da der Bau des Pilgerhauses endlich vor dem Abschluß stand, lebte der alte und nach wie vor ungelöste Konflikt mit dem Patriarchen über den Status des Hauses wieder auf. Noch 1856 hatte Rauscher selbstbewußt gegenüber der Kurie in Rom betont, zur Errichtung des Pilgerhauses die Erlaubnis des Patriarchen nicht zu brauchen, wenngleich er bereit war, die nach Jerusalem zu entsendenden Schwestern dessen Jurisdiktion zu unterstellen.[80] Inzwischen wurde aber Valerga in Rom aktiv und trachtete, wenn schon nicht das Hospiz verhindert werden konnte, zumindest die Entsendung von Ordensleuten dorthin zu unterbinden.[81] Dabei unterstellte der Patriarch Rauscher, in Jerusalem eine neue Ordensniederlassung errichten zu wollen, was dieser vergeblich zurückwies.

Den Hebel, um Rauscher unter Druck setzen zu können, bot Valerga die Kapelle des Pilgerhauses. Es war noch ungeklärt, ob es eine private („Oratorium") oder eine öffentliche werden sollte.[82] Im letzteren Fall wäre die Oberhoheit des Patriarchen über das Gotteshaus gegeben gewesen, weshalb dieser seine Zustimmung zu einer solchen Lösung auch schon signalisiert hatte. Genau das wollte Kardinal Rauscher aber verhindern, umso mehr, als er fürchtete, daß der Patriarch die Kapelle dem französischen Protektorat unterstellen könnte. Ihm ging es darum, Valerga „jede Gelegenheit zu Einmischungen" zu entziehen, weshalb er die Widmung des Gotteshauses als eine Privatkapelle zum Gebrauch der Pilger wie des Konsulats anstrebte.[83] Dies setzte aber die Zustimmung Roms voraus, weshalb sich Rauscher mit einem entsprechenden Antrag an die zuständige Kongregation der Propaganda fide wandte.

Auch für die Kurie war das Pilgerhaus inzwischen ein Fait accompli. Doch die ursprünglichen Absichten Rauschers, die geistliche Leitung den Franziskanern zu übergeben und österreichische Barmherzige Schwestern für die Besorgung der Angelegenheiten des Hauses nach Jerusalem zu entsenden, ließen sich gegenüber dem Kardinalpräfekten der Congregatio de Propaganda fide nun nicht mehr durchsetzen. Schließlich verständigte man sich auf einen Kompromiß, bei dem der Patriarch und Rauscher – zu Lasten der Franziskaner – das Gesicht wahrten. Mit päpstlichem Breve vom 27. Juli 1862 und einem Schreiben der Propaganda fide vom 20. August 1862 wurde Rauschers Wunsch nach einer Privatkapelle für die Pilger und das Konsulat zwar erfüllt, doch wurde die Seelsorge nur Weltgeistlichen gestattet.[84] Das bedeutete, daß nicht die österreichischen Franziskaner, die sich schon in Jerusalem aufhielten, die seelsorgliche Führung des Pilgerhauses übertragen bekamen, sondern daß Rauscher zu diesem Zweck Weltpriester aus der Monarchie nach Jerusalem entsenden würde. Die administrative Führung sollte allerdings durch das von den Franziskanern geführte Generalkommissariat des heiligen Landes von Wien aus erfolgen.

Noch in der zweiten Jahreshälfte 1862 mußten die ersten beiden Vorsteher für das Pilgerhaus nominiert werden. Basierend auf einer Zeitungsmeldung, wonach die Verwaltung und Seelsorge des knapp vor der Übergabe stehenden Pilgerhauses Weltpriestern übertragen würde, bewarben sich zwei Geistliche beim Wiener Erzbischof, die dann auch von Rauscher für einen Zeitraum von zwei Jahren berufen wurden.[85] Zum Vorsteher wurde der aus Brünn stammende, mehrerer Sprachen kundige Priester Eduard Kröll, der zuletzt als Domkooperator in St. Pölten und davor mehrere Jahre in der Militärseelsorge tätig gewesen war, bestellt; sein Stellvertreter wurde der aus der Diözese Salzburg stammende Geistliche Johann Nußbaumer.

Mit dem vom 20. Dezember 1862 datierten Ernennungsdekret wurden ihre Aufgaben grob umrissen: Dazu gehörten vor allem die gastfreundliche Aufnahme und die Betreuung der Pilger sowie die Besorgung der Seelsorge in der Kapelle für die Pilger und das Konsulat. In der Kapelle war täglich zumindest einmal die heilige Messe zu lesen, die nebst anderen Intentionen einmal in der Woche auch für den Kaiser und die Wohlfahrt des Reiches aufzuopfern war.[86]

Was die Aufnahme der Pilger anbetraf, so war Angehörigen des Kaiserstaates der Vorzug vor allen anderen Wallfahrern zu geben. Danach waren Pilger der nichtösterreichischen Länder des Deutschen Bundes zu berücksichtigen, ehe alle anderen gleich zu behandeln waren. Hinsichtlich der Länge des Aufenthalts wurde zunächst – von besonderen Fällen abgesehen – eine maximale Verweildauer von vier Wochen festgelegt.[87] Von der ursprünglichen Spitalsfunktion des Pilgerhauses war nun nicht mehr die Rede. Zwar wurden einige Krankenzimmer eingerichtet, im Vordergrund stand aber eindeutig die Aufgabe, den Pilgern in Jerusalem Heimstätte zu sein.

Straßenszene vor dem Pilgerhaus um die Jahrhundertwende

Das Pilgerhaus im Zeichen der Habsburgermonarchie

DIE ERSTEN JAHRZEHNTE DES PILGERBETRIEBES

Der fertiggestellte Bau beeindruckte gleichermaßen durch seine Schlichtheit in der Ausführung wie auch durch die Monumentalität in der Form, die von den weißen und roten Kalksteinquadern in Kombination mit der Lage auf einer Anhöhe ausging. Bedingt durch die Einsparungen war die Fassade von historistisch zeitgebundenen Schmuckelementen nahezu frei, lediglich der Mittelteil trat gegenüber den beiden Seitenflügeln hervor und wurde durch einen dem Eingang vorgesetzten sechssäuligen Portikus, über dem sich eine Terrasse befand, zusätzlich betont. Das einstöckige Gebäude wirkte wohlproportioniert und war mit einem Flachdach abgeschlossen. An seiner Frontspitze prangte ein vergoldeter eiserner Doppeladler, und auf der Terrasse wurde ein hoher Mastbaum aufgestellt, an dem die Fahnen der Monarchie gehißt wurden.

Die Einweihung des Hospizes fand am 19. März 1863 statt. Patriarch Valerga, der anfangs so sehr gegen das Projekt gewesen war, ließ es sich nun nicht nehmen, selbst die Weihe der Kapelle vorzunehmen.[1] Mit diesem Tag war das Haus seiner Bestimmung übergeben.

Die Umstände rund um die Entstehung des Pilgerhauses hatten dazu geführt, daß es, als es seine Tore den ersten Gästen öffnete, viel stärker als ursprünglich geplant ein Außenposten der Kirche Österreichs und der Habsburgermonarchie insgesamt in Jerusalem war. Dies wurde vor allem durch die Entsendung von Weltpriestern aus den Diözesen des Kaiserreiches als verantwortliche Leiter des Hospizes deutlich. Dazu kam, daß die Verwaltung des Hauses weiterhin dem Generalkommissariat des heiligen Landes in Wien oblag, an dessen Spitze der Erzbischof der Reichshaupt- und Residenzstadt stand. Schließlich befand sich das Hospiz formell im Eigentum der Monarchie, die daher auch das Protektorat über das Pilgerhaus ausübte. Außerdem diente die Kapelle dem jeweiligen Konsul als Hauskapelle.

In einem Rundschreiben vom 18. Jänner 1863 an alle Bischöfe machte Kardinal Rauscher offiziell Mitteilung von der Fertigstellung und der bevorstehenden Inbetrieb-

Hermann Zschokke, Rektor 1864–1866

nahme des Pilgerhauses. Dabei betonte er, daß das Hospiz allen Diözesen der Monarchie und deren Gläubigen in gleicher Weise zur Verfügung stehe und unterstrich in einer besonderen Weise seine Funktion als Stützpunkt der österreichischen Kirche in Jerusalem:

„Wiewohl die Pilger in dem Franciscanerkonvente eine liebevolle Aufnahme fanden, so war es doch ein nahe liegender und vollkommen berechtigter Wunsch, daß eine so große Anzahl Katholiken, wie sie unter dem Scepter des Kaisers von Österreich vereinigt ist, zu Jerusalem ihr eigenes Haus haben möge. Dadurch wird Österreich am Grabe des Erlösers heimisch; auch entschließt man sich leichter zur Wallfahrt, wenn man gewiß ist, am Fuße des Golgatha eine Herberge zu finden, auf welche man kraft seines Bürgerrechtes Anspruch hat, von Landsleuten gastfreundlich aufgenommen zu werden und unter dem österreichischen Banner zu wohnen. ... Die Pilger aus den österreichischen Ländern haben natürlich vor allen anderen den Vorzug: denn die Gründung wurde begonnen und vollendet, damit Niemand, welcher dem Kaiserthume angehört, sich zu Jerusalem vereinzelt fühle, sondern in der Nähe der Heiligthümer, durch welche die Bruderliebe so eindringlich gepredigt wird, von der liebevollen Fürsorge seines Vaterlandes sich umgeben fühle."[2]

Unmittelbar nachdem das Hospiz seiner Bestimmung übergeben worden war, begann der Pilgerbetrieb anzulaufen. Bereits mit 19. März wurde der erste Pilger, der aus Prag stammende Franz Kreil, aufgenommen. Noch im angebrochenen Jahr 1863 kamen 73 Gäste ins Hospiz, im darauffolgenden sollten es mehr als doppelt so viele sein. Die Zahl der Besucher in den Anfangsjahren war bis zu einem gewissen Grad abhängig von den bewegten politischen Ereignissen in Europa. Nach den Kriegen von 1866 und 1870/1871 ließ der Besucherfluß vorübergehend nach und bewegte sich zwischen jährlich 100 und 200 Personen. Eine weitere Rolle spielten die Verhältnisse in Palästina. Die Choleraepidemie des Jahres 1865 etwa, die in Jerusalem mehrere hundert Tote forderte, führte erstmalig zu einem Rückgang im Pilgerbesuch. Den stärksten Einbruch verzeichnete man 1877 und 1878 als Folge des russisch-türkischen Krieges.[3]

Schwierigkeiten gab es anfangs mit der Leitung des Pilgerhauses. Schon im Sommer 1863 erkrankte einer der beiden nach Jerusalem entsandten Geistlichen, der stellvertretende Vorsteher Johann Nußbaumer, schwer und mußte im November 1863 nach Europa zurückreisen. Kurze Zeit später verließ auch der erste Vorsteher des Hauses, Eduard Kröll, das Hospiz wieder. Er hatte sich im Umgang mit den dem Pilgerhaus zugedachten Mitteln als allzu großzügig erwiesen, was zu Unregelmäßigkeiten in der Buchhaltung geführt hatte. Als Kröll seine Ausgaben nicht belegen konnte, wurde er am 11. Jänner 1864 abberufen und durch den erst 25jährigen Dr. Hermann Zschokke, der 1861 zum Priester geweiht worden war und 1863 mit einer bibelwissenschaftlichen Dissertation sein Doktorat der Theologie erworben hatte, ersetzt.[4]

Als Zschokke am 3. Februar 1864 in Jerusalem ankam, fand er das Pilgerhaus nahezu unverändert so vor, wie es vor rund einem Jahr eröffnet worden war. Der Bau war nur notdürftig vollendet, und das spärlich eingerichtete Haus verfügte über nur wenige Betten. Rückblickend schrieb er dazu:

> „Die innere Einrichtung bestand aus 12 eisernen Betten, einigen gelbangestrichenen Tischen, Sesseln und Kästen ohne Rückwand aus weichem Holze. Die Kapelle besaß einen Altar von Marmor mit den allernotwendigsten Kirchengeräten. Die Zimmer des ersten Stockwerkes waren mit weichen weißen Platten belegt, während die Zimmer im Parterre und die Korridore mit rohen Steinen gepflastert waren.“[5]

Mit viel Energie und Engagement ging Zschokke daran, das Hospiz entsprechend auszustatten und wohnlich einzurichten. Unmittelbar nach seiner Ankunft gründete er eine Hausbibliothek; was die bauliche Vervollständigung betraf, ließ er den steinernen Stiegenaufgang im Garten aufführen sowie die notwendigen Terrassenmauern errichten. Schon 1865 standen im Hospiz 42 vollständig eingerichtete Schlafgelegenheiten und 17 Notbetten zur Verfügung.[6] 1866 wurden die das Hospiz umgebenden Straßen gepflastert. Im selben Jahr erfolgte die Ausstattung der Kapelle mit einem aus Wien gelieferten Harmonium.

Für den Ablauf des Aufenthalts der Pilger entwarf der Rektor eine „Tagesordnung“, bei der im Verlaufe von fünf Tagen die wichtigsten Andachtsplätze Jerusalems besucht wurden, ehe die Wallfahrt am Samstag nachmittag mit der feierlichen Prozession in die Grabeskirche ihren Höhepunkt erlebte.[7] Beim Patriarchen konnte der Rektor erreichen, in der Kapelle des Hospizes auf deutsch predigen zu dürfen, was es bis dahin in Jerusalem nicht gegeben hatte. Ein weiteres Anliegen Zschokkes, das ebenfalls das Prestige des Pilgerhauses im katholischen Leben Jerusalems wesentlich heben sollte, zielte auf die Erlaubnis zur ständigen Aufbewahrung des Allerheiligsten in der Hauskapelle ab. Als von

Wien aus in dieser Sache nichts unternommen wurde und sich Patriarch Valerga für unzuständig erklärte, wandte sich Zschokke mit einer Bittschrift direkt an den Kardinalpräfekten der Congregatio de Propaganda fide in Rom und war erfolgreich. Für vorerst zehn Jahre wurde ihm von Papst Pius IX. gestattet, das Allerheiligste in der Hauskapelle aufzubewahren.[8]

Doch trachtete Zschokke, auch für die leiblichen Bedürfnisse zu sorgen. Auf dem Gelände des Pilgerhauses pflanzte er Reben, die den Jahresbedarf an Wein deckten.[9] An der Vorderfront des Hauses ließ der Rektor Limonenbäume setzen und einen Blumengarten anlegen.

Am 10. März 1864 traf mit dem Herzog von Modena das erste Mitglied des Hauses Habsburg im Hospiz ein. Franz V., der nach dem Kriege von 1859 seine Herrschaft in Italien verloren hatte, reiste mit größerem Gefolge, zu dem unter anderem auch eine eigene Küchenmannschaft gehörte.[10] Zum Zwecke seines Aufenthalts wurden die repräsentativsten Räume des Hauses entsprechend eingerichtet. Der Herzog hielt sich zehn Tage im Hospiz auf, und Zschokke begleitete ihn wie die meisten Pilger auf seinen Ausflügen zum Jordan und zum Toten Meer.

Zu Ostern 1865 fanden erstmals geistliche Exerzitien statt, bei denen während der Karwoche täglich der Rosenkranz sowie eine Litanei gebetet wurden und eine Predigt durch den Rektor erfolgte. Doch nicht alle der immerhin 60 während der Ostertage anwesenden Gäste des Pilgerhauses nahmen an den religiösen Übungen teil: Zum ersten Mal traf nämlich eine 50 Personen umfassende „Reisegesellschaft" im Hospiz ein, ein für die damalige Zeit noch seltenes Phänomen. Nicht die Pilgerschaft, sondern hauptsächlich Besichtigungen standen bei den in der Chronik abschätzig als „Vergnügungszügler" bezeichneten Besuchern im Vordergrund.[11] Zschokke reagierte eher ungehalten. Im Gegensatz zu sonstigen Gästen mußten sie für ihren Aufenthalt zahlen und wurden sehr distanziert behandelt.

Hermann Zschokke hatte während seiner Zeit als Vorsteher mit seinen Maßnahmen und Initiativen das Profil des Hauses für lange Zeit bestimmt. Dabei war er mehr als ein Jahr in der Führung des Pilgerhauses ganz allein gewesen. Erst im März 1865 wurde ihm mit dem Tiroler Albert Hörmann ein zweiter Vorsteher beigegeben, der ihm auch Ende 1866 als Rektor nachfolgte. Für die Zukunft bürgerte es sich ein, daß die zwei Vorsteher des Hauses auf je zwei Jahre ernannt wurden, wobei zumeist der zweite Vorsteher vom abtretenden ersten die Leitung des Pilgerhauses übernahm und insgesamt etwa vier Jahre in Jerusalem blieb, was eine gewisse Kontinuität gewährleistete. Bei der Auswahl der Geistlichen wurde bewußt darauf Bedacht genommen, verschiedene Diözesen der Habsburgermonarchie zum Zug kommen zu lassen. Als Voraussetzung galten die entsprechende physische Eignung, Sprachkenntnisse sowie das Bestreben der Geistlichen, ihren Aufenthalt für bibelkundliche oder sonstige wissenschaftliche Forschungen zu nützen.[12]

Im Jahr 1868 nahm der damalige, aus Krain stammende Rektor Franz Hrovath noch einmal bei Patriarch Valerga einen Anlauf, die Anstellung geistlicher Schwestern zur Führung der Hauswirtschaft für das Hospiz bewilligt zu bekommen. Obzwar das einst so gespannte Verhältnis zum geistlichen Haupt der katholischen Kirche Jerusalems mittlerweile einer korrekten und konstruktiven Kooperation gewichen war, blieb Valerga in diesem Punkt unnachgiebig. Ordensgeistliche, egal welchen Geschlechts, kamen für ihn im Pilgerhaus nicht in Frage. Gegen die Aufnahme von Frauen, die nicht dem Ordensstand angehörten, zur Führung des Haushalts hatte er nichts einzuwenden, zumindest solange das Haus dadurch nicht ins Gerede kam, wie er dem Rektor beschied:

Albert Hörmann, Rektor 1866–1867

> „Andere Frauenzimmer können Sie ohne Anstand nehmen, nur muß das Patriarchat als Diözesanbehörde sich in diesem Falle die Freiheit nehmen, über dem Rufe des Hauses als christlicher Anstalt in dem Maße zu wachen, daß der Unbescholtenheit des Hauses nichts kann nachgesagt werden."[13]

Unter diesen Umständen entschloß man sich in Wien, zwei Österreicherinnen nach Jerusalem zu entsenden, die anstelle einheimischer männlicher Kräfte den Haushalt des Pilgerhauses führten.

Einen markanten und auch für die Zukunft bedeutungsvollen Einschnitt in der Geschichte des Hospizes stellte der Besuch Kaiser Franz Josephs im November 1869 dar. Die Eröffnung des Suezkanals gab ihm die willkommene Gelegenheit, durch einen Besuch der heiligen Stätten als katholischer Monarch einer europäischen Großmacht im Heiligen Land eindrucksvoll in Erscheinung zu treten, war er doch seit der Zeit der Kreuzfahrer das erste gekrönte Haupt eines katholischen Landes, das nach Jerusalem kam. Politisch diente die Orientreise des Jahres 1869 einerseits dem Zweck, die Beziehungen mit dem Osmanischen Reich zu vertiefen, andererseits sollte durch die Teilnahme an der Suezkanaleröffnung der Freundschaft mit Frankreich sichtbarer Ausdruck verliehen werden.

Ansicht der Grabeskirche im Jahr 1869

Franz Joseph nahm nicht nur Quartier im Hospiz, sondern gab seinem mehrtägigen Aufenthalt in Jerusalem und Bethlehem ganz bewußt den Charakter einer Pilgerfahrt. So entsprach es wohl wirklich den Empfindungen der beiden Vorsteher, wenn in der Chronik des Hauses vom 9. November 1869, dem Tag der Ankunft Franz Josephs, als dem „glücklichsten Moment für das Pilgerhaus" die Rede ist.[14]

Mit den drei Kriegsschiffen „Greif", „Elisabeth" und „Gargnano" landeten der damals 39jährige Franz Joseph und seine Entourage in Jaffa, von wo aus man mit einer Unterbrechung in Abu Gosch, wo genächtigt wurde, nach Jerusalem ritt. 1.500 osmanische Soldaten zu Pferd begleiteten die Österreicher, um absolute Sicherheit vor Überfällen von Beduinen zu gewährleisten.[15] Bei seinem Einzug in Jerusalem wurde dem Kaiser ein großer Empfang bereitet: Mehrere Triumphbögen waren errichtet worden, Glockengeläute und Kanonendonner begleiteten den Einzug des Monarchen in die Stadt. Um zu unterstreichen, daß er als demütiger Pilger kam, stieg Franz Joseph vor dem Jaffator ostentativ vom Pferd, um Jerusalem zu Fuß zu betreten. Sein erster Weg führte ihn in die Grabeskirche, ehe er sich nachmittags zu Fuß ins Österreichische Hospiz begab. Dort empfingen ihn die beiden Vorsteher, der Kaiser nahm eine Mahlzeit zu sich und begann mit den Besichtigungen der Pilgerstätten. In den folgenden Tagen absolvierte Franz Joseph mit großer Andacht das komplette Pilgerprogramm in Jerusalem. Gemäß seinem Selbstverständnis als Herrscher über Untertanen, die nicht nur der katholischen Kirche angehörten, empfand es Franz Joseph als seine Aufgabe, auch die Heiligtümer und Institutionen der anderen christlichen Konfessionen sowie der Moslems und Juden zu besuchen. Überall gab er großzügige Spenden und Dotationen, was ihm die ungeteilte Sympathie ganz Jerusalems eintrug.

Ein Halbtagsausflug nach Bethlehem und eine zweitägige Expedition an den Jordan und zum Toten Meer rundeten den Aufenthalt Franz Josephs ab. Erst bei diesen Ausflügen und der Rückreise nach Jaffa ging der Kaiser wieder seiner Lieblingsbeschäftigung in freier Natur, der Jagd, nach. Am Weg nach Jerusalem hatte er sich dieses Vergnügen, um den Charakter der Reise als Wallfahrt nicht zu trüben, versagt.

Im Hospiz waren die Repräsentationsräume im ersten Stock als „Kaiserzimmer" nach dem Vorbild heimischer Klöster eigens hergerichtet worden. Franz Joseph fühlte sich wohl im österreichischen Pilgerhaus. Gegenüber Kaiserin Elisabeth hob er in einem seiner Briefe hervor, in den freundlichen und sauberen Räumen gut untergebracht zu sein.[16] Für die Verpflegung im Hospiz sorgte der Sultan, der neben Köchen und Tischdienern sogar das Tafelservice aus Konstantinopel hatte kommen lassen.[17] Dies entsprach der grundsätzlichen Haltung der Hohen Pforte während des Aufenthalts Kaiser Franz Josephs im Osmanischen Reich: Solange sich der Kaiser auf türkischem Gebiet aufhielt, betrachtete ihn der Sultan als seinen persönlichen Gast und ließ daher alle nur denkbaren Vorkehrungen treffen.

Obwohl das Hospiz in der Lage gewesen wäre, 50 bis 60 Besucher aufzunehmen, wohnten nur der Kaiser und seine engste Umgebung im Pilgerhaus. Der Rest der Delegation, der unter anderen auch der Reichskanzler und Minister des Äußeren Graf Friedrich Ferdinand Beust, der ungarische Ministerpräsident Graf Julius Andrassy, der Handelsminister Ignaz von Plener und Vizeadmiral Wilhelm von Tegetthoff, der Sieger von Lissa, angehörten, wurde außerhalb des Hospizes beherbergt.[18]

Als Franz Joseph am 13. November Jerusalem wieder verließ, hatte er einen starken und nachhaltigen Eindruck hinterlassen. Für die weitere Entwicklung des Hospizes, aber auch für das Pilgerwesen aus der österreichisch-ungarischen Monarchie insgesamt besaß die Anwesenheit des Kaisers eine enorme Signalwirkung: In Hinkunft wußte sich jeder Wallfahrer aus der Donaumonarchie auf den Spuren seines Kaisers. Damit war der religiöse Charakter der Wallfahrt endgültig auch mit einem patriotischen Akzent versehen, ein Aspekt, der in der Folge im Hospiz auch bewußt kultiviert wurde.

Auf die Kaiserreise folgten in den nächsten Jahren vermehrte Pilgerfahrten von Mit-

Die Klippen von Jaffa, um 1875

gliedern des Kaiserhauses nach Jerusalem. Schon 1870 kamen die beiden Erzherzöge Ernst und sein Bruder Rainer als Gäste ins Hospiz. 1881 besuchte Kronprinz Rudolf in Begleitung des Großherzogs Ferdinand IV. von Toskana das Heilige Land und wohnte vier Tage lang im Hospiz.[19] Vier Jahre später zählte auch Erzherzog Franz Ferdinand, der spätere Thronfolger, zu den Gästen.

Auch ausländische gekrönte Häupter nahmen im Hospiz Quartier. Prinz Otto von Bayern hatte bereits 1869, wenige Wochen vor Kaiser Franz Joseph, im Hospiz gewohnt. 1876 hielt sich für sechs Tage der Kaiser von Brasilien, Dom Pedro II., im Pilgerhaus auf.

Pilgergruppen, die ins Hospiz kamen, umfaßten in den sechziger und siebziger Jahren des 19. Jahrhunderts meist zwischen zehn und 20 Teilnehmer, von denen ein Teil stets dem geistlichen Stand angehörte. Eine bis zwei „Karawanen" – wie diese organisierten Pilgerfahrten genannt wurden – kamen im Durchschnitt pro Jahr aus der Habsburgermonarchie nach Jerusalem.[20] Zeitlich wurde die Reise oft so angelegt, daß die Pilger die Karwoche mitfeiern konnten. Die Reise war jedoch nach wie vor beschwerlich. Zwar gab es mit dem Lloyd regelmäßige Schiffsverbindungen in den Orient, doch war schon die Ausschiffung in Jaffa mitunter problematisch. Weil einige Riffe dem Hafen vorgelagert waren, mußten größere Schiffe auf offener See ankern, und wer an Land wollte, wurde mit kleinen Barken zum Ufer gebracht. Bei stürmischer See wurde dies rasch zu einem gefährlichen und vielfach unmöglichen Unterfangen. Auch Kaiser Franz

Joseph mußte dies bei seiner Reise erleben, als er bei seiner Abfahrt am 14. November 1869 trotz eines Unwetters auf die Einschiffung bestand und prompt in eine lebensgefährliche Situation geriet. Nur mit Mühe erreichte er sein Schiff, in das er mit einem Seil hinaufgezogen werden mußte.

Der Landweg von Jaffa nach Jerusalem war ebenfalls mühsam. Mit Fuhrwerken war die in einem schlechten Zustand befindliche Straße kaum zu passieren, außerdem waren Überfälle umherziehender Beduinen nie auszuschließen. Anläßlich der Reise von Kaiser Franz Joseph wurden von der osmanischen Verwaltung wenigstens die Wege und Straßen in einen besseren Zustand gebracht.

Pilgergruppen, aber auch einzelne Pilger wurden während ihres Aufenthalts von den beiden Vorstehern des Hospizes umfassend betreut. Kamen Gruppen an, so ritt ihnen meist einer der beiden Vorsteher gemeinsam mit dem Kanzler des Konsulats ein Stück außerhalb der Stadt entgegen und geleitete sie durch das Jaffator direkt nach Jerusalem, wo sie, noch bevor sie das Hospiz aufsuchten, eine erste Andacht in der Grabeskirche abhielten. Wenn dann die Pilger inmitten dieser für sie fremden und ungewohnten Welt das Hospiz betraten und in der Kapelle ein Te Deum feierten, umgab sie ein Gefühl der Geborgenheit. So kann man zum Beispiel in einem Pilgerbericht aus dem Jahr 1866 lesen:

> „Man fühlt sich gleich im ersten Augenblick in diesem Haus ganz heimisch. Die Liebenswürdigkeit der Vorsteher, die zweckmäßigen Einrichtungen des Hauses, die Reinlichkeit, alles trägt dazu bei auf die ausgestandenen Mühseligkeiten bald zu vergessen.“[21]

Die Betreuung der Pilgergruppen bildete die Haupttätigkeit der beiden Vorsteher. Mit Ausnahme der Osterzeit waren sie nicht allzu beschäftigt und konnten ausgedehntere Reisen im Heiligen Land unternehmen, die oftmals auch mit einschlägigen bibelwissenschaftlichen oder sonstigen Studien verbunden waren. Kardinal Rauscher meinte daher schon Anfang der siebziger Jahre, daß es gar nichts mache, wenn im Zuge des Vorsteherwechsels für einige Monate nur ein Geistlicher das Hospiz leite.[22] Ab Mitte der siebziger Jahre, als in Österreich ein gewisser Priestermangel spürbar wurde, ging man dann dazu über, die Position des Vizerektors nicht mehr zu besetzen und nur noch einen Geistlichen nach Jerusalem zu entsenden.

Nach wie vor war der Aufenthalt im Pilgerhaus unentgeltlich. Dies brachte aber auch Nachteile mit sich, kamen doch immer wieder Personen ins Hospiz, die unter dem Vorwand der Pilgerschaft lediglich die freie Station ausnützten und die Dauer ihres Aufenthalts über Gebühr auszudehnen suchten. Gerade durch diese Bewohner des Hospizes fühlten sich wohlhabende Reisende bzw. Pilger, die auch gerne bereit gewesen wären, für ihren Aufenthalt zu zahlen, eher abgeschreckt. Letztere wählten daher vielfach die im Entstehen begriffenen Hotels als Alternative.[23] Mitte der siebziger Jahre wurden einige Zimmer dem damals aufkommenden gehobenen Standard angepaßt und aufwendiger eingerichtet, um den – wie der damalige Rektor Johann Fahrngruber in Hinblick auf die neue Form des Reisens einigermaßen irritiert schrieb – „bisher unbekannten Sphären ... in denen man sich auf einmal bewegt“, zu entsprechen.[24]

DER KONFLIKT UM DIE VERWALTUNG DES HAUSES

Das Bild, das die katholische Kirche in Palästina bot, war auch in den letzten Jahrzehnten des 19. Jahrhunderts durch eine Vielfalt der Meinungen und durch Kontroversen gekennzeichnet. Der Patriarch, der eine moderne Diözesanstruktur aufzubauen suchte, auf der einen Seite und die Franziskaner, die sich auf ihre alten Privilegien beriefen, auf der anderen Seite standen sich in einem unüberbrückbaren Gegensatz gegenüber. Dazu kam die Konkurrenz der dominierenden europäischen Mächte, die den universalen Anspruch der katholischen Lehre weit in den Hintergrund treten ließ. Die katholische Welt in Jerusalem präsentierte sich höchst uneinig und spiegelte so das Verhältnis der christlichen Kirchen insgesamt und untereinander wider, deren Rivalität nirgends auf so engem Raume aufeinanderstieß wie an den Stätten, die für alle den räumlichen Ausgangspunkt ihres Bekenntnisses bildeten. Im Jahr 1877 schrieb der damalige Rektor Johann Fahrngruber:

> „Anstatt daß die Katholiken viribus unitis, welcher Nation dann immer angehörig einmüthig und freimüthig unbescholten und verständniseinig den Kampf führen gegen die Arbeit anderer Glaubensgenossen, kommen sie nicht einmal über kleinliche Parteistandpunkte hinweg ohne tüchtig zu stolpern, und ein Bruchteil der geistigen Führerschaft vertändelt die Zeit mit ewigem Hader und verdächtigen Plänkeleien, beruft sich auf alte Urkunden und läßt sich die Vortheile der kostbaren Gegenwart vor den Augen wegschnappen.“[25]

Das Pilgerhaus geriet unter diesen Bedingungen erneut in den Strudel innerkatholischer Auseinandersetzungen, die entscheidende Weichenstellungen für seine Zukunft mit sich bringen sollten. Die Franziskaner, die sich mit der Idee des Hospizes so sehr identifiziert und an deren Realisierung großen Anteil hatten, konnten sich nur schwer damit abfinden, daß ihnen die Leitung des Pilgerhauses auf Grund der Einwände des Patriarchen nicht übertragen worden war. Um das Haus eröffnen zu können, war Kardinal Rauscher, wie bereits geschildert, nichts anderes übriggeblieben, als gegenüber Patriarch Valerga nachzugeben und Weltpriester mit der Leitung zu betrauen.

In der Praxis bedeutete dies für die Franziskaner nicht nur, daß sie beim Projekt des Pilgerhauses gegenüber Valerga das Nachsehen hatten, sondern daß sie darüber hinaus das „Alleinvertretungsrecht" der Katholiken der Habsburgermonarchie in Jerusalem verloren hatten. Allerdings hatte Rauscher durch seinen unfreiwilligen Kompromiß mit Valerga auch erreicht, daß ab diesem Zeitpunkt die Vorbehalte des Patriarchats gegenüber dem österreichischen Pilgerhaus ausgeräumt waren. Es wurde deutlich, daß es Valerga tatsächlich vor allem darum gegangen war, den Franziskanern kein neues Wirkungsfeld zu eröffnen. Das Verhältnis zwischen dem Patriarchat und dem Österreichischen Hospiz gestaltete sich ab dem Zeitpunkt, an dem dort Weltpriester tätig waren, friktionsfrei und war von wechselseitiger Wertschätzung getragen, sieht man von der Frage der geistlichen Schwestern, die man sich österreichischerseits für das Pilgerhaus gewünscht hätte, ab.

Johann Fahrngruber, Rektor 1875–1879

Um den Gesichtsverlust der Franziskaner in Grenzen zu halten, hatte ihnen Rauscher – ungeachtet der Tatsache, daß in Jerusalem Weltpriester tätig waren – die Administration des Pilgerhauses übertragen, indem dafür weiterhin das Generalkommissariat des heiligen Landes zuständig war. Daß der Kardinal auf Grund der Ereignisse rund um die Hospizeröffnung diesen Weg gewählt hatte, war verständlich. Als vorteilhaft sollte sich diese Konstruktion allerdings nicht erweisen, standen doch die Franziskaner dem Hospiz ab dem Moment, an dem dort Weltgeistliche als Leiter fungierten, distanziert gegenüber.

Von Anfang an kam es zwischen den Rektoren und dem Generalkommissariat zu mehr oder minder offen ausgetragenen Spannungen. Die Vorsteher waren gegenüber dem Generalkommissär des heiligen Landes berichts- und rechenschaftspflichtig, umgekehrt erhielten sie von ihm die aus Wien erforderlichen Mittel zum Unterhalt des Hauses und der Pilger. Da diese Gelder aus den für das Heilige Land gesammelten Kollekten stammten, die sonst den übrigen Einrichtungen der Franziskaner in Palästina zuflossen, kam es hier immer wieder zu Schwierigkeiten, etwa dadurch, daß sich das Generalkommissariat unter diesen Umständen gegenüber dem Hospiz als nicht allzu großzügig erwies und mit den Anweisungen in Verzug blieb.

Franz Joseph Costa-Major, Rektor 1879–1892

Dazu kam, daß auch in Jerusalem das Verhältnis zwischen den Vorstehern und den dortigen Franziskanern immer wieder durch wechselseitige persönliche Aversionen und Unfreundlichkeiten getrübt war. Dabei spielte das generelle Spannungsverhältnis der Franziskaner zum in Jerusalem tätigen Weltklerus ebenso eine Rolle wie spezielle Interessenkollisionen mit dem Hospiz. Man empfand es im Pilgerhaus zum Beispiel als Affront, wenn aus der Monarchie kommende Pilger in der Herberge der Franziskaner, der Casa nova, Aufnahme fanden, während sich die Franziskaner beklagten, wenn seitens des Pilgerhauses in verschiedenen Angelegenheiten die Zusammenarbeit mit Einrichtungen des Patriarchats und nicht mit ihnen gesucht wurde.

Unter Johann Rudolf Kutschker, dem Nachfolger des im November 1875 verstorbenen Kardinals Rauscher, eskalierte der schwelende Konflikt zwischen dem Generalkommissariat und dem Rektor des Pilgerhauses, Johann Fahrngruber, erstmals offen. Der Generalkommissär des heiligen Landes in Wien, P. Sebastian Frötschner, der seinerzeit in Jerusalem die österreichische Buchdruckerei gegründet hatte, wandte sich im März 1877 mit einer offiziellen Beschwerde gegen den Rektor an Kutschker.[26] Fahrngruber, vom Erzbischof zu einer Stellungnahme aufgefordert, ließ in seiner Replik wiederum seinen Vorwürfen gegenüber den Franziskanern freien Lauf. Er sprach von einem „Alpdrucke des Franziskanerordens", der auf den Rektoren des Pilgerhauses laste und dazu geführt habe, daß die meisten bisherigen Vorsteher voll Mißmut aus ihrem Amt geschieden seien, weil es ihnen systematisch verleidet worden sei. Fahrngruber war davon überzeugt, daß das Hospiz unter der Leitung von Weltpriestern dem Generalkommissariat „immer ein Dorn im Auge war, ist und sein wird" und folgerte:

> „Darum wird die Skandalsucht gegen das Institut fast planmäßig kultiviert, die Klagen künstlich aufgewärmt, damit nur der Unfriede permanent bleibe, das hochwürdigste erzbischöfliche Consistorium verbittert und ermüdet werde und endlich das Haus Knall und Fall in den Schoße der Franziskaner gelange."[27]

Fahrngruber schlug, um einer solchen Entwicklung zuvorzukommen, im Gegenzug vor, den Franziskanern jeden Einfluß auf das Pilgerhaus zu entziehen und die Administration der für das Heilige Land bestimmten Mittel einem unparteiischen Gremium der österreichischen Kirche zu überantworten. Dabei schwebte ihm ein dem Erzbischof verantwortliches Direktorium vor, das aus Weltpriestern bestehen sollte.

So weit war es allerdings noch nicht, denn Kardinal Kutschker war um einen Ausgleich mit den Franziskanern bemüht. Und dieser fand sich, nachdem Fahrngrubers Turnus als Rektor 1879 abgelaufen war, in der Person des neuen Vorstehers, Franz Joseph Costa-Major. Der gebürtige Tiroler war vormals Guardian des Franziskanerklosters San Francesco della Vigna in Venedig gewesen und hatte nach der Aufhebung seines Klosters durch die Regierung Italiens zuletzt als Pfarrer in St. Ulrich im Grödnertal gewirkt. Costa-Major fand im Hospiz eine zweite Heimat, und da seiner Tätigkeit von allen Seiten Wertschätzung entgegengebracht wurde, wich man in Wien von der turnusmäßigen Auswechslung der Rektoren ab. Kutschkers Nachfolger Kardinal Ganglbauer war sichtlich froh, mit Costa-Major, der als Priesterpersönlichkeit in Jerusalem hohes Ansehen genoß, den latenten Konflikt mit den Franziskanern ruhiggestellt zu wissen, war es doch unter ihm zu einem Ende der aufreibenden Auseinandersetzungen mit der Kustodie gekommen.

Nach Ansicht des österreichisch-ungarischen Konsuls Anton von Strautz war es das primäre Verdienst Costa-Majors, das Ansehen des Hospizes so sehr gehoben zu haben, daß es unter allen vergleichbaren Anstalten Jerusalems den eindeutig besten Ruf genoß.[28] Das Haus präsentierte sich bequem und schön ausgestattet und verfügte über eine gut organisierte Verwaltung. Costa-Major hatte neben den dem Hospiz zugedachten Dotationen auch private Mittel zur Verbesserung der baulichen Substanz und der Einrichtung des bei seinem Amtsantritt nicht in bestem Zustande vorgefundenen Hauses aufgewendet.[29]

Die überraschende und positive Wandlung des Verhältnisses zwischen dem Hospiz und den Franziskanern war im Werdegang Costa-Majors begründet. Obwohl nach Aufhebung seines Klosters in Italien formell säkularisiert – und auch nur als Weltpriester in der Lage, das Hospiz zu leiten –, fühlte sich Costa-Major weiterhin als Franziskaner und stellte dies in Jerusalem auch offen zur Schau, indem er am Ordensleben der Franziskaner regen Anteil nahm und dabei die Franziskanerkutte trug. In der Öffentlichkeit entstand so vielfach der Eindruck, daß das Hospiz franziskanisch geworden sei. Österreichischerseits wurde dagegen nichts unternommen, war man doch erleichtert, durch die Person Costa-Majors endlich ein friktionsfreies Verhältnis zur Kustodie gefunden zu haben.

Als sich nach dem Tod Ganglbauers sein Nachfolger Kardinal Anton Gruscha im Oktober 1892 entschloß, Costa-Major einen Vizerektor beizugeben – wohl auch, um pro futuro die Rechtsverhältnisse klarzustellen –, erreichte die diesbezügliche Mitteilung Costa-Major nicht mehr.[30] Seit längerer Zeit an einem Herzleiden laborierend, verstarb er, nachdem er nicht weniger als 13 Jahre das Amt des Vorstehers bekleidet hatte, am 10. Oktober 1892 in Jerusalem.

Die Franziskaner sahen damit den Moment gekommen, ihren langgehegten Wunsch, das Pilgerhaus unter ihre Kontrolle zu bringen, zu realisieren. Nun stellte sich auch heraus, daß Costa-Major dem Stand der Terra Sancta in Jerusalem angehört hatte und nur kraft einer Ausnahmeregelung außerhalb der klösterlichen Gemeinschaft der Franziskaner hatte leben und das Hospiz leiten dürfen.[31] Daraus begannen die Franziskaner, Erb- und Besitzrechte auf das Hospiz abzuleiten. Sie übernahmen nicht nur die gesamte Hinterlassenschaft Costa-Majors, sondern erhoben auch Anspruch auf alle von Costa-Major während seiner Rektoratszeit für das Hospiz angeschafften Gegenstände und Einrichtungen.

Der Generalkommissär für das heilige Land, P. Franz Angeli, dem nachgesagt wurde, sich selbst für den Posten des Rektors im Hospiz zu interessieren, nahm einen schweren Konflikt mit Gruscha in Kauf und verfügte eigenmächtig die vorläufige Verwaltung des Pilgerhauses durch die Kustodie, indem er den Franziskanerpater Giacomo da Castel-Madonna mit der interimistischen Administration betraute.[32] Dem kam allerdings der österreichisch-ungarische Konsul Karl von Kwiatkowski zuvor; bis zur Klärung der Rechtslage über die weitere Zukunft des Pilgerhauses nahm er die Kassa des Hospizes und wichtige Dokumente an sich.[33] In den folgenden zwei Monaten wurde das Haus gemeinsam mit den Franziskanern provisorisch verwaltet, wobei der Franziskanerbruder Josef Weissmann den Pilgerbetrieb aufrecht erhielt.[34]

Die Franziskaner stellten sich auf den Standpunkt, daß das Hospiz in allen Verwaltungsangelegenheiten von der Kustodie in Jerusalem abhängen sollte und dem Generalkommissariat das uneingeschränkte Recht über die Distribution der für das Heilige Land eingehenden Sammelgelder zukäme. Eine Einverleibung des österreichischen Pilgerhauses durch die Franziskaner hätte jedoch ein Erlöschen der österreichischen Schutzrechte über das Hospiz bedeutet. Als Ordenshaus wäre es automatisch unter französischem Protektorat gestanden.

An der Spitze der Bestrebungen, das Hospiz für die Kirche Österreichs zu erhalten, stand der Rektor der Jahre 1864 bis 1866, Hermann Zschokke, der inzwischen nicht nur als Professor und Rektor der Wiener Universität eine wissenschaftliche Karriere gemacht hatte und als Hofrat im Ministerium für Unterricht und Kultus für kirchliche Angelegenheiten zuständig war, sondern als Prälat und Mitglied des Wiener Domkapitels auch direkten Zugang zu Kardinal Gruscha hatte.[35] Gegenüber dem österreichischen Konsul in Jerusalem betonte er Anfang Dezember 1892, daß österreichischerseits aller Grund bestehe, das Pilgerhaus zu erhalten und mit österreichischen Weltpriestern zu besetzen.[36]

Deshalb riet er dem Kardinal, ehebaldigst zwei Geistliche nach Jerusalem zu entsenden, um ein Fait accompli zu schaffen.

Am 11. Dezember 1892 ernannte Gruscha den jungen Weltpriester Richard Joch zum neuen Rektor des Pilgerhauses, als dessen Stellvertreter hielt man an dem aus Mähren stammenden Geistlichen Dr. Franz Kyzlink, der schon kurz vor dem Ableben Costa-Majors ernannt worden war, fest. Am 16. Jänner 1893 trafen beide in Jerusalem ein. Da ihnen nicht nur der österreichisch-ungarische Konsul, sondern auch der Patriarch jede Unterstützung zuteil werden ließ und auch die in Jerusalem tätigen Franziskaner keine Schwierigkeiten machten, konnten die beiden Vorsteher das Pilgerhaus ordnungsgemäß übernehmen.[37]

Das Hauptproblem bestand allerdings erneut in der finanziellen Ausstattung des Hospizes, da nach dem Tod Costa-Majors alle Zuwendungen seitens des Generalkommissariats eingefroren worden waren. Und obwohl Gruscha dem Kommissariat auftrug, die Auszahlung der Mittel vorzunehmen, weigerte sich Generalkommissär P. Franz Angeli, Geld flüssigzumachen. Während nun also die neuen Rektoren mit den Franziskanern der Kustodie korrekt auskamen, erreichte der Konflikt zwischen Kardinal Gruscha und dem Generalkommissär Angeli seinen Höhepunkt.[38] Er berief sich dabei auf ein Telegramm seines Ordensgenerals, das ihm untersagt habe, Gelder an die Vorsteher des Pilgerhauses zu überweisen. Sämtliche Mittel hätten an die Kustodie in Jerusalem zu gehen, und die Franziskaner würden für das Pilgerhaus schon Sorge tragen.

Das war nun dem Wiener Erzbischof zuviel, und Kardinal Gruscha wurde bei der Propaganda fide in Rom mit einer offiziellen Eingabe vorstellig. Erst seine Ankündigung gegenüber Angeli, bei der Kurie eine Klarstellung herbeizuführen, veranlaßte den Generalkommissär in Wien, an Richard Joch, der in Jerusalem mittlerweile völlig mittellos dastand und bereits einen Kredit hatte aufnehmen müssen, Reisekosten, Gehalt und die für den täglichen Betrieb notwendigen Gelder in der Höhe von 1.000 Gulden anzuweisen. Es sollte dies allerdings die einzige Überweisung für acht Monate bleiben. Die folgenden Ansuchen Jochs um die regelmäßigen Raten blieben unbeantwortet, sodaß sich der Rektor nach kurzer Zeit wieder in einer prekären finanziellen Situation befand.[39] In seiner Note, die Gruscha zuvor im Rahmen der Bischofskonferenz akkordiert hatte,[40] verlangte er seitens Roms eine Klarstellung in Form einer Anerkennung der besonderen Konstruktion des Generalkommissariats der Franziskaner in Wien, das sich von den anderen Kommissariaten der Franziskaner dadurch unterscheide, daß in wesentlichen Angelegenheiten nicht dem Ordensgeneral, sondern dem Erzbischof von Wien die Letztentscheidung zukomme. Darüber hinaus möge seitens Roms bestätigt werden, daß zwar – weil auf Grund einer Entscheidung der Propaganda fide die Leitung des Österreichischen Hospizes durch Weltpriester erfolge – das Generalkommissariat die erforderlichen Geldmittel bereitzustellen habe, das Pilgerhaus jedoch keinesfalls in dessen Eigentum übergegangen sei.[41]

Hinter diesem Konflikt stand der alte und niemals aus der Welt geschaffte Widerspruch zwischen den 1843 erlassenen „Grundregeln und Vorschriften für das General-Commissariat der heiligen Länder" und den päpstlichen Konstitutionen bezüglich der Kommissariate der Franziskaner in den verschiedenen katholischen Staaten. Wie bereits erwähnt, standen die mit allerhöchstem Handschreiben vom Kaiser genehmigten Bestimmungen für die Tätigkeit des Generalkommissariats in einigen Punkten in einem diametralen Gegensatz zu den päpstlichen Konstitutionen und den Ordensregeln der Franziskaner. Dies galt vor allem für die Unterstellung des Generalkommissärs unter die Autorität des Erzbischofs von Wien und seine Ernennung durch eben diesen.

Für den Standpunkt des Erzbischofs von Wien sprach, daß, nach Verstummen der anfänglichen Proteste, durch fast fünf Jahrzehnte diese 1843 erlassenen Bestimmungen sowohl von seiten des Heiligen Stuhles als auch der Franziskaner stillschweigend anerkannt worden waren. Dazu hatte beigetragen, daß der jeweilige Wiener Erzbischof auf die Wünsche der Ordensoberen in Rom und des Kustos des Heiligen Landes stets in einer besonderen Weise Rücksicht genommen hatte.

Demgegenüber argumentierten die Franziskaner, daß schon einmal, nämlich während der Sedisvakanz des Wiener Bischofsstuhls nach dem Tode Kardinal Kutschkers im Jahr 1881, der Generalkommissär vom Ordensgeneral in Rom ernannt worden war. Der provisorisch amtierende Kapitelvikar in Wien hatte diese entgegen dem bisherigen Modus erfolgte Ernennung – wohl aus Unwissenheit – mit einem „nihil obstat" gutgeheißen, woraus die Franziskaner die Anerkennung der Rechtmäßigkeit ihres Standpunktes durch die Erzdiözese folgern wollten.

Die Kontroverse entwickelte sich in Rom für Kardinal Gruscha, der seinen Vorstoß bei der Kurie bereits vorsondiert hatte, vorderhand günstig. Bereits Ende April berichtete der österreichische Vertreter beim Heiligen Stuhl, Graf Friedrich Revertera, daß die Vorstellungen Gruschas vom Papst beifällig aufgenommen worden seien und der Präfekt der Kongregation der Propaganda fide, Kardinal Mieczyslaw Leđochówski, sie bereits mündlich gebilligt habe.[42] Wenige Tage später, am 6.5.1893, erging das schriftliche Reskript, in dem Leđochówski durchaus pragmatisch argumentierte, daß man schon 1843 das Generalkommissariat in der von der Regierung Österreichs vorgegebenen Form zu akzeptieren hatte, da es andernfalls nicht zugelassen worden wäre.[43] In Hinblick auf die Sammelgelder, die dem Heiligen Land zugute kommen sollten, wollte er diesen Status quo nach wie vor nicht antasten und entschied, daß von diesen Geldern die für den Erhalt des Pilgerhauses erforderlichen Mittel abzuziehen seien, ehe sie der Kustodie in Jerusalem übermittelt werden sollten.

Kardinal Gruscha war mit dem Spruch der Propaganda fide hochzufrieden und sprach von einer „Entscheidung in der Sache, welche den von mir und dem hochwürdigen österreichischen Episkopate ausgesprochenen Wünschen voll entspricht.“[44] Der Wiener Fürsterzbischof wollte die nun entstandene Sachlage entsprechend umsetzen, doch stieß er weiterhin auf hinhaltenden Widerstand bei P. Franz Angeli. Daraufhin zog Gruscha eigenmächtig von den Kirchenkollekten für das Heilige Land die für die Bedürfnisse des Pilgerhauses erforderliche Summe von 4.000 Gulden ab und schickte sie direkt an Joch nach Jerusalem.[45]

Bei einer vom Kardinal einberufenen Sitzung im Februar 1894, an der neben P. Angeli auch die wichtigsten Vertreter des Domkapitels, unter ihnen auch Prälat Zschokke, teilnahmen, verlangte Gruscha von P. Angeli, ihm die finanzielle Gebarung des Generalkommissariats, so wie dies früher der Fall war, offenzulegen.[46] Weiters wurde, ausgehend von den Klagen Jochs, was den Erhalt der Geldmittel betraf, formell der Beschluß gefaßt, dem Pilgerhaus vierteljährlich die zu seinem Bestand und Betrieb erforderlichen Summen anzuweisen. Angeli wollte dies nicht gelten lassen. Er behauptete, daß Joch mit den im Pilgerhaus eingehenden Dotationen und Widmungen Rücklagen bilde, während man dem Generalkommissariat Spendengelder vorenthalte, die ins Hospiz flössen. Zwar widersprach ihm Zschokke heftig, doch begannen die Franziskaner mit genau dieser Argumentationslinie in Rom gegen die Entscheidung der Propaganda fide anzukämpfen. Dies hatte zur Folge, daß Ledóchowski abermals aktiv wurde und mit 22. Juni 1894 ein neuerliches Reskript an Kardinal Gruscha übermittelte.[47]

Im Gegensatz zu seiner ersten Äußerung vertrat Ledóchowski nun die – allerdings unzutreffende – Rechtsmeinung, daß auf Grund des Konkordats, vor allem aber auf Grund der Religionsgesetze des Jahres 1874, und hier insbesondere jenes über die Regelung der äußeren Rechtsverhältnisse der katholischen Kirche, die seinerzeit erlassenen Bestimmungen der Regierung über das Generalkommissariat automatisch aufgehoben worden seien.

Diese Interpretation Ledóchowskis beruhte auf einem Übersetzungsfehler, denn der Präfekt glaubte fälschlicherweise, daß klösterliche Gemeinschaften ihre äußeren Rechtsverhältnisse durch die Religionsgesetze autonom festlegen könnten. Tatsächlich ging das „Gesetz über die Regelung der äußeren Rechtsverhältnisse der katholischen Kirche“, so der offizielle Titel des Katholikengesetzes, vom entgegengesetzten Grundsatz aus. Der Staat nahm für sich das Recht in Anspruch, zu bestimmen, was als „innere Angelegenheiten“ in den Autonomiebereich der Kirche und was als „äußere Rechtsverhältnisse“ in die Zuständigkeit des Staates fiel. Unter letztere fielen im Artikel 31 auch die klösterlichen Gemeinschaften, für die die bestehenden staatlichen Gesetze bestätigt wurden.[48]

Kardinal Anton Gruscha

Insgesamt blieb Leđochówski in seinem neuerlichen Reskript aber bei seiner Grundlinie, eine weitere Eskalation, die womöglich auch die Regierung in die Kontroverse mit hineingezogen hätte, zu vermeiden. Er schlug daher vor, das Pilgerhaus zur Gänze vom Generalkommissariat zu trennen und der Jurisdiktion des Erzbischofs von Wien zu unterstellen. Von den Kollekten des Heiligen Landes wären jährlich 4.000 Gulden abzuziehen und direkt dem Erzbischof zuzumitteln, der diesen Betrag für das Hospiz selbst verwalten sollte. Das Generalkommissariat sollte im Gegenzug von seiner Abhängigkeit gegenüber dem Erzbischof von Wien losgelöst werden und seine Funktionen den päpstlichen Konstitutionen entsprechend in ausschließlicher Abhängigkeit vom Ordensgeneral der Franziskaner und der Propaganda fide ausüben.

Gruscha reagierte gegenüber Leđochówski auf diesen Vorschlag prinzipiell positiv, wollte zunächst jedoch wieder das Einvernehmen mit den anderen Bischöfen herstellen.[49] Dies war aber offenbar gar nicht so einfach, wie Gruschas engster Mitarbeiter, der Ordinariatssekretär und spätere Weihbischof Joseph Pfluger, skeptisch an Rektor Joch nach Jerusalem schrieb: „Wären nur die hochwürdigsten Herrn Bischöfe einig, so würde dem österr. Pilgerhause der nothwendige Rückhalt nie fehlen, so aber …“[50] – und ließ diesen Satz unvollendet.

Jedenfalls schien Kardinal Gruscha der jährliche Betrag von 4.000 Gulden, den das Pilgerhaus erhalten sollte, von Anfang an zu gering; er wollte 5.000 bis 6.000 Gulden von den Sammelgeldern bekommen. Das bedeutete aber, daß sich die Verhandlungen weiter in die Länge zogen. Joseph Pfluger gab wohl die bei vielen vorherrschende Stimmung wieder, als er schrieb: „Gott gebe, daß die leidige Sache ein Ende findet. Ich habe es nachgerade satt.“[51]

Ende November 1894 erfolgte dann die offizielle Antwort Gruschas an die Propaganda fide: Darin verwahrte er sich gegen alle ihm gegenüber erhobenen Vorwürfe und widerlegte die kurialen Rechtsansichten in bezug auf die Folgewirkungen des Katholikengesetzes für das Generalkommissariat. Zugleich erklärte er sich aber mit den von der Propaganda fide formulierten neuen Rahmenbedingungen einer Abtrennung des Hospizes vom Generalkommissariat bei gleichzeitiger Unterstellung des letzteren unter die alleinige Autorität Roms unter der Bedingung einverstanden, daß der dem Pilgerhaus zukommende jährliche Betrag von 4.000 auf 6.000 Gulden hinaufgesetzt werde.[52] Er begründete dies mit den erhöhten Aufwendungen durch die Zunahme der Pilgerreisen in den vergangenen Jahren und seinem Entschluß, wieder zwei Vorsteher zu entsenden, was ebenfalls mehr Mittel erforderlich mache.

Mit dieser Hinaufsetzung der Mittel erklärte sich Rom einverstanden. In einem dritten Reskript der Propaganda fide vom 31. Jänner 1895 wurde bei Beibehaltung aller sonstigen Bestimmungen der Entscheidung vom Juni 1894 dem Hospiz eine jährliche Dotation von 6.000 Gulden zugestanden.[53] Den Franziskanern wurde unmißverständlich bedeutet, daß die Entscheidung endgültig sei und ihnen keine Fürsorgegewalt über das Hospiz zukomme.

Mit diesem Spruch hatte der dreijährige Streit um die Zukunft des Pilgerhauses ein Ende gefunden. Als man wenige Tage später im Hospiz davon erfuhr, schrieb Rektor Joch an Pfluger:

> „Den 4. Februar 1895 wird das Pilgerhaus als einen Gedenktag erster Klasse feiern und mit goldenen Buchstaben in die künftige Chronik setzen. Wir werden mit größter Freude demnächst im Namen aller noch folgenden Rektoren unseren ergebensten Dank aussprechen für die beharrliche Mühewaltung, womit S. Eminenz die Sache des Pilgerhauses zum endlichen Siege geführt hat."[54]

Kardinal Mieczyslaw Ledóchówski

Nicht nur der Erzbischof von Wien, sondern auch die Regierung war mit dem erzielten Ergebnis einverstanden.[55] Seitens des Ministers für Kultus und Unterricht Dr. Eduard Rittner wurden zwar keine Auswirkungen des von staatlicher Seite nicht mehr in Kraft stehenden Konkordats und der Religionsgesetze der Jahre 1874 auf das Generalkommissariat gesehen, sehr wohl aber solche des Artikels 15 des Staatsgrundgesetzes über die allgemeinen

Rechte der Staatsbürger vom 21. Dezember 1867, wonach jede gesetzlich anerkannte Kirche und Religionsgesellschaft das Recht hat, ihre inneren Angelegenheiten selbständig zu verwalten.[56] Denn zu diesen inneren Angelegenheiten zählte nach Ansicht des Kultusministers auch die Regelung der Stellung des Generalkommissariats. Insoferne ergab sich auch von seiten des Staates kein Einwand dagegen, daß die seinerzeitigen, als staatliche Norm in Kraft getretenen „Grundregeln und Vorschriften" außer Wirksamkeit gesetzt waren. Dies umso mehr, als es Rittner als Erfolg bewertete, den selbständigen Bestand des österreichischen Pilgerhauses unter der Ägide eines österreichischen Kirchenfürsten und unter der Leitung von Weltpriestern mit einem Teil der Mittel aus den Sammlungsgeldern für das Heilige Land erreicht zu haben. Da er somit die seinerzeitigen Ziele des Generalkommissariates, nämlich die Entsendung von Geistlichen und die besondere Unterstützung von Pilgern aus der Habsburgermonarchie, auf diese Weise verwirklicht sah, bestand keine Notwendigkeit, staatlicherseits tätig zu werden. Kaiser Franz Joseph nahm dies mit einer allerhöchsten Entschließung im Sommer 1895 in Bad Ischl billigend zur Kenntnis.[57]

Die Ausführung der Trennung des Pilgerhauses vom Generalkommissariat war Kardinal Gruscha übertragen. Er ernannte für die Verwaltung des Pilgerhauses ein dreiköpfiges Kuratorium. Diesem kam die Aufgabe zu, die für das Hospiz zur Verfügung stehenden Mittel zu verwalten, die Leitung des Hauses durch die beiden Vorsteher zu kontrollieren und für letztere Funktion dem Erzbischof bei Freiwerden einer Stelle geeignete Kandidaten vorzuschlagen.[58] An die Spitze des Kuratoriums berief Gruscha den wohl besten Kenner der Materie, Prälat Hermann Zschokke. Auf dessen Vorschlag wurden der frühere Rektor Hofkaplan Dr. Karl Schnabl und der Ordinariatssekretär Dr. Joseph Pfluger, der den Hauptteil der Verwaltungsarbeit für Kardinal Gruscha rund um die Auseinandersetzung mit den Franziskanern getragen hatte, als weitere Mitglieder des Kuratoriums nominiert.[59]

NEUSTRUKTURIERUNGEN UM DIE JAHRHUNDERTWENDE

Die Übertragung der Funktion des Kurators des Pilgerhauses an Zschokke erwies sich als eine glückliche Wahl. Denn der Prälat ging in der Folge mit viel Energie daran, das Hospiz umzustrukturieren und zu modernisieren, so daß es den neuen Anforderungen, die sich für den Pilgerbetrieb in den letzten Jahren des 19. Jahrhunderts und um die Jahrhundertwende ergaben, gerecht werden konnte.

War das österreichische Pilgerhaus zum Zeitpunkt seiner Gründung ein Institut gewesen, dem in ganz Jerusalem kaum etwas Gleichwertiges entgegengesetzt werden

Die Straße vom Bahnhof zur Altstadt Jerusalems, 1895

konnte, so hatte sich dies in den neunziger Jahren grundlegend geändert. So gut wie alle größeren europäischen Länder verfügten in der einen oder anderen Form über „nationale" Pilgerheime, die teilweise berächtliche Aufnahmekapazitäten aufwiesen. Anstelle kleiner Pilgerkarawanen waren es nun große, oft mehrere hundert Personen umfassende Pilgerzüge, die nach Jerusalem kamen. Allein aus Rußland, das unangefochten an der Spitze stand, kamen Jahr für Jahr zwischen 5.000 und 10.000 orthodoxe Christen ins Heilige Land. Darüber hinaus wurde Palästina nicht mehr nur von Pilgern, Geschäfts- und Forschungsreisenden aufgesucht, sondern wurde mit dem um die Jahrhundertwende in ganz Europa im Entstehen begriffenen modernen Fremdenverkehr auch ein Ziel wohlhabender Touristen. Das bedeutete, daß neben den geistlichen Anstalten auch Hotels und sonstige Unterbringungsstätten entstanden.

Voraussetzung für diese Entwicklung war, daß sich die infrastrukturellen und logistischen Verhältnisse in und um Jerusalem grundlegend geändert hatten. Linienschiffe liefen regelmäßig Jaffa an, die Straßen nach und um Jerusalem wurden befahr- und passierbar, herumziehende Beduinen wurden aus dem Gebiet westlich des Jordans abgedrängt, und durch die Präsenz zahlreicher ausländischer Konsulate war eine gewisse Sicherheit gewährleistet.[60] Dazu kam, daß seit 1892 eine auf privater Basis errichtete Eisenbahnverbindung

Prälat Hermann Zschokke, Kurator des Pilgerhauses

zwischen Jaffa und Jerusalem bestand; dadurch konnte der bis zu diesem Zeitpunkt mühsame letzte Teil der Reise nach Jerusalem nun auf bequeme Art innerhalb weniger Stunden absolviert werden.

All dies führte dazu, daß sich das Österreichische Hospiz einer stetig wachsenden Zahl von Häusern, die von anderen Nationen gegründet worden waren, gegenübersah.[61] Seitens des katholischen Deutschland war 1886 ein Hospiz außerhalb des Jaffators gegründet worden, nach der Jahrhundertwende wurde es durch ein neues, unweit des Damaskustores gelegenes Haus ersetzt. Das Paulushospiz konnte bis zu 200 Personen aufnehmen. Dazu sollte noch die Niederlassung der Benediktiner am Berg Sion auf jenem Gelände kommen, auf dem der Überlieferung nach Maria gestorben war und das vom Sultan 1898 Kaiser Wilhelm II. bei dessen Besuch übergeben worden war. Die französischen Assumptionisten hatten 1884 gleichfalls ein weitläufiges Pilgerhaus, Notre Dame de France, mit mehreren hundert Betten gegründet, und auch die den Franziskanern zugehörige Casa nova wurde erweitert und entsprechend ausgestattet. Seitens der anderen europäischen Länder stach insbesondere Rußland hervor, das zahlreiche orthodoxe Niederlassungen für seine nach Jerusalem strömenden Pilger gegründet hatte.

Für das österreichische Pilgerhaus bedeutete dies einen Anpassungs- und Modernisierungsbedarf. Prälat Zschokke ging diese Aufgabe rasch an. Zweierlei kam ihm dabei zu Hilfe: Zum einen kannte er als ehemaliger Rektor des Pilgerhauses die lokalen Verhältnisse in Jerusalem gut und hatte auch ein emotionales Naheverhältnis zum Hospiz, zum anderen verfügte er auf Grund seiner Funktionen als Universitätsprofessor für alttestamentliche Bibelwissenschaften, als hoher Beamter im Ministerium für Cultus und Unterricht, als Domherr von St. Stephan und späterer Weihbischof und als auf Lebenszeit ernanntes Mitglied des Herrenhauses über jenes Ansehen und jene Kontakte, mittels derer er in den folgenden Jahren die für das Hospiz erforderlichen außerordentlichen Mittel beschaffen konnte.[62]

Bereits am 20. Mai 1895 hielt Zschokke die konstituierende Sitzung des neuen Kura-

Stephan Csarszky, Vizerektor 1895–1897, Rektor 1897–1902

toriums ab.[63] Schon hier wurden einige Maßnahmen ins Auge gefaßt, die in den folgenden Jahren wesentliche Auswirkungen haben sollten: die Frage der Stellung des Pilgerhauses in Hinblick auf eine Repräsentation der gesamten Monarchie, also auch der ungarischen Reichshälfte, die innere Verwaltung des Hauses und schließlich bauliche Veränderungen inklusive verschiedener Pläne für eine Vergrößerung des Hospizes.

Bis 1895 war das Pilgerhaus stark von den österreichischen Kronländern geprägt. Eine Verbindung zu den Ländern der ungarischen Krone hatte bis zu diesem Zeitpunkt kaum bestanden. So war beispielsweise noch nie ein ungarischer Geistlicher als Rektor oder Vizerektor nach Jerusalem gegangen. Im Kuratorium war man sich dieses Mangels bewußt und versuchte, Initiativen zu setzen, um das „Interesse für das österreichisch-ungarische Institut, das einen gemeinsamen Charakter hat, zu erwecken."[64]

Als eine der ersten Maßnahmen in diesem Zusammenhang wurde der Name des Hauses geändert. Hatte das Hospiz seit 1863 den Namen „Österreichisches Pilgerhaus zur Heiligen Familie" getragen, so führte es ab 1895 als offiziellen Titel „Österreichisch-Ungarisches Pilgerhaus zur Heiligen Familie". Als nächstes wurde die Stelle des Vizerektors, die im Herbst 1895 frei wurde, mit einem aus der ungarischen Reichshälfte kommenden Geistlichen besetzt. Zschokke schlug dafür Stephan Csarszky vor, einen Priester aus der Erzdiözese Gran, der an der Wiener Universität studiert hatte und sein Schüler gewesen war. Nachdem Erzbischof Gruscha das Einverständnis des Fürstprimas von Ungarn eingeholt hatte, wurde Csarszky zum Vizerektor ernannt.[65] Im Auftrag Zschokkes versuchte Csarszky in den folgenden Jahren, durch Artikel in ungarischen Zeitschriften, durch persönliche Schreiben an einflußreiche Repräsentanten der ungarischen Kirche und durch andere Bemühungen das Bewußtsein in seinem Heimatland und das Interesse für das Hospiz und das Pilgerwesen nach Jerusalem zu steigern.[66]

Ebenfalls noch 1895 wurden den zeitgemäßen Anforderungen entsprechende Hausstatuten in Kraft gesetzt, die analog den anderen Pilgerhäusern in Jerusalem die Rahmenbedingungen für die Unterbringung von Gästen festlegten.[67] Für Pilger aus der

Monarchie galt nach wie vor freie Station und Verpflegung, im Gegensatz zu früher jedoch nur mehr für einen Zeitraum von acht Tagen. Um als Wallfahrer bei freier Station aufgenommen zu werden, war allerdings nicht nur der Nachweis der Staatsbürgerschaft in einer der beiden Reichshälften mittels eines gültigen Passes erforderlich, sondern es war darüber hinaus auch eine Empfehlung einer geistlichen Institution der Heimat erwünscht. Wer länger blieb oder aus einem anderen Land kam, mußte für seinen Aufenthalt im Hospiz jedenfalls zahlen. Mit diesen strengeren Bestimmungen sollte sichergestellt werden, daß sich nicht wie in der Vergangenheit dubiose Gestalten, die mit dem Pilgerwesen nichts im Sinn hatten – in den Hospizannalen ist von „Landstreichern", „Bummlern" und „Gaunern" die Rede –, kostenlos über längere Zeit im Hospiz aufhielten und bei anderen Gästen eher Anstoß erregten.[68] Ungeachtet der Statuten bürgerte es sich in den folgenden Jahren aber ein, daß für den Aufenthalt im Normalfall ein Entgelt entrichtet wurde. Dessen Höhe richtete sich nach einer der drei „Classen" des Zimmers, das man bezog. Nur mittellose Pilger wohnten nach wie vor gratis.

Auch bezüglich der inneren Verwaltung des Pilgerhauses wurden die Aufgaben und Verantwortlichkeiten klar festgelegt.[69] Dem Rektor oblag neben der Gesamtverantwortung für das Haus und dessen Vertretung nach außen die Leitung des Pilgerwesens, die Finanzgebarung und die Führung des amtlichen Schriftverkehrs. Dem Vizerektor wurde ein selbständiger Aufgaben- und Verantwortlichkeitsbereich zugewiesen. Er war neben seiner Stellvertreterfunktion auch für die wirtschaftliche Führung des Hauses und das Personal verantwortlich. Im Hospiz gab es an weiteren Beschäftigten einen Kawassen, was in etwa einem uniformierten Wächter oder Portier entsprach, der neben den üblichen Kawassendiensten auch für die Bedienung der Pilger dritter Klasse bei Tisch zuständig war. Für den Anbau und die Pflege des Gartens war ein Gärtner angestellt, für die Obsorge des Inneren des Hauses und die Bedienung der Gäste der ersten beiden Klassen war ein Diener zuständig.

Außerdem gelang es nun, den langgehegten Wunsch, geistliche Schwestern für die Hausverwaltung zu bekommen, zu realisieren. Von der ursprünglichen Idee, österreichische Schwestern nach Palästina zu holen, ging man aber ab. Vielmehr erschien es sinnvoll, sich an eine schon in Jerusalem tätige Frauenkongregation zu wenden. Anfangs dachte Zschokke an Rosenkranz-Schwestern,[70] doch nahm man sich dann das Deutsche Hospiz zum Vorbild, wo bereits deutsche Schwestern der Kongregation des Heiligen Karl Borromäus in der Haushaltung beschäftigt waren. Diese hatten sich, wie der Rektor Franz Malecek nach Wien berichtete, von sämtlichen in Jerusalem befindlichen Frauenorden am besten bewährt und genossen einen ausgezeichneten Ruf.[71] Außerdem fielen bei deutschen Schwestern allfällige Sprachbarrieren weg.

Das Mutterhaus dieses Ordens befand sich im schlesischen Trebnitz, dem heutigen Trzebnica, nördlich von Breslau, von wo aus 1884 eine Niederlassung in Alexandrien gegründet worden war. Ausgehend von Alexandrien, waren die Borromäerinnen an verschiedenen Plätzen in Palästina tätig geworden und ihre Niederlassungen waren 1894 zur Ordensprovinz erhoben worden.[72] Das Angebot, Schwestern in das österreichisch-ungarische Pilgerhaus nach Jerusalem zu entsenden, nahmen sie gerne an. Im Gegensatz zu früher gab nun auch das Patriarchat seine Zustimmung. In seinem Ansuchen an Patriarch Ludovico Piavi betonte Kardinal Gruscha, daß es sich um einen im Heiligen Land bereits ansässigen Orden handle, der auch im Deutschen Hospiz in Jerusalem tätig war.[73] Piavi erklärte sofort, damit einverstanden zu sein, und nachdem eine entsprechende Vereinbarung mit der Provinzoberin geschlossen worden war, trafen am Palmsonntag des Jahres 1896 vier Schwestern im Pilgerhaus ein. Sie übernahmen die Küchenverwaltung, die Reinigung der Wäsche, die Obsorge für Sakristei und Kapelle sowie die Pflege allfällig erkrankter Pilger. Rasch zeigte sich, wie richtig es gewesen war, beharrlich dieses Projekt verfolgt zu haben, denn die pflichtbewußte und sorgfältige Tätigkeit der Ordensfrauen trug erheblich zur Hebung des Standards und des Ansehens des ganzen Hauses bei.

Ali Sumara, langjähriger Kawass des Hospizes

Da die Schwestern in Klausur lebten, mußte für sie eine entsprechende Unterbringung außerhalb des eigentlichen Pilgerhauses gefunden werden. Dies wurde dadurch möglich, daß der an der Nordwestecke des Hospizgeländes gelegene kleine Gartenpavillon in ein bescheidenes Haus mit zwei kleinen Zimmern, die den Nonnen als Wohn- und Schlafgelegenheit dienten, umgebaut wurde.[74] 1903 wich dieses Provisorium dann einer dauerhaften Lösung: Anstelle des Gartenpavillons wurde ein solides einstöckiges Schwesternhaus errichtet, das am 8. Jänner 1904 einge-

Einweihung des neuerrichteten Schwesternhauses, 1904

weiht wurde. Einen beträchtlichen Teil der Kosten dafür hatte Kaiser Franz Joseph übernommen, auch der regierende Fürst von Liechtenstein, Johann II., hatte einen größeren Betrag beigesteuert, der Rest war durch sonstige Spenden aufgebracht worden.

Von Anfang an standen auch Pläne einer Erweiterung und Vergrößerung des Pilgerhauses auf der Tagesordnung des Kuratoriums. Schon bei der konstituierenden Sitzung war man sich darüber einig, daß im Laufe der Zeit eine Expansion erforderlich sein würde.[75] Dabei war einerseits die Rede davon, das ursprünglich geplante zweite Stockwerk bauen zu lassen, andererseits davon, ein an das Hospiz anschließendes kleines Grundstück in der Via Dolorosa in Richtung „Ecce homo-Kirche“ zu erwerben. Vorderhand waren solche Pläne aber noch nicht spruchreif, denn als Zschokke im Frühjahr 1897 eine Reise nach Jerusalem unternahm, um sich von den momentanen Gegebenheiten an Ort und Stelle ein Bild zu machen, wurde deutlich, daß eine Reihe von teilweise aufwendigen Renovierungsarbeiten und sonstigen Anschaffungen am bestehenden Gebäude anstanden. Das Haus verfügte zwar über 50 Betten, aber es mangelte an grundlegender Ausstattung, wie ausreichender Bett- und Tischwäsche, Geschirr, Kücheneinrichtungen und dergleichen. Auch die Zimmer waren recht dürftig eingerichtet.

Dies hieß aber auch, zusätzliche finanzielle Mittel für das Hospiz aufzutreiben. Denn mit den jährlichen Beträgen, die es aus den Sammelgeldern und sonstigen Dotationen erhielt, ließ sich zwar der normale Betrieb aufrechterhalten, größere Investitionen waren daraus allerdings nicht zu bestreiten. Bereits im November 1896 wandte sich Zschokke mit einem Majestätsgesuch an Kaiser Franz Joseph, der aus dem Privat- und Familienfonds einen Betrag von 3.000 Gulden zur Verfügung stellte und in der Folge bis 1902 nochmals 1.000 Gulden spendete.[76] Vom Ministerium des Äußeren erhielt das Pilgerhaus bis 1902 weitere 3.500 Gulden.[77]

Parallel dazu veröffentlichte das Kuratorium 1896 ein „Denkblatt", verbunden mit einem Spendenaufruf, mit dem man an maßgebliche Persönlichkeiten in Kirche und Staat herantrat.[78]

Im „Vaterland", der führenden katholischen Wochenzeitung der Monarchie, zitierte Zschokke aus einem Brief Rektor Csarszkys:

> „Die neuen Institute in Jerusalem und im Heiligen Lande überhaupt sind so eingerichtet, daß in unserem Hause im Vergleiche zu jenen noch sehr viel fehlt. Das Gebäude als solches fordert unbedingt eine entsprechende Einrichtung und Ausstattung; denn man erblickt allgemein im Österreichisch-ungarischen Pilgerhaus eine Repräsentation der Monarchie."[79]

Unter Anspielung auf die Schenkung des Baugrundes am Berge Sion an Kaiser Wilhelm II. anläßlich seines Besuches in Jerusalem 1898 durch den Sultan, die großes Aufsehen erregt hatte, und unter Bezugnahme auf die damals schon bekannte Absicht, dort ebenfalls eine dem Pilgerwesen dienende katholische Institution zu errichten, setzte Zschokke fort:

> „Jetzt wo das katholische Deutschland und der strebsame Verein des heiligen Landes in Köln nach der Erwerbung des Sanktuariums la dormition de la sainte Vierge alle Hebel in Bewegung setzt, eine Kirche und ein zweites Hospiz daselbst zu erbauen und mit den übrigen Nationen wetteifert, kann und darf das katholische Österreich hinter Frankreich und Deutschland nicht zu auffallend zurückbleiben. Möge dem Curatorium der größte Schmerz erspart bleiben, wenn es gezwungen wäre, die schließliche Ausgestaltung des Hauses einzustellen und diese schöne Heimstätte vaterländischer Opferwilligkeit und Liebe verkommen zu lassen."[80]

De facto bedeutete dies, das Innere des Hauses fast zur Gänze zu erneuern. In einem Memorandum hielt Csarszky Anfang 1902 fest, daß die Einrichtung den modernen Anforderungen in keiner Weise entsprach.[81] Kamen einzelne Pilger, so trug man das Beste aus den verschiedenen Zimmern zusammen, bei größeren Gruppen konnte es aber geschehen, daß nicht einmal in allen Zimmern der „I. Classe“ ein Spiegel vorhanden war. Badeeinrichtungen fehlten gänzlich, die Sanitäranlagen bezeichnete selbst der Rektor als „sehr primitiv“.[82]

Angesichts der immer mehr Teilnehmer umfassenden Pilgerzüge wurde die Bettenkapazität auf 100 gesteigert. Dazu mußten Lichtschächte angelegt und im Souterrain größere Fenster ausgebrochen werden. Die Zisternen wurden mit großem Kostenaufwand erneuert, weiters wurden große Kühlschränke installiert. Sämtliche Gänge und ein Großteil der Zimmer versah man mit neuen Platten, die Zimmer, die Kapelle und der Salon des Hauses wurden ausgemalt. Die Dachterrasse wurde zur Gänze erneuert und schließlich auch der ganze Garten terrassiert, ein wasserdichtes Pflaster mit elegant behauenen Steinen rund um das Haus angelegt und die Gartenmauer erhöht. Dazu kamen noch andere notwendige Arbeiten, wie die Einrichtung eines Bades, die Adaptierung der Aborte mit Spülwasser, die Einrichtung einer Waschküche und ähnliches.

Da nun aber, wie bereits erwähnt, sowohl die Einnahmen aus den jährlichen Sammelgeldern als auch die vom Hospiz in Jerusalem erwirtschafteten Mittel und die dem Pilgerhaus zugedachten privaten Stiftungen bei weitem nicht ausreichten, den dafür notwendigen Geldbedarf zu decken, mußte sich Zschokke auf die anfangs sehr mühevolle, weil wenig erfolgreiche Suche nach weiteren Einnahmequellen machen. Schließlich wandte er sich mit einem Promemoria an Kardinal Gruscha und bat darum, im Rahmen der Bischofskonferenz neue Mittel und Wege zu suchen, um dem Hospiz zu ausreichenden finanziellen Ressourcen zu verhelfen.[83] Es war naheliegend, sich zuerst in Rom um eine Erhöhung der jährlichen Mittel aus den Sammelgeldern für das Heilige Land zu bemühen. Deshalb trat Kardinal Gruscha mit einem diesbezüglichen Ansuchen, das im November 1901 in der Bischofskonferenz akkordiert worden war,[84] am 7. Jänner 1902 neuerlich an die Propaganda fide heran und ersuchte um eine Hinaufsetzung der jährlichen Dotation von 12.000 auf 20.000 Kronen.[85] Diesmal blieb er aber erfolglos. Bereits nach drei Wochen, am 29. Jänner 1902, erfolgte unter Hinweis auf die Tatsache, daß die Kustodie des Heiligen Landes ein bedeutendes Defizit aufweise, die abschlägige Antwort seitens des Heiligen Stuhles.[86]

Vor allem für Zschokke war die Entscheidung der Propaganda eine herbe Enttäuschung. Nachdem er schon früher daran gedacht hatte, im Falle fehlender Unterstützung seine Funktion zurückzulegen,[87] verfaßte er eine umfangreiche Denkschrift an Kardinal Gruscha, als deren Schlußfolgerung er um seine Enthebung ersuchte.[88] Für das Hospiz sah er nur mehr folgende Alternative: Die Bischöfe der Monarchie hätten für eine entsprechende Dotierung zu sorgen, sonst müßte das Haus einem geistlichen Orden – entweder dem Deutschen Ritterorden oder dem Malteser Ritterorden – übergeben werden.

Zschokkes Drohung, denn nichts anderes war sein Rücktrittsgesuch wohl gewesen, blieb nicht ohne Wirkung. Die im November 1902 in Wien tagende Bischofskonferenz[89] betonte die Notwendigkeit des Fortbestandes und der Erhaltung des Pilgerhauses „im Interesse des Ansehens und der Machtstellung" der österreichisch-ungarischen Monarchie in Palästina, wie es Kardinal Gruscha gegenüber dem Außenministerium formulierte.[90] Als erster Schritt wurden spezielle Sammlungen zugunsten des Pilgerhauses beschlossen, die in den jeweiligen Diözesen durchgeführt werden sollten.[91] Außerdem gelang es nun endlich, in größerem Stil staatliche Mittel für das Hospiz flüssigzumachen.

Das Pilgerhaus galt bereits zu diesem Zeitpunkt nicht nur als der Außenposten der Monarchie in Jerusalem schlechthin, sondern stand auch für verschiedene, über seine eigentliche Funktion hinausgehende Zwecke zur Verfügung. So diente es in Ermangelung eines geeigneten österreichisch-ungarischen Konsulatsgebäudes in Jerusalem dem jeweiligen Konsul als Rahmen für offizielle Anlässe und repräsentative Verpflichtungen der Doppelmonarchie. Die Hospizkapelle fungierte als Nationalkapelle Österreich-Ungarns bei allen größeren Kirchenfesten, insbesondere bei den alljährlichen Feierlichkeiten anläßlich des Geburtstages Kaiser Franz Josephs am 18. August und dem Jahrestag der Thronbesteigung am 2. Dezember. Zu diesem Anlaß gab es alljährlich ein feierliches Hochamt, dem das österreichisch-ungarische Konsulatspersonal in Uniform und die in Jerusalem wohnhaften Österreicher, soweit sie katholisch waren, aber auch Vertreter der in Jerusalem akkreditierten ausländischen Mächte teilnahmen. Am Vorabend des Kaisergeburtstages wurde das Hospiz stets festlich erleuchtet, und zu Ehren des Monarchen fand ein Feuerwerk statt. Auch rein äußerlich erschien das Hospiz als quasioffizielle Vertretung der Monarchie in Jerusalem. Von seinem Dach wehte weithin sichtbar die im Ausland gebräuchliche österreichisch-ungarische Handelsflagge, in deren weißem Mittelstreifen die Wappen beider Reichshälften enthalten waren.

Vor diesem Hintergrund begannen die Gespräche und Verhandlungen um eine staatliche Subventionierung des Hauses. In einem ersten Schritt ging es um die Gehälter der beiden Rektoren des Pilgerhauses. Im Jänner 1903 wandte sich Gruscha an das Kultusministerium mit dem Ersuchen, das Gehalt der beiden Vorsteher in der Höhe von jährlich je 1.000 Kronen aus dem staatlichen Religionsfonds zu übernehmen.[92] Gegenüber Unterrichtsminister Hartel betonte Kardinal Gruscha in einem von Zschokke verfaßten umfassenden Memorandum naturgemäß in erster Linie die politische Funktion des Pilgerhauses:

„Es bedarf keiner näheren Ausführung, daß die politischen wie wirtschaftlichen Ziele unserer Großmachtstellung dem Oriente zudrängen und nichts versäumt werden darf, dies auch äußerlich prägnant zum Ausdrucke zu bringen. Denn der Orientale bedarf mehr als jeder andere einer demonstratio ad oculos, aus deren Eindrücken er die Bedeutung und das Gewicht einer Machtstellung ableitet. ... Unsere Monarchie war der erste katholische Großstaat, der in richtiger Würdigung Jerusalems als religiöses Zentrum der christlichen und islamischen Welt und im Hinblicke auf die politische Bedeutung der heiligen Stadt dortselbst ein überaus stattliches Haus erbaute ... Frankreich ist uns mit dem Baue eines noch großartigeren Hospizes gefolgt und Deutschland ist eben im Begriffe, einen gewaltigen Pilgerbau aufzuführen. Schon diese Erscheinungen lösen die Frage, ob die Monarchie auf den weiteren Bestand unseres heimatlichen Hospizes verzichten darf."[93]

Wohl auch wegen der gegenüber dem Unterrichtsminister angesprochenen Möglichkeit, bei weiterem Ausbleiben der erforderlichen Mittel das Hospiz aus der unmittelbaren Verwaltung des Wiener Erzbischofs herauszulösen und einem geistlichen Ritterorden zu übergeben, stimmte das Ministerium zu, die Besoldung der Vorsteher durch den Religionsfonds zu übernehmen.[94] In der Folge erreichte Zschokke sogar, daß die beiden Stellen – wie es im damaligen Amtsdeutsch hieß – „systemisiert" wurden, das hieß, daß den beiden Vorstehern die in Jerusalem zugebrachten Jahre bei einer Pensionierung angerechnet wurden.[95] Inzwischen hatte sich auch Thronfolger Franz Ferdinand, der das Hospiz aus eigener Anschauung kannte, für das Pilgerhaus verwendet. Eine Intervention zur Erhöhung der Subvention durch das Ministerium des Äußeren, die damals jährlich 2.000 Kronen betrug, blieb allerdings 1903 noch ohne unmittelbaren Erfolg.[96]

1904 konnte dann endgültig der Bestand des Hospizes mittels staatlicher Mittel, nämlich solcher aus dem gemeinsamen Budget beider Reichshälften, sichergestellt werden. Es war dies hauptsächlich das Verdienst Zschokkes und wohl nur auf Grund seiner Stellung als Mitglied des Herrenhauses möglich geworden. Denn in dieser Eigenschaft gelang es ihm 1904, in die sogenannten Delegationen gewählt zu werden. Dabei handelte es sich um jene Organe, die sich aus je 60 Mitgliedern des österreichischen Reichsrates und des ungarischen Reichstages zusammensetzten und denen vor allem die Beschlußfassung über das Budget der im Ausgleich 1867 festgesetzten „gemeinsamen Angelegenheiten" zukam. Damit waren die Delegationen die einzigen Gremien, über die die beiden Parlamente auf die Außenpolitik, die ansonsten völlig an ihnen vorbeilief, einen gewissen Einfluß nehmen konnten.[97]

In dieses Gremium gewählt, bemühte sich Zschokke darum, eine fixe Subvention für das Pilgerhaus im gemeinsamen Budget zu verankern. In einer Rede vor der Delegation des Reichrates in der Sitzung am 27. Mai 1904 brachte Zschokke die Frage des Pilgerhauses im Zuge der Debatte über den Voranschlag für das Außenministerium für 1905 zur Sprache. Dabei betonte er den Charakter des Hospizes als eines Instituts beider Reichshälften und unterstrich einmal mehr dessen politische Funktion als „der Repräsentant unserer Monarchie“[98] in Jerusalem. Um diese gerade in Anbetracht der vielfältigen Initiativen Rußlands, Frankreichs und Deutschlands im Heiligen Land zumindest aufrechterhalten zu können, brachte Zschokke einen Entschließungsantrag ein, wonach im Budget des Außenministeriums ein Posten von 10.000 bis 12.000 Kronen für das Pilgerhaus vorzusehen wäre. Von seiten seiner Kollegen erntete er lebhafte Zustimmung, und auch Außenminister Goluchowski nahm in seiner Wortmeldung auf den Beitrag Zschokkes Bezug. Er lobte das Hospiz als ein „Haus, das wirklich große Dienste leistet“, und sagte die Erhöhung der Subvention zu.[99] Der Entschließungsantrag Zschokkes wurde daraufhin problemlos angenommen.[100] Ab diesem Zeitpunkt verfügte das Hospiz nun neben jenen 12.000 Kronen, die ihm durch die Kurie zugesprochen waren, über ein gleich großes staatliches Fixum.

Im Rahmen der neuen Aktivitäten wurde auch nochmals ein Anlauf genommen, die ungarische Kirche stärker für das Hospiz zu interessieren. Die bisherigen Bemühungen Zschokkes und des früheren Rektors Csarszky, der, wie bereits erwähnt, selbst Ungar war, blieben praktisch erfolglos. Der ungarische Episkopat hatte bis Mitte 1902 insgesamt lächerliche 200 Kronen für das Hospiz gespendet.[101] Auf der anderen Seite kamen gerade in diesem Jahr mehr als die Hälfte der Pilger aus Ungarn. Noch Anfang 1903 schrieb Zschokke verärgert an den seit 1902 als Rektor im Hospiz amtierenden Dr. Franz Fellinger, daß der ungarische Episkopat nichts für das Hospiz zu tun gewillt sei und er daher von den ungarischen Pilgern höhere Beträge einheben sollte.[102]

Als 1903 das österreichische Unterrichtsministerium die Besoldung der beiden Rektoren in der Höhe von 2.000 Kronen übernahm, erging gleichzeitig eine Aufforderung an das ungarische Kultusministerium, einen analogen Beitrag zu leisten.[103] Von dieser Seite nahm man daraufhin Verbindung mit dem ungarischen Fürstprimas auf, um zu klären, inwieweit es sich beim Pilgerhaus wirklich um ein gemeinsames Institut handle, war doch nur der jeweilige Fürsterzbischof von Wien Protektor des Hauses.

Als ersten Schritt zu einer Einbindung der Kirche Ungarns gelang es 1904, das Kuratorium des Pilgerhauses um einen ungarischen Vertreter zu erweitern. Dabei handelte es sich um den Bischof von Szatmár, Julius von Meszlenyi, der von Kardinal Gruscha berufen wurde.[104] Als Meszlenyi ein Jahr später starb, wurde vom ungarischen Fürstprimas Kardinal Vaszary der in Gran tätige Domherr und Hofkaplan Dr. Ferdinand Rott nominiert. Als Voraussetzung für eine finanzielle Mitwirkung verlangte der ungarische Episkopat aber mehr Mitsprache. Schließlich willigte Kardinal Gruscha 1906 ein, daß ein Mitglied des Kuratoriums vom jeweiligen Fürstprimas von Ungarn nicht nur nominiert, sondern auch ernannt werden solle.[105]

Nun war man ungarischerseits bereit, sich an der Erhaltung des Pilgerhauses finanziell zu beteiligen. Ab dem Jahr 1908 steuerte auch das ungarische Kultusministerium, nachdem der ungarische Episkopat grünes Licht gegeben hatte, einen Betrag von 2.000 Kronen jährlich aus dem ungarischen Religionsfonds bei.[106] Einen gleich hohen Betrag überwies die ungarische Bischofskonferenz, die darüber hinaus auch eigene Kollekten für das Pilgerhaus in ihren Diözesen durchführte.[107] 1909 kam dann mit Leopold Dangelmajer wieder ein Priester aus einer ungarischen Diözese – zuerst als Vizerektor und ab 1910 als Rektor – nach Jerusalem.

Insgesamt verfügte das Hospiz ab diesem Zeitpunkt über ein von staatlichen und kirchlichen Stellen kommendes fixes Budget von jährlich mehr als 30.000 Kronen. Dazu kamen noch die in einzelnen Diözesen durchgeführten Sammlungen, private Spenden und Stiftungen sowie die in Jerusalem durch den Pilgerbetrieb erwirtschafteten Mittel, sodaß die jährlichen Einnahmen bisweilen an die 50.000 Kronen betrugen. Dies ergab eine solide materielle Grundlage für das Haus, was nicht nur die anstehenden Reparaturen ermöglichte, sondern es auch gestattete, an künftige größere Investitionen zu denken.

1908 warf erstmals die Krise am Balkan ihre Schatten auf das Hospiz. Nach der überraschenden und diplomatisch nur ungenügend vorbereiteten Annexion Bosniens und der Herzegowina durch die Habsburgermonarchie am 5. Oktober 1908 verfügte die Hohe Pforte Mitte Oktober einen Boykott von österreichisch-ungarischen Schiffen und Waren. Im gesamten Osmanischen Reich kam es zu feindseligen Handlungen gegen die Doppelmonarchie. Demonstrationen und Ausschreitungen waren die Folge. Erst Ende Februar 1909 kam dank deutscher Vermittlung ein Ausgleich mit der Hohen Pforte zustande, der die Annexionskrise beendete.

Durch den Boykott waren die österreichisch-ungarischen Lloyddampfer gezwungen, an Jaffa vorbeizufahren, ohne ihre Fracht ausladen zu können. Selbst Passagiere wurden von den lokalen Bootsleuten weder aus- noch eingeschifft, was aber der Lloyd mit eigenen Booten besorgte. In Jerusalem wurden Flugblätter verteilt, in denen die Bevölkerung aufgefordert wurde, keine österreichischen Waren zu kaufen und die österreichische Post zu boykottieren. Es verging, wie der österreichisch-ungarische Konsul berichtete, kein Tag, an dem nicht feindselige Akte gegenüber österreichischen und ungarischen Staatsangehörigen gesetzt wurden, auch wenn sich die Bevölkerung in Jerusalem weit weniger aggressiv verhielt als in Jaffa, wo die Proteste – durch die Jungtürken initiiert – ihren Ausgang genommen hatten.[108]

Das Hospiz war allerdings nicht unmittelbar davon betroffen, jedenfalls gab es keine

Die Hospizkapelle um 1910: links und rechts die 1909 errichteten Seitenaltäre, darüber Tafeln der Wappengalerie, im Hintergrund das Apsismosaik mit Heiligengestalten der Monarchie

offen zur Schau gestellten Feindseligkeiten.[109] Doch bekam es den Boykott zu spüren. Die Zahl der Pilger ging sofort zurück. Überdies konnten zwei neue Seitenaltäre, deren Einweihung am Tag des 60. Kaiserjubiläums am 2. Dezember 1908 hätte erfolgen sollen, vorderhand nicht geliefert werden.

Dabei handelte es sich um eine Widmung des Deutschen Ritterordens für das Hospiz. Da der Orden über keinerlei Denkmal in Jerusalem verfügte, stiftete er auf Anregung Zschokkes zwei marmorne Seitenaltäre für die Hauskapelle.[110] Für einen der beiden kam der Hoch- und Deutschmeister Erzherzog Eugen persönlich auf. Die Anfang Oktober in Triest verladenen Altäre kamen zwar bis vor Jaffa, doch war der Tag ihrer Ankunft just der erste Tag des Boykotts, sodaß sie nicht ausgeschifft werden konnten, wieder nach Europa zurückgeführt werden mußten und den Winter in Triest verbrachten. Die Konsekration erfolgte dann nach einem neuerlichen Transport nach Palästina am 7. Juni 1909.[111]

Die beiden Altäre blieben nicht die einzige Neuerung in der Kapelle. Im oberen Teil der Apsis des Gotteshauses wurde ein Mosaikbild angebracht, das – ikonographisch im

Hospiz erdacht – in besonderer Weise dem Charakter der Kapelle als Heimstätte der Katholiken der Monarchie in Jerusalem Rechnung trug. Dargestellt waren prominente Heilige aus den einzelnen Kronländern, vorzugsweise solche, die mit dem Heiligen Land in einer unmittelbaren Beziehung standen. Es sollte aber auch ein Zeichen der Versöhnung der einzelnen Nationalitäten der Monarchie untereinander sein.[112]

Etwa zur gleichen Zeit erhielt die Kapelle auch neue Bänke und Beichtstühle, und die Sakristei wurde neu ausgestaltet. Aber auch profanere Neuerungen standen an: Da sich durch die Einleitung von Wasserspülungen in die Aborte und den Einbau eines Badezimmers im Hospiz der Wasserverbrauch verdoppelt hatte, wurde die Errichtung einer weiteren, leistungsstarken Zisterne notwendig. Bei ihrem Bau stieß man wiederum – wie beim Hospizbau – auf archäologische Funde:[113] Acht Meter unter der Erdoberfläche kam ein Mosaikboden aus byzantinischer Zeit zum Vorschein, darunter stieß man in einem zisternenartigen Schacht auf zwei Räume, die bis in eine Tiefe von 13 Meter unter der Oberfläche reichten und wie ein Verlies anmuteten. Sofort meldete sich ein Gelehrter, der darin das Gefängnis des Propheten Jeremias entdeckt zu haben glaubte. Er befand sich mit seiner Vermutung allerdings gänzlich im Bereich des Spekulativen.[114]

Ab dem Zeitpunkt, an dem das Hospiz in die Verwaltung des Kuratoriums übernommen worden war, kursierten Vorstellungen und Pläne, es in der einen oder anderen Form zu erweitern. War dies anfangs auf Grund der finanziellen Situation zwar gut gemeint, aber wenig realistisch, so gewannen diese Projekte neue Aktualität, als das Pilgerhaus eine gesicherte finanzielle Grundlage hatte. Vor allem die beiden Rektoren Fellinger und Ehrlich, die die kapazitätsmäßig größeren Hospize, die von deutscher und französischer Seite errichtet worden waren, vor Augen hatten, plädierten immer wieder mit dem Argument für den Ausbau, daß größere Pilgergruppen nicht länger auf verschiedene Pilgerhäuser in Jerusalem aufgeteilt werden müßten. Wegen der baulichen Struktur konnten zu diesem Zeitpunkt trotz seiner an sich großzügigen Anlage kaum mehr als 100 Gäste im Haus untergebracht werden. Der Hauptgrund dafür lag in der seinerzeitigen Bauplanung durch Endlicher. Denn während es sich bei den fertiggestellten Teilen seines Projekts primär um den der Repräsentation dienenden Mitteltrakt handelte, waren die beiden Seitenflügel, die als Pilgerunterkünfte gedacht waren und kleinere, dafür zahlreichere Räume enthalten hätten, nicht mehr zur Ausführung gelangt.

Die ursprünglich geplanten Seitenflügel nachträglich zu errichten stand nicht mehr zur Debatte. Realistisch und auch finanziell eher vertretbar erschien es aber, das damals konzipierte zweite Stockwerk zu errichten. Ein anderer Vorschlag ging dahin, analog zum Schwesternhaus ein zweites kleines Nebengebäude auf der anderen Seite des Pilgerhauses zu bauen.[115] Dabei tauchten auch verschiedene Vorstellungen von zusätzlichen

Aufgaben auf, die dem Hospiz übertragen werden könnten. So schlug etwa der frühere Rektor Karl Schnabl, der nunmehr Mitglied des Kuratoriums war, vor, das Haus neben seiner Funktion als Pilgerherberge zu einem Institut für biblische Studien nach dem Vorbild der französischen Ecole Biblique zu erweitern.[116] In dieselbe Richtung gingen Bestrebungen des Palästinapilgervereins Brixen, der auch bereit war, dafür finanzielle Mittel zur Verfügung zu stellen. Einen praktischen Beitrag leistete in diesem Zusammenhang Zschokke: Er, der als Rektor die Bibliothek des Hauses begründet hatte, stiftete nun einen Teil seines eigenen, äußerst umfangreichen wissenschaftlichen Bücherbestandes zugunsten des Hospizes.

Zwar wurden relativ konkrete Pläne entworfen und Berechnungen angestellt, doch konnte man sich seitens des Kuratoriums vor 1914 zu keiner definitiven Entscheidung durchringen. Abgesehen von den Kosten des Ausbaus, befürchtete man in Wien einen höheren Erhaltungs- und Personalaufwand. Schließlich standen auch schon wieder andere Investitionen, wie die Elektrifizierung des Hauses, als zusätzliche Projekte an.

Auch wenn die neuen Hospize der anderen europäischen Mächte weit größere Bettenkapazitäten aufwiesen als das österreichisch-ungarische, so nahm dieses doch auf Grund seiner Lage an einem zentralen Punkt der Altstadt und seiner homogen-herrschaftlichen Bauformen eine Sonderstellung ein. So konnte man im in einer Zeitung veröffentlichten Reisebericht eines zurückgekehrten Gastes nachlesen:

> „So überkommt denn den in der Fremde befindlichen Oesterreicher beim Betreten des Pilgerhauses nicht nur das Bewußtsein, wieder auf heimatlichem Boden zu wandeln, es bemächtigt sich seiner auch das Gefühl, daß unser Vaterland in dem großen Wettstreit der internationalen Kultur hier entschieden einmal an erster Stelle steht. Und daß dies gerade in Jerusalem der Fall ist, in einer Stadt, nach welcher sich nicht nur im Laufe der Vergangenheit, sondern auch dermalen noch die ganze gebildete christliche Welt stets von Neuem hingezogen fühlt, erfüllt die Besucher mit umso größerem Stolze.“[117]

So oder so ähnlich mochten viele empfunden haben, die im Hospiz in diesen Jahren der wechselseitigen Rivalität der europäischen Mächte am Beginn des 20. Jahrhunderts zu Gast gewesen waren.

In den Jahren unmittelbar vor dem Ersten Weltkrieg kam es zu einigen für das Hospiz folgenschweren personellen Veränderungen: 1911 gab Zschokke seine Stelle als Kurator auf. Der inzwischen 73jährige war ein Jahr zuvor Weihbischof von Wien geworden und legte nun sein Amt, das ihm neben seinen zahlreichen anderen Verpflichtungen zuviel wurde,[118] zurück. Sein Nachfolger wurde wiederum ein ehemaliger Rektor, nämlich Richard Joch.

Im Pilgerhaus wurde 1913 Franz Fellinger, der dem Haus schon zwischen 1902 und 1906 vorgestanden war, abermals zum Rektor ernannt. Seit der Jahrhundertwende war immer wieder davon die Rede gewesen, daß sich der häufige Wechsel in der Funktion des Rektors angesichts der neuen Herausforderungen an den Pilgerbetrieb für das Haus nachteilig auswirke. Deshalb waren die engagierten Vorsteher Csarszky, Fellinger und Ehrlich auch jeweils wesentlich länger als die vorgesehene Zeit in Jerusalem geblieben. Gerade Fellinger, der sich auf Grund seiner Sprachengewandtheit, seiner hohen wissenschaftlichen Bildung und seines umgänglichen Wesens in Jerusalem besonderer Wertschätzung erfreute, wäre schon 1906 gerne länger geblieben. Doch war dies, auch unter dem Aspekt, daß er seine Zeit als Rektor nicht auf seine Pension als Weltgeistlicher angerechnet bekam, damals noch nicht möglich. Außerdem bot sich ihm eine Stelle als Professor für alttestamentarische Bibelwissenschaft an der Diözesanlehranstalt in Linz. Nun, da die Position der beiden Rektoren systemisiert war, sah die Situation anders aus. Fellinger nahm das Angebot, neuerlich als Rektor nach Jerusalem zu gehen, gerne an. Seine einzige Bedingung, keine Gehaltseinbuße gegenüber seiner Tätigkeit als Professor zu erleiden, konnte ihm erfüllt werden.[119]

Es war seltsam genug, wie die nationalstaatlichen Rivalitäten und Chauvinismen der europäischen Mächte im geistlichen Leben Jerusalems vor dem Ersten Weltkrieg ihr Abbild fanden. Die Auseinandersetzungen zwischen den einzelnen christlichen Konfessionen und den dahinterstehenden Staaten führten an den wichtigsten Plätzen wie der Grabeskirche oder der Geburtskirche in Bethlehem immer wieder zu unerfreulichen, bisweilen tätlichen Konflikten um Besitz- und Nutzungsrechte der Heiligtümer. Durch den sogenannten „status quo", der penibel regelte, wem welche Kapelle gehörte und wer zu welchem Zeitpunkt und an welchem Ort Gottesdienst halten durfte, war das Nebeneinander nur mühsam geschlichtet. Auch die Rivalität der katholischen Länder untereinander konnte nicht überwunden werden. Und selbst die Auseinandersetzungen der einzelnen Volksgruppen innerhalb der Habsburgermonarchie führten bisweilen zu unerfreulichen Begebenheiten an den heiligen Stätten Jerusalems.

Aus Sicht der Monarchie galt vor allem die Kustodie in den letzten Jahren vor dem Ersten Weltkrieg als vom italienischen Nationalismus durchsetzt und Österreich-Ungarn gegenüber unfreundlich eingestellt. Auf Grund alter päpstlicher Bestimmungen mußte der Kustos stets ein Italiener sein. Ihm als Leitungsorgan zur Seite stand das sogenannte Diskretorium, dem auch ein „Discretus pro Germanis" angehörte, der einem alten Regulativ zufolge immer ein aus der Monarchie kommender deutschsprachiger Geistlicher war. Ihm war in einer besonderen Weise die Obsorge über die deutschsprachigen Pilger aufgetragen. Ende des 19. Jahrhunderts bürgerte es sich dann ein, Staatsangehörige der Doppelmonarchie nichtdeutscher Nationalität zum Diskreten zu

Rektor Franz Fellinger (links), Vizerektor Martin Ehrlich (rechts) und der Theologieprofessor Wendelin Haidegger (Mitte) im Garten des Hospizes

ernennen, eine Entwicklung, die ihren Höhepunkt erreichte, als 1906 ein Geistlicher, P. Bernardo Refotti, bestimmt wurde, der des Deutschen nicht mächtig und dezidiert italienisch-national gesinnt war. Diplomatische Interventionen und geharnischte Proteste blieben auch deshalb wirkungslos, weil die aus der Monarchie kommenden Franziskaner fast ausnahmslos aus nichtdeutschen Ordenshäusern stammten.[120] 1912 wurde Refotti durch einen Slowenen, P. Benignus Snoj, der perfekt Deutsch sprach, abgelöst. Mit diesem sollte allerdings Rektor Fellinger seine liebe Not haben. Zuerst fiel Snoj dadurch auf, daß er seine Predigten und Ansprachen, sobald sich unter Pilgergruppen auch vereinzelt Slowenen befanden, großteils auf slowenisch hielt.[121] Überdies nahm er – hinter dem Rücken Fellingers – mit slowenischen Klosterschwestern vom Dritten Orden des heiligen Franz von Assisi aus Marburg Gespräche auf, wonach diese an der Stelle der Borromäerinnen die Haushaltung im Pilgerhaus übernehmen sollten.[122] Mühsam mußte Fellinger die Wogen wieder glätten.

Schließlich kam es zu einem an sich geringfügigen, aber für die Symbolbefrachtetheit des Nationalitätenproblems symptomatischen Vorfall, bei dem sich der Rektor des

Hospizes wieder als der im Stich gelassene Wahrer der Interessen der Monarchie fühlte. In der neben der Geburtskirche gelegenen Katharinenkirche der Franziskaner in Bethlehem wurde von einer Garnitur von Messingleuchtern, die seinerzeit Kaiser Franz Joseph gespendet hatte, von den italienischen Geistlichen der an den Stifter erinnernde und am Fuß angebrachte Doppeladler gewaltsam entfernt. Fellinger reagierte empört, telegraphierte Kardinal Piffl nach Wien, sprach bei den Franziskanern vor und verlangte Aufklärung.[123] Die Franziskaner stellten den ganzen Vorfall in Abrede. Sowohl der Kustos als auch Snoj behaupteten, es habe sich um Leuchter der Kustodie gehandelt und zeigten dem von Fellinger eingeschalteten österreichisch-ungarischen Konsul Wappen der Terra Sancta, die man abgenommen habe.

Wer immer bei diesem Vorfall im Recht gewesen sein mag, es zeigte sich eines: Selbst Tausende Kilometer von der Heimat entfernt, hatte sich die aufgeheizte Stimmung am Vorabend des Ersten Weltkriegs unter den europäischen Geistlichen Jerusalems breitgemacht und zu schweren Spannungen geführt.

DIE BLÜTEZEIT DES PILGERWESENS

Fahrten nach Jerusalem und das Pilgerwesen insgesamt waren seit den siebziger und achtziger Jahren des 19. Jahrhunderts einschneidenden Wandlungen unterworfen. Große organisierte Gruppenreisen begannen Platz zu greifen. Der Charakter der Pilgerungen aus der Habsburgermonarchie blieb davon vorerst allerdings unberührt. Aus Österreich-Ungarn kamen weiterhin Einzelreisende oder kleine Gruppen, die üblicherweise zwischen zehn und 20 Wallfahrer umfaßten. Diese Reisen wurden anfangs vom privaten Severinus-Verein in Wien veranstaltet. 1855 fand die erste dieser Wallfahrten statt und führte 17 Pilger nach Jerusalem, ein Jahr später ging eine Wallfahrt von Oberösterreich aus nach Jerusalem.[124]

Nach der Fertigstellung des Pilgerhauses übernahm das Generalkommissariat der Franziskaner vom Severinus-Verein die Organisation der Pilgerzüge.[125] Die erste Pilgergruppe, die im Hospiz Unterkunft fand, kam schon 1863 und umfaßte sieben Personen. Es dauerte neun Jahre, nämlich bis 1872, bis erstmals eine Gruppe von über zehn Teilnehmern – man sprach damals von „Karawanen" – im Hospiz eintraf.[126]

Im Jahre 1884 führte eine Studienreise den k.u.k. Major Heinrich Himmel von Agisburg nach Jerusalem. Sein Besuch sollte von entscheidender Bedeutung für die weitere Zukunft des Pilgerwesens aus der Monarchie ins Heilige Land werden. Als er im Pilgerhaus wohnte, war er der einzige Gast, und er traf während seines Aufenthalts nur wenige katholische Pilger an den heiligen Stätten. Diese Situation brachte ihn auf den Ge-

Der „Pilgeroberst" Heinrich Himmel von Agisburg

danken, Pilgerzüge nach Jerusalem nicht der Initiative des einzelnen zu überlassen, sondern sie als Gruppenreisen zu organisieren. Es war dies eine Idee, die Heinrich Himmel nicht mehr losließ.[127] Seine Reiseerinnerungen faßte er in einem populär geschriebenen und illustrierten Büchlein unter dem Titel „Eine Orient-Reise" zusammen, das bald in mehreren Auflagen erschien.[128] Schon darin beklagte Himmel das im Vergleich zu den Orthodoxen auffallende Defizit an großen Pilgerzügen von seiten der Katholiken.

Als er 1897 als Oberst seinen pensionsbedingten Abschied von der aktiven Offizierslaufbahn nahm, begann er, den einmal gefaßten Plan in die Tat umzusetzen. Kernpunkt seines Projekts war, durch eine entsprechend große Zahl von Teilnehmern und eine umfassende Organisation die Pilgerreise nach Jerusalem zu einem erschwinglichen Unterfangen für einfache Gläubige zu machen. Durch die neuen Massenverkehrsmittel Bahn und Dampfschiff war dies nunmehr möglich geworden. In einem Artikel im „Vaterland" schrieb Himmel dazu:

„Wollen wir der Pilgerung nach dem Heiligen Lande kräftige Anregungen geben, so muß vor allem in die breiten Massen des Volkes gegriffen werden. Die Demokratisierung des Verkehrs ist das Hauptprinzip des ungeheuren Aufschwunges, den dieser in der Neuzeit nach allen Richtungen hin gewonnen hat, und dieses Prinzip verspricht auch der Pilgerung eine großartige Entwicklung.“[129]

Als Vorbild für die Vorbereitung der Pilgerzüge diente das französische Beispiel. Schon seit 1852 gab es von Paris aus organisierte Pilgerzüge nach Jerusalem, und in den achtziger Jahren nahmen diese gar den Charakter von Massenwallfahrten an. Dahinter stand die von den Assumptionisten ins Leben gerufene Bewegung der Bußwallfahrten, mit denen das katholische Frankreich die Sünden sühnen wollte, die vermeintlich zur Niederlage im deutsch-französischen Krieg 1871 geführt hatten.[130] Führten diese Wallfahrten ursprünglich zu den Orten der Marienerscheinungen nach La Salette und Lourdes, so gingen sie ab 1882 nach Jerusalem. Schon auf den ersten Aufruf hin hatten sich tausend Pilger gemeldet. In der Folge wurde von den Assumptionisten die weitläufig angelegte Pilgerunterkunft Notre Dame de France errichtet.

Als sich Hermann Zschokke 1897 in seiner Funktion als Kurator in Jerusalem aufhielt, schilderte ihm der Rektor des Hospizes, Franz Malecek, mit neidvoller Bewunderung den Erfolg der französischen Pilgerzüge. Angesichts des dadurch hervorgerufenen Aufblühens der katholischen Institutionen Frankreichs warb er dafür, auch aus der Monarchie größere Pilgerfahrten nach Jerusalem zu veranstalten.[131] Ein Jahr später war es dann dank der Initiative von Heinrich Himmel so weit. 1898 boten das Kaiserjubiläum sowie der 60. Jahrestag der Priesterweihe Papst Leos XIII. den geeigneten Anlaß für ihn, seinen Plan in die Tat umzusetzen. Nachdem schon ein „Allgemeiner Österreichischer Pilgerzug“ unter der Leitung des Wiener Domkapitulars Graf Lippe und unter der Ehrenpräsidentschaft des mitreisenden Prälaten Franz Martin Schindler in diesem Jahr 149 Pilger aus den verschiedensten Regionen der cisleithanischen Reichshälfte nach Jerusalem geführt hatte,[132] organisierte Himmel aus seiner Heimat Tirol die erste Volkswallfahrt, bei der 507 Teilnehmer aus den unterschiedlichsten sozialen Schichten ins Heilige Land fuhren.[133] Letzteres war von großer Bedeutung für den Gedanken der Volkswallfahrt, die sich primär an die Masse der einfachen Kirchenbesucher aus dem Bauernstand und dem Kleinhandwerk wandte.

Durch die Größe des Unternehmens sollte der Preis für den einzelnen Teilnehmer der dreiwöchigen Wallfahrt nach Möglichkeit so niedrig gehalten werden, daß eine solche Reise für weiteste Kreise erschwinglich wurde. Tatsächlich gelang dies in erstaunlichem Ausmaße. Für die Erste Klasse (Unterbringung in Mehrbettzimmern) mußte man 155 Gulden zahlen, für die Zweite Klasse (Unterbringung in Schlafsälen) überhaupt nur 125 Gulden. Wie billig dies war, wird daran ersichtlich, daß die Wallfahrt mit dem Allgemeinen Österreichischen Pilgerzug, die allerdings 35 Tage dauerte und Stationen in Ägypten, Galiläa und Beirut machte, 742 Gulden für die Erste, 395 Gulden für die Zweite und immerhin noch 263 Gulden für die Dritte Klasse kostete.[134]

Auf Grund seiner militärischen Ausbildung verfügte Heinrich Himmel über die organisatorischen Fähigkeiten und das Wissen um die logistischen Erfordernisse, die Voraussetzung für die erfolgreiche Verwirklichung eines solchen Unternehmens waren. Den Ablauf wickelte er mit großer Präzision und unter Beachtung fast soldatischer Disziplin ab, was von den Teilnehmern angesichts des Umstandes, daß alles klappte, gerne akzeptiert wurde.[135] So trug jeder Pilger eine Armbinde mit einem Kruckenkreuz und seiner Pilgernummer und war mit einem Pilgerführer ausgerüstet, der als Vademecum ein detailliertes Programm sowie Beschreibungen und geistliche Texte enthielt. Die Teilnehmer wurden dazu angehalten, Tiroler Landestracht zu tragen und sich – einer alten Pilgertradition folgend – während der Wallfahrt nicht zu rasieren.

Nach soldatischem Vorbild bildete Himmel eine Art Stab, in dessen Rahmen er die verschiedenen Verantwortlichkeiten, wie etwa die Leitung der einzelnen Pilgergruppen, die Verpflegung etc., delegierte. Bannerträger und Ordner waren für das entsprechende Erscheinungsbild nach außen zuständig. Eine eigene Pilgerfahne wurde hergestellt und vor der Abreise feierlich gesegnet, wie Himmel überhaupt auf das äußere Erscheinungsbild des Pilgerzuges als Demonstration des katholisch-habsburgischen Österreich großen Wert legte. Bewußt knüpfte er an die Tradition der Kreuzzüge an, wobei er den Teilnehmern das Gefühl vermitteln konnte, die Reise in das Heilige Land als friedliche Kreuzfahrer mit einer neuen Intention anzutreten.[136]

Am Beginn der Wallfahrt stand am 4. Oktober 1898 die feierliche Verabschiedung durch den Diözesanbischof im Dom in Brixen. Diese war verbunden mit einem Hochamt, bei dem die offizielle Pilgerfahne und die lebensgroße Statue der Pilgermadonna geweiht wurden.

Das Ereignis, daß über 500 Menschen aus der Monarchie in einem einzigen Pilgerzug ins Heilige Land fuhren, galt als eine kleine Sensation und erlangte über den engeren Bereich Tirols hinaus Publizität. Dabei gab es allerdings nicht nur Zustimmung. Von liberaler Seite, unter anderem auch in der „Neuen Freien Presse“, wurde das Unternehmen, ganz der Kulturkampfstimmung des ausgehenden 19. Jahrhunderts entsprechend, heftig kritisiert.[137]

Der von Himmel entwickelte Ablauf sollte sich auf Anhieb bewähren, und die Wallfahrt des Jahres 1898 wurde zu einem Meilenstein für das österreichische Pilgerwesen in das Heilige Land,[138] denn die Tiroler Volkswallfahrt hatte Vorbildwirkung für viele andere Diözesen der Monarchie. Nach ihrem Muster und zumeist unter der tätigen Mithilfe oder auch Oberleitung von Heinrich Himmel, der in Anspielung auf seine Offizierslaufbahn respektvoll als „Pilgeroberst“[139] bezeichnet wurde und sich hohen Ansehens erfreute, fand in den folgenden Jahren eine ganze Reihe von groß angelegten Volkswallfahrten aus der Habsburgermonarchie statt. Selbst in der Schweiz und in den katholischen Ländern Deutschlands wurde seine Idee aufgegriffen. Himmels Erfolg gründete sich auf den Grundgedanken, die Reise mit einer Dauer von drei Wochen möglichst kurz zu halten, um die Wallfahrer einerseits nicht allzulange aus ihrem gewohnten Lebens- und Arbeitsrhythmus herauszureißen, andererseits aber auch durch diese kurze Dauer die Reise möglichst billig anbieten zu können. Die Teilnehmerzahl bewegte sich immer rund um die 500 Personen, was ebenfalls ausschlaggebend dafür war, daß es weiterhin gelang, die Kosten sehr niedrig zu halten.[140] Als geeignetste Jahreszeit erwies sich, besonders hinsichtlich einer möglichst ruhigen See bei der Überfahrt, der Sommer oder Herbst. Und während die ersten Wallfahrten nur für Männer bestimmt waren, konnten bald auch Frauen an den Volkswallfahrten teilnehmen.

Ungefähr ein halbes Jahr vor einer geplanten Volkswallfahrt suchte Himmel ein repräsentatives Präsidium, das quasi den Ehrenschutz für die Pilgerfahrt übernahm. Es bestand großteils aus prominenten Geistlichen sowie teilweise auch aus weltlichen Persönlichkeiten des jeweiligen Kronlandes. Anschließend formulierte er einen Pilgeraufruf, auf Basis dessen die Anmeldungen erfolgten.

Nachdem sich die Teilnehmer in der Bischofsstadt der Diözese, von der die Volkswallfahrt ausging, versammelt hatten, begann das Unternehmen jeweils mit einem im Dom zelebrierten feierlichen Gottesdienst. In einem festlichen Zug, der bisweilen Volksfest-Charakter annahm, marschierten die Pilger anschließend zum Bahnhof, wo die offizielle Verabschiedung erfolgte. Mit einem Sonderzug gelangten sie von ihrer Heimatgegend nach Triest, und von hier ging es mit einem Dampfer des Lloyd innerhalb von fünf Tagen direkt nach Jaffa. Dort erwartete die Pilgergruppe im Regelfall der Rektor des Hospizes, der an Ort und Stelle alle Vorbereitungen getroffen hatte. Nach einer kurzen Stadtbesichtigung von Jaffa und einer Andacht brachten drei Sonderzüge die Pilger in das vier Stunden entfernte Jerusalem.

Dort formierten sie sich zu einer Prozession und zogen mit Fahnen und unter Begleitung einer aus den Teilnehmern gebildeten Musikkapelle durch das Jaffator feierlich in die Stadt ein. Dieses Ereignis, das der orientalischen Mentalität mit ihrer Vorliebe für spektakuläre und farbenprächtige Umzüge entsprach, rief, gerade weil es einigermaßen exotisch wirkte, großes Interesse bei den Bewohnern Jerusalems hervor. An der Spitze des Zuges gingen festlich dekorierte Kawassen, denen die Pilger in ihren Volkstrachten folgten. Die Pilgerfahne und die von mehreren Priestern getragene große Marienstatue gaben dem Einzug in die Stadt ein entsprechendes Gepräge. Die Pilger wallfahrteten betend und

Oberösterreichische Pilger bei einer Bootsfahrt am Jordan, 1910

singend vom Bahnhof zum Jaffator, wo die Musikkapelle beim Einzug in die Heilige Stadt eine eigens komponierte Hymne intonierte. Nach dem Betreten der Stadt führte die Prozession in die Grabeskirche, wo die Pilger von den Franziskanern begrüßt wurden und an den zentralen Stätten des christlichen Glaubens eine erste Andacht hielten.

Anschließend wurden die Wallfahrer auf die verschiedenen katholischen Pilgerhäuser Jerusalems verteilt, je 200 stiegen in der Casa nova und im Pilgerhaus der Assumptionisten ab, etwa 100 wohnten im Hospiz, wo sich auch die Pilgerleitung befand. Während der folgenden acht Tage wurden fünf Gruppen zu je 100 Personen gebildet, die unter der Führung der beiden Rektoren des Pilgerhauses sowie der aus der Monarchie kommenden Franziskaner die heiligen Orte und Sehenswürdigkeiten Jerusalems besuchten. Einige Ausflüge führten nach Bethlehem und En Karem (St. Johann im Gebirge), wo nach christlicher Überlieferung die Heimsuchung Marias und die Geburt Johannes des Täufers stattfanden. Wer wollte, konnte darüber hinaus außerhalb des eigentlichen Programms nach Jericho, zum Jordan und ans Tote Meer fahren.

1910 wurde bei der dritten oberösterreichischen Volkswallfahrt erstmals auch Galiläa in das Programm miteinbezogen. Die Pilger landeten vorerst in Haifa, bestiegen den Berg Karmel und fuhren von dort teils mit der Bahn, teils mit Wagen nach Nazareth. Von hier aus machten einzelne Gruppen Ausflüge nach Tiberias, nach Kana und auf den Berg Tabor. Anschließend kehrte der Pilgerzug nach Haifa zurück, von wo aus mit dem Schiff Jaffa erreicht wurde.[141]

Bei der Schiffsreise von Triest ins Heilige Land wurde ausreichend für die Verpflegung gesorgt. Zu diesem Zweck wurden – wie damals üblich – lebende Ochsen mit an Bord des Lloyd-Dampfers genommen und während der Fahrt geschlachtet. Aber nicht nur auf das körperliche Wohlergehen der Pilger wurde geachtet. Auch für die religiösen Belange wurde das Notwendige veranlaßt. Rund 15 Altäre wurden auf dem Schiff aufgestellt, damit sichergestellt war, daß jeder der mitreisenden Geistlichen täglich das heilige Meßopfer feiern konnte. Vor allem die Anreise, bei der reichlich Zeit für Messen, Andachten und gemeinsame Rosenkranzgebete verwendet wurde, sollte der inneren Vorbereitung auf den eigentlichen Zweck der Wallfahrt dienen. In Jerusalem waren Messen in der Grabeskirche, in der Patriarchatskirche und zum Abschluß der Dankgottesdienst in St. Salvator, der mit großzügiger Unterstützung Kaiser Franz Josephs 1885 fertiggestellten neuerbauten Kirche der Franziskaner, die geistlichen Höhepunkte der Wallfahrt. Der Kreuzweg sowie die sonstigen Heiligtümer der Stadt wurden gruppenweise aufgesucht. Daneben stand auch ein Besuch des Felsendoms und der El-Aqsa-Moschee sowie der Klagemauer auf dem Programm.

Zwar gab es in der Unterbringung und bei der Reise selbst verschiedene Klassen, das Pilgerprogramm war aber für alle Teilnehmer ungeachtet ihres sozialen Status gleich. Dies fand seinen Ausdruck darin, daß die einzelnen Gruppen, die in Jerusalem unterwegs waren, jeweils bunt durchmischt waren. Dieser soziale Aspekt wurde ganz bewußt und immer wieder betont. So konnte man im Jahrgang 1908 des Hospizjahrbuches dazu lesen:

> „Die Möglichkeit Vergnügungsreisen zu machen, welche von den ärmeren Klassen u.a. als Merkmal der Zugehörigkeit zu einer höheren angesehen wird, bietet sich, da das Vergnügen immer mit der Andacht verbunden werden kann, durch die billigen Pilgerfahrten auch den minder Bemittelten, wenigstens teilweise. Und da kommt der Bauer mit dem Bauer aus einer ganz anderen Gegend, mit dem Arbeiter, mit dem Handwerker, mit dem Gebildeten zusammen, er lernt Lust und Not eines jeden Standes mehr oder weniger abwägen, er fühlt sich durch das gleiche Ziel der Reise als zusammengehörig mit allen anderen, er wird einmal herausgerissen und abgespannt von seiner Arbeit und er lernt fremde Gegenden kennen und die seinige damit vergleichen, die Vorzüge der seinigen schätzen und kehrt mit neuer Liebe zu seinem Hause in dasselbe zurück. Wie dem Bauer, so geht es jedem Stande."[142]

Auch wenn dieses Zitat romantisierend eine soziale Homogenität beschwört, die in der Realität der Volkswallfahrten nicht in diesem Ausmaß vorhanden war, so bringt es doch ein bemerkenswertes Phänomen der Pilgerzüge zum Ausdruck: daß nämlich eine große Zahl von Menschen mit geringem sozialem Prestige aus der Peripherie der Donaumonarchie einmal in ihrem Leben die Möglichkeit zu einer wirklich großen Reise in einen anderen Erdteil vorfand.

Umgekehrt waren auch Adelige und hochgestellte Kirchenmänner bei jeder Wallfahrt vertreten. Bisweilen stellte sich der Diözesanbischof selbst an die Spitze eines Pilgerzuges, wie etwa der Linzer Bischof Franz Maria Doppelbauer bei der oberösterreichischen Volkswallfahrt 1900. Beim Tiroler Pilgerzug 1898 wiederum reihte sich der Landeshauptmann, Graf Anton Brandis, in die Zahl der Wallfahrer ein.

Insgesamt läßt sich sagen, daß, wie übrigens bei vielen Wallfahrten, durch eine regionale Gruppenidentität die unterschiedlichen sozialen Positionen zumindest symbolisch für die Dauer der Reise überwunden werden sollten.[143] Die leitenden Orientierungspunkte waren in einem organisierten Tagesablauf die in einer besonderen Weise an die Erlösung erinnernden Gedächtnisorte Jerusalems. Durch das gemeinsame Erleben des „irdischen Jerusalem" – vielfach empfunden als erste Vorstufe zum „himmlischen Jerusalem" – entstand ein spezifisches Bewußtsein und Zusammengehörigkeitsgefühl unter den Wallfahrern.

Nach Abschluß der Pilgerfahrten wurde stets großer Wert darauf gelegt, die Erinnerung bei den Pilgern wachzuhalten. Einerseits sollte der Eindruck des Besuchs der Heiligen Stätten zu einer Intensivierung des Glaubenslebens führen, andererseits konnten durch die Erzählungen von heimgekehrten Teilnehmern neue Interessenten für künftige Wallfahrten gewonnen werden. So entstand eine eigene Pilgerliteratur, denn vielfach wurden populär geschriebene Gedenkbücher, die über die Ereignisse der Wallfahrt journalistisch berichteten, herausgegeben. 1901 stiftete die Propaganda fide in Rom ein Päpstliches Pilgerkreuz, das jedem Wallfahrer zur Erinnerung an seine Pilgerreise nach Jerusalem verliehen werden konnte.[144]

Neben dem religiösen Aspekt hatten die Volkswallfahrten eine stark patriotische Note. Die Pilger aus der Monarchie verstanden sich immer auch als Untertanen, die auf den Spuren ihres Kaisers wandelten. Schon beim Einzug in die Heilige Stadt wurde daher – nicht zum einzigen Mal während der Wallfahrt – nach dem Pilgerlied auch die Kaiserhymne angestimmt, und in den Predigten und Ansprachen wurde keine Gelegenheit versäumt, gerade angesichts laizistischer Einstellungen von Regierungen anderer katholischer Länder, die in Jerusalem eine Rolle spielten – allen voran natürlich Frankreich –, die besondere Rolle des Kaisers als Protektor des katholischen Österreich zu betonen.

Die Studienexpedition des Palästina-Pilger-Vereins Brixen vor dem Damaskustor, 1901

Bis 1914 gab es vier Volkswallfahren aus Tirol, drei aus Oberösterreich, wo sich auch Fellinger jeweils in einer besonderen Weise um das Zustandekommen der Pilgerzüge bemühte, je zwei aus der Steiermark, aus Mähren – hier hatte Zschokke maßgeblichen Anteil am Zustandekommen –, aus Galizien und je eine aus Slowenien und Ruthenien. Von außerhalb der Monarchie gab es drei bayrische Volkswallfahrten, zwei aus der Schweiz sowie je eine aus der Kölner Diözese und aus Württemberg.

Weit über 10.000 Menschen, darunter mehr als 1.000 Priester, kamen auf diese Weise in das Heilige Land. In einer Zeit, in der das Reisen noch ein Privileg des Adels und des gehobenen und mittleren Bürgertums war,[145] gab es in der gesamten Habsburgermonarchie kein zweites Beispiel dafür, wo für eine so große Zahl von Bauern, kleinen Handwerkern und Landgeistlichen eine vergleichbare Reise möglich gewesen wäre. Mentalitätsmäßig wurde an die seit der Gegenreformation fest verankerte Wallfahrtstradition in der Monarchie angeknüpft. Mariazell, der Sonntagberg, Maria Taferl, St. Wolfgang und andere Gedächtnisorte zogen jährlich Zehntausende Menschen an.

Die neuen Verkehrsmöglichkeiten brachten dem Wallfahrtswesen insgesamt einen zahlenmäßigen Aufschwung. Mariazell etwa wurde im Jahre 1913 von nicht weniger als 166.000 Fremden besucht.[146] Dennoch war eine Massenbewegung zu einem 2.000 Kilometer entfernten Ziel ein für die damalige Zeit unerhörtes Ereignis, und für die allermeisten Teilnehmer an den Volkswallfahrten war es wohl in ihrem Leben das erste und einzige Mal, daß sie über die Grenzen der Monarchie hinausgelangten.

Rund um die Pilgerzüge schuf Heinrich Himmel dem vereinsmäßig organisierten Katholizismus des späten 19. Jahrhunderts entsprechende Strukturen. Er gründete den „Diözesan-Palästina-Pilger-Verein Brixen", der durch religiöse Andachten, Vorträge, Versammlungen und die Verbreitung von Schriften das Interesse an Wallfahrten zu wecken suchte, um damit die Durchführung häufiger Volkswallfahrten in Tirol, aber auch darüber hinausgehend zu ermöglichen.[147] Aus den bei Pilgerzügen erzielten Überschüssen begründete Himmel einen Reservefonds, der eine Art Ausfallshaftung bei den Fahrten übernahm. Seinem Vorbild folgend entstanden auch in anderen Diözesen Pilgervereine. Im Rahmen religiöser Feiern und Umzüge sowie bei kirchlichen Großveranstaltungen, etwa bei den Katholikentagen, traten diese auch öffentlich in Erscheinung.[148]

Für das Hospiz wurde Himmel ein großer Förderer. Nicht nur, daß die Pilgerzüge – auch wenn immer nur etwa ein Fünftel der Wallfahrer im Hospiz wohnen konnte – einen ganz wesentlichen Anstieg der Besucherzahlen mit sich brachten, erschloß er mit verschiedenen Initiativen, die teilweise das moderne Fund raising unserer Tage vorwegnahmen, wesentliche zusätzliche Finanzquellen für das Pilgerhaus. Weiters errichtete er eine Stiftung in der Höhe von 100.000 Kronen, mit deren Hilfe ein Geistlicher aus der Monarchie wissenschaftliche Studien im Heiligen Land betreiben konnte.[149] Davor hatte er schon 1901 mit Hilfe seines Palästina-Pilger-Vereins eine Studienexpedition von Theologieprofessoren initiiert und in Brixen ein eigenes Palästina-Museum begründet.[150]

Am bemerkenswertesten war die von ihm 1900 ins Leben gerufene und bei der zweiten Tiroler Volkswallfahrt 1901 offiziell ihrer Bestimmung übergebene Wappengalerie im Pilgerhaus.[151] Dabei knüpfte er an die alte Pilger- und Rittertradition, in der Heiligen Stadt das eigene Wappen anzubringen, an. Ausgehend von der Pilgerung der Angehörigen des Hauses Habsburg, sollte jedem Adeligen, aber auch jedem anderen Wallfahrer, der je in Jerusalem gewesen war, gegen ein entsprechendes Entgelt die Möglichkeit geboten werden, durch sein Wappen seinen Namen und den seiner Familie im Pilgerhaus verewigt zu sehen. Himmel entwarf zu diesem Zweck ein eigenes ikonographisches Programm, das seinen Mittelpunkt in der Kapelle des Pilgerhauses hatte. Dort brachte er die Wappen beider Reichshälften an, weiters Gedenktafeln, die den Pilgern Österreichs und Ungarns insgesamt gewidmet waren, Wappentafeln jener Habsburger, die – beginnend mit dem Grafen Albrecht, dem Vater Rudolfs von Habsburg – ins Heilige Land gekommen waren, solche jener geistlichen und weltlichen Reichsfürsten, die in der vorhabsburgischen Zeit aus dem Gebiet der Monarchie Pilgerungen ins Heilige Land unternommen hatten, sowie die Wandtafel König Andreas II. von Ungarn, der sich als Kreuzfahrer in Palästina aufgehalten hatte.

Während die noch freien Wandflächen der Kapelle für künftige Pilger aus dem Kaiserhaus reserviert blieben, brachte Himmel in den Hauptkorridoren des Hospizes in zwei- und dreifachen Reihen die Wappentafeln aller eruierbaren Pilger aus dem Gebiet der Monarchie, die ihm bedeutend erschienen, an. Diese „Galerie" reichte, beginnend mit dem Heiligen Hieronymus, von der Antike bis in die Gegenwart. Um eine einigermaßen vollständige Liste und heraldisch seriöse Darstellungen zu erhalten, mußte Himmel vielfältige Anstrengungen und Recherchen anstellen.[152]

Für einen Betrag von 30 Kronen, von denen ein Teil dem Pilgerhaus zugute kam, konnte jedermann, der als Pilger aus der Monarchie nach Jerusalem gekommen war, eine Wappentafel in den Dimensionen 50 x 33cm erwerben. Pilger, deren Wappen nicht rekonstruierbar war oder denen die Berechtigung zur Wappenführung fehlte, erhielten eine Gedenktafel mit einem entsprechenden Text. Bei den adeligen Pilgern vergangener Jahrhunderte trat Himmel stets an die Nachfahren mit der Bitte heran, die Finanzierung der Tafel zu übernehmen. Bereits 1910 waren es 500 Wappen, die die Wappengalerie in den Gängen des Pilgerhauses schmückten. Bei Beginn des Ersten Weltkrieges galt die Wappengalerie als eine „stadtbekannte Sehenswürdigkeit".[153]

Eine besondere Zuwendung ließ Heinrich Himmel dem Hospiz namens seines Palästina-Pilger-Vereins Brixen 1907 zukommen. Als Auftakt zum Kaiserjubiläum 1908 spendete er ein großes Mosaikbild, das in symbolträchtiger Weise „Die kriegerische wie friedliche Pilgerung Österreich-Ungarns nach dem Hl. Land, von ältesten Zeiten an", darstellte.[154] Während im Hintergrund des Bildes die Stadt Jerusalem, über der gerade die Sonne aufgeht, zu erkennen ist, gruppieren sich um die zentrale Person Kaiser Franz Josephs, der im Ornat des Goldenen Vlieses bedeutungsvoll den Weg nach Jerusalem weist, auf der linken Seite die prominentesten historischen Kreuzfahrer und Pilger, unter ihnen auch Herzog Leopold und König Andreas II. von Ungarn. Auf der rechten Seite des Mosaiks sind zeitgenössische Pilger in ihrer jeweiligen Landestracht dargestellt. Hier waren es hauptsächlich Repräsentanten jener Kronländer, von denen zum Zeitpunkt der Aufstellung des Bildes schon eine Volkswallfahrt nach Jerusalem organisiert worden war, allen voran natürlich Tiroler. Auch Himmel selbst hatte sich als frommer Pilger mit einer Kerze in der Hand verewigen lassen.

Gemeinsam mit den vom Deutschen Ritterorden gestifteten Seitenaltären, dem Mosaik in der Apsis des Kirchenraums mit den Darstellungen repräsentativer Heili-

Das zum Kaiserjubiläum 1908 gestiftete Mosaikbild in der Kapelle des Pilgerhauses

ger der Monarchie und den Wappentafeln hatte die Kapelle neben ihrer Funktion als Kirche nun auch den Charakter einer nationalen Weihestätte der Habsburgermonarchie in Jerusalem angenommen. Darin spiegelte sich sowohl das Selbstverständnis des Hospizes als auch jenes der Pilgerfahrten vor dem Ersten Weltkrieg wider. Denn das Mosaikbild war eine in populärer Form zum Ausdruck gebrachte Darstellung der Ansprüche der Monarchie auf eine politische wie religiöse Präsenz im Orient. Zugleich veranschaulichte es eindringlich die hinter den Volkswallfahrten stehende Motivation: auf den Spuren des Kaisers die Orte von Jesu Leiden und Auferstehung aufzusuchen bzw. – anders gesagt – eine Symbiose zwischen habsburgischem Patriotismus und katholischer Volksfrömmigkeit herzustellen. Die Kreuzzugsanalogien waren dabei durchaus beabsichtigt, doch im Gegensatz zum Mittelalter, wo es darum gegangen war, die heiligen Stätten auf kriegerischem Wege zurückzuerobern, sollte die katholische Christenheit durch eine möglichst intensive Pilgerung nun zur dominierenden spirituellen Kraft im multikonfessionellen Jerusalem werden.[155] Daneben sollte die Pilgerfahrt zu einer geistlichen Stärkung in der Heimat für die Auseinandersetzung mit Modernismus und Säkularisierung beitragen, denen gegenüber die Kirche um die Jahrhundertwende sich immer mehr in einer defensiven Abwehrstellung befand und dies auch spürte.[156] Die Volkswallfahrten können daher in einer Reihe mit der

Volksmission und anderen Maßnahmen der Kirche zur Mobilisierung der katholischen Landbevölkerung – wo der hauptsächliche Zuspruch zu den Volkswallfahrten erfolgte – gesehen werden, und dies gerade auch unter dem Eindruck der eben entstandenen Los-von-Rom-Bewegung.

Himmels Verdienste erfuhren vielfältige Würdigung. 1908 wurde er von Kaiser Franz Joseph mit dem Titel eines Generalmajors ausgezeichnet, kirchlicherseits erhielt er das Großkreuz des St. Gregor-Ordens und wurde als einziger Laie in das Kuratorium des Pilgerhauses aufgenommen.

Welche Dimensionen der Reiseverkehr in Palästina in den ersten Jahren des neuen Jahrhunderts angenommen hatte, wird aus den Berichten des österreichischen Vizekonsuls in Jaffa, dem Einfallstor für alle Ausländer, deutlich. Nicht weniger als 39.000 Reisende, so wird angegeben, seien im Jahre 1906 nach Palästina gekommen. Während etwas mehr als tausend aus der Monarchie stammten, kam der Großteil der sonstigen Pilger aus Rußland, Frankreich, Deutschland und Spanien. Bei den zahlreicher werdenden Touristen herrschten dagegen Engländer und Amerikaner vor.[157] 1910 wurde die Zahl der Besucher mit 40.000 angegeben; davon waren fast 12.000 Russen, immerhin über 4.000 Engländer und mehr als 3.000 aus der Monarchie.[158] Die hohe Zahl der Pilger aus Österreich-Ungarn hing damit zusammen, daß 1910 gleich drei große Pilgerzüge nach Jerusalem kamen.

Innerhalb der verschiedenen Pilgerhäuser in Jerusalem genoß das Österreichische Hospiz einen ausgezeichneten Ruf. Seine Rektoren galten als gebildete, um die Gäste bemühte und zuvorkommende Vorsteher, und das Haus war ob seiner großzügigen Anlage sehr wohnlich und beliebt. Kamen etwa größere deutsche Pilgergruppen nach Jerusalem, so war es stets besonders begehrt, zu jenem Teil der Gruppe zu gehören, der im Hospiz untergebracht war.[159]

Die im Hospiz wohnenden Gäste konnten bei der Unterbringung zwischen drei Klassen wählen. In der Ersten Klasse, für die ein Preis von 5 Francs pro Tag verrechnet wurde,[160] konnten im Jahr 1906 zirka 60 Pilger aufgenommen werden. Kamen Gäste, deren Reise nicht als Pilgerfahrt galt, etwa Gruppen des führenden Reisebüros Cook, so mußten sie für den Aufenthalt zumindest den doppelten Betrag zahlen.[161] Nur ungern nahmen die Rektoren sie überhaupt ins Hospiz auf. So notierte Rektor Richard Joch 1894 anläßlich des Besuchs einer 21 Personen umfassenden amerikanischen Touristengruppe indigniert:

> „Überhaupt ist es ein Opfer für die Vorsteher des Hauses, wenn sie sich mit solchen Carawanen abgeben sollen, die in dem katholischen Priester im Vorhinein kaum etwas anderes sehen, als einen Hotelier, der nur seine Schuldigkeit tut.“[162]

Obwohl Touristen – wohl um Mittel für das Hospiz zu bekommen – weiter aufgenommen wurden, sollte sich an dieser Grundeinstellung nichts ändern. Noch 1907 meinte Zschokke abschätzig:

> „Während ein Pilger bei seiner Ankunft den ersten Gang zur Grabeskirche richtet, sucht der Tourist zuerst ein Hotel auf, speist ordentlich und schläft dann den Schlaf des Gerechten, um dann dem Heilgen Grabe einen flüchtigen Besuch abzustatten. Solche Touristen gehören eben nur in ein Hotel und nicht in ein Pilgerhaus."[163]

Weiterhin kamen auch prominente Vertreter des Kaiserhauses nach Jerusalem: 1893 Erzherzog Josef August, der 1919 kurzzeitig ungarischer Reichsverweser werden sollte, 1895 Erzherzogin Stephanie, die Witwe Kronprinz Rudolfs, die allerdings – wie auf den meisten ihrer Reisen nach dem Selbstmord Rudolfs – als Gräfin Eppan incognito reiste, wie auch 1896 Erzherzog Karl Ludwig, der jüngste Bruder Franz Josephs und Vater des Thronfolgers Franz Ferdinand.[164] Für ihn, der mit seiner Frau Maria Theresia und seinen beiden Töchtern unterwegs war, hatte der Aufenthalt im Heiligen Land freilich tragische Konsequenzen. Er infizierte sich am Jordanwasser und starb bald nach seiner Rückkehr in Wien.[165]

Eine Pilgergruppe besonderer Art kam im April 1907 nach Jerusalem. Am 12. April 1907 ging eine k. u. k. Eskader, bestehend aus den Schlachtschiffen „Erzherzog Karl", „Erzherzog Friedrich" und „Babenberg", vor Jaffa vor Anker.[166] Sie wurde vom österreichischen Konsul und den Vertretern der Monarchie in Jerusalem, zu denen auch der Rektor des Pilgerhauses zählte, in aller Form empfangen. Von der insgesamt zirka 2.300 Mann starken Besatzung der drei Schiffe fuhr noch am selben Tag eine 170 Mann starke Abteilung unter Führung des Konteradmirals Lucian von Ziegler und unter Einschluß einer Militärmusikkapelle mit einem Sonderzug nach Jerusalem. Der Admiral und ein Teil der Mannschaft und Offiziere wohnten im Hospiz, die andere Hälfte in der Casa nova der Franziskaner.

In den folgenden fünf Tagen absolvierte die Abteilung ein offizielles Besuchs- und Pilgerprogramm, wobei dem Admiral und seinen Offizieren alle nur denkbaren kirchlichen und staatlichen Ehrbezeugungen zuteil wurden. Schon der erste Weg führte die Soldaten, nachdem die Militärmusik beim Einzug in die Stadt die Kaiserhymne hatte ertönen lassen, der Pilgertradition gemäß in die Grabeskirche, wo während der folgenden Tage noch weitere Messen gefeiert wurden. Weiters fand ein Festgottesdienst in der Patriarchatskirche im Beisein des neuen Patriarchen Philipp Camassei statt, ein Ausflug nach St. Johann und ein feierlicher Kreuzweg an der Via Dolorosa. In militärischer Ordnung verrichteten die Marinesoldaten ihre Gebete und knieten bei jeder Station auf

Kommando nieder. Der Konteradmiral machte in Begleitung des Konsuls und des Rektors des Pilgerhauses Besuche beim türkischen Gouverneur, beim Patriarchen, beim Custos der Franziskaner, beim Militärkommandanten Jerusalems und empfing im Hospiz die jeweiligen Gegenbesuche. Dieser Aufenthalt, dem in den folgenden Jahren weitere österreichischer Marineeinheiten folgten, diente in erster Linie der selbstbewußten Darstellung Österreich-Ungarns als katholische Großmacht im Orient. In seinem Bericht schwärmte Rektor Ehrlich, welch Aufsehen die täglichen Gottesdienste und der geschlossene Empfang der Sakramente, mit einem Wort: die disziplinierte Zurschaustellung der Frömmigkeit der österreichisch-ungarischen Soldaten, erregt hatte. Besuche von Abordnungen von vor Jaffa liegenden Kriegsschiffen in Jerusalem hatten auch schon seitens anderer Seemächte stattgefunden. Wodurch sich aber die österreichisch-ungarischen Einheiten von denen anderer Staaten, insbesondere Rußlands und Englands unterschieden, war ihre große Disziplin und ein allgemein gelobtes pietätvolles Auftreten in Jerusalem. Zufrieden resümierte der österreichische Konsul Zepharovich:

> „Weder in Jerusalem noch in Jaffa kam die geringste Ausschreitung, nicht einmal ein einziger Fall von Trunkenheit vor. Spontane Äußerungen des Patriarchen, des Custode (sic!) sowie verschiedener Organe der türkischen Regierung zollten dem musterhaften Betragen unserer Matrosen die verdiente Anerkennung.“[167]

Nicht zuletzt durch die großen Volkspilgerungen und die damit verbundene publizistische Thematisierung des Heiligen Landes rückte die Rolle der Monarchie beziehungsweise österreichisch-ungarischer Institutionen und Niederlassungen in Palästina in das öffentliche Interesse. Die österreichisch-ungarische Kolonie in Palästina umfaßte in den Jahren nach der Jahrhundertwende etwa 5.000 Personen. So gut wie alle von ihnen waren Juden, nur etwa 30 nichtjüdische Bürger wohnten in Jerusalem. Neben dem Konsulat und dem Hospiz war die Habsburgermonarchie in Jerusalem durch das bestens eingeführte Postamt vertreten. Zu den Aktivposten für Österreich in Palästina mußte sicher auch der österreichisch-ungarische Lloyd gerechnet werden, der regelmäßige Schiffsverbindungen zwischen Triest und Jaffa gewährleistete und sich europaweit eines ausgezeichneten Rufes erfreute. Kirchlicherseits waren über das Hospiz hinausgehend lediglich die am Weg zwischen Jerusalem und Betlehem gelegene Niederlassung in Tantur, das von Barmherzigen Brüdern aus Graz geführte kleine Spital in Nazareth und die vom Tiroler Geistlichen und ehemaligen Vizerektor (1872–1873) des Hospizes Georg Gatt im Alleingang aufgebaute und betriebene Missionsstation in Gaza erwähnenswert.[168]

Matrosen des k.u.k. Kriegsschiffes „Monarch" zu Besuch im Hospiz, Mai 1914

Im Jahre 1910 hatte das Hospiz mit 618 Gästen seine höchste Frequenz vor dem Ersten Weltkrieg aufzuweisen. Die hohe Zahl entstand durch drei Volkswallfahrten aus der Monarchie, eine Gruppe einer großen deutschen Wallfahrt, die vom Deutschen Verein vom Heiligen Lande organisiert wurde und im Hospiz abstieg, mehrere kleinere Pilgerzüge und zahlreiche Einzelreisende. Damit hatten seit der Gründung des Hauses mehr als 10.000 Personen mit insgesamt über 100.000 Verpflegstagen im Hospiz genächtigt.[169] Im darauffolgenden Jahr waren es immerhin 437 Pilger, die beherbergt wurden. In den letzten Jahren vor dem Krieg gingen die Zahlen aber bereits deutlich zurück. 1912 waren es nur mehr 168 und 1913 nur 166 Personen, die ins Pilgerhaus kamen.[170] Die kriegerischen Ereignisse in Südosteuropa warfen bereits ihren bedrohlichen Schatten auf das Pilgerwesen. Auf Grund der Tatsache, daß das Osmanische Reich 1911/12 mit Italien Krieg führte und danach in beide Balkankriege aktiv verwickelt war, ging während der kritischen Jahre 1912 und 1913 der Wallfahrerstrom nach Jerusalem je-

Der Tiroler Missionar Georg Gatt

weils kurzfristig zurück. Besonders nach der vernichtenden Niederlage der türkischen Armee im Ersten Balkankrieg und der sich daraus ergebenden angespannten internationalen Situation Ende 1912 kam es zu einem Einbruch. Die aus der Monarchie angesagten Volkswallfahrten mußten im letzten Augenblick storniert werden.[171]

Ende 1913, Anfang 1914 hoffte man, den Pilgerbetrieb in großem Stile wieder aufnehmen zu können. Fellinger erwartete sich insbesondere von der Fertigstellung der Bahnstrecke Nazareth-Jerusalem und dem angekündigten Bau eines Hafens in Jaffa eine neue Blütezeit für die kommenden Jahre.[172] Seitens des Palästina-Pilger-Vereins Brixen, wo der Theologieprofessor Wendelin Haidegger die Funktion des kränklich gewordenen Himmel übernommen hatte, wurden für 1914 mehrere Volkswallfahrten vorbereitet, und Fellinger freute sich auf „ein sehr belebtes Pilgerjahr".[173] Schon im März wohnten 50 Teilnehmer eines ungarischen Pilgerzugs im Hospiz, kurze Zeit später beherbergte Fellinger einen kleinen Teil einer 200 Personen starken Kölner Karawane. Vor allem aber erwartete er drei vom Pälästina-Pilger-Verein Brixen nach dem bewährten Muster organisierte traditionelle Volkspilgerzüge aus Galizien, Bayern und Tirol.

Am 30. Juni 1914 erfuhr Fellinger in Jerusalem von der Ermordung des Thronfolgers. In der Grabeskirche und in der Hospizkapelle wurde jeweils ein feierlicher Trauergottesdienst zelebriert.[174] Vom 1. bis 9. Juli war noch die 542 Teilnehmer zählende polnische Wallfahrergruppe in Jerusalem. Am 23. Juli folgte ihr die bayrische Karawane. Als deren Teilnehmer am 3. August aus Jerusalem abreisten, mußten sie bangen, mit dem Schiff überhaupt noch nach Triest zu kommen. Denn seit 28. Juli 1914 herrschte in Europa Krieg.

Die für Anfang August angesagte Tiroler Volkswallfahrt, bei der Franz Fellinger selbst die Oberleitung innegehabt hätte, mußte bereits abgesagt werden. Bis zu diesem Zeitpunkt waren im laufenden Jahr genau 450 Personen ins Hospiz gekommen. 1914 wäre nach den beiden Kriegsjahren 1912 und 1913 für das Pilgerhaus ein neues Rekordjahr geworden. Der nun ausbrechende Krieg sollte jedoch zu einer endgültigen Zäsur werden, auch wenn im August 1914 noch niemand ahnen konnte, daß es nie wieder Volkswallfahrten aus der Donaumonarchie geben würde.

Einzug einer k.u.k. Gebirgshaubitzen-Batterie in Jerusalem, 1916

Das Hospiz im Ersten Weltkrieg

Auch wenn der Kriegseintritt des Osmanischen Reiches erst mit Zeitverzögerung erfolgte, so deutete in Jerusalem von Anfang an alles auf diesen Schritt hin. Nachdem am 2. August 1914 die Hohe Pforte und das Deutsche Reich einen Allianzvertrag abgeschlossen hatten, erfolgte noch am selben Tag der Befehl zur allgemeinen Mobilmachung.[1] Am 3. August wurde in Jerusalem die männliche Bevölkerung, soweit sie nicht christlich war und sich loskaufen konnte, zum Militär eingezogen, außerdem wurden alle Pferde, Maultiere und Esel requiriert.[2] In der Stadt herrschte das Standrecht. Im Laufe der kommenden Wochen und Monate wurden ständig Rekruten aus dem Umland von Jerusalem in die Stadt gebracht, notdürftig ausgebildet und weiter nach Nablus verlegt.

Am 9. September verkündete die Regierung die Aufhebung der Kapitulationen mit den europäischen Mächten. Für Jerusalem hatte dies eine unmittelbar spürbare Auswirkung: Die ausländischen Postanstalten, auch die österreichische Post, von der Türkei schon seit längerem mit einem gewissen Neid gesehen, mußten geschlossen werden.[3] Inwieweit die Kapitulationen auch in Hinblick auf die geistlichen Anstalten aufgehoben waren, darüber herrschte im Herbst 1914 anfangs Unklarheit; erst zu einem späteren Zeitpunkt wurde deutlich, daß alle Vergünstigungen, die den europäischen religiösen Anstalten hinsichtlich ihrer völligen Unabhängigkeit sowie der Unterrichts-, Steuer- und Zollfreiheit von den türkischen Behörden bisher gewährt wurden, außer Kraft gesetzt waren. Im Laufe des Oktobers begann sich die türkische Behördenwillkür auch auf die geistlichen Institute auszudehnen: Man wollte Kontributionen für die Armee einheben, was aber seitens der österreichisch-ungarischen und deutschen Institute dank des diplomatischen Rückhalts durch ihre Konsulate von Anfang an erfolgreich verweigert wurde. Mit Ende Oktober wurde das französische Protektorat für erloschen erklärt, und die türkischen Behörden begannen, französische, englische und russische kirchliche Einrichtungen für militärische Zwecke zu requirieren.[4] Im Pilgerhaus der Assumptionisten quartierte sich der türkische Generalstab ein. Die deutschen und österreichisch-ungarischen kirchlichen Anstalten blieben auch vor dem formellen Kriegseintritt der Türkei von unmittelbaren Eingriffen der Behörden verschont.

In Jerusalem herrschte gespannte Ruhe. Von einer Kriegsbegeisterung war nichts zu merken, im Gegenteil, die Stimmung war eher gedrückt. So sehr mit einer Beteiligung des Osmanischen Reiches am Krieg auf seiten der Mittelmächte gerechnet wurde, so unklar war es, ob der türkische Angriff gegen die Engländer in Ägypten oder gegen Rußland geführt würde. Fellinger sah die Situation sehr realistisch und weitblickend; schon im Oktober schrieb er, daß im Falle einer Niederlage der türkischen Truppen gegen die Engländer mit dem Schlimmsten gerechnet werden müßte.[5]

Franz Fellinger, der, nachdem der Vizerektor Ludwig Reinprecht Mitte September auf dem Landweg die Rückreise angetreten hatte, als einziger Geistlicher im Hospiz verblieb, war von der Heimat weitgehend abgeschnitten. Vor allem hatte er seit Kriegsausbruch keine Geldsendungen mehr erhalten und mußte die ersten Monate mit der geringen vorhandenen Barschaft durchkommen. Er bemühte sich mit weitblickender Besonnenheit, die bevorzugte Stellung, die das Hospiz genoß, unter Bedachtnahme auf das Gesamtinteresse der in Bedrängnis geratenen katholischen Kirche in Jerusalem auszunutzen. Obwohl er den Kriegsverlauf mit starken patriotischen Gefühlen verfolgte, verhielt er sich von Anfang an auch gegenüber den katholischen Repräsentanten der Feindstaaten sehr verbindlich. Als die französischen Geistlichen und Ordensleute delogiert wurden, war Fellinger sofort bereit, ihnen im Hospiz Quartier zu geben. Später konnte er durch seine persönlichen Kontakte zu den türkischen Behörden einige französische Geistliche sogar vor der Deportation bewahren. Überdies stellte er das Pilgerhaus als Aufbewahrungsort für Kirchengeräte, Kunstgegenstände, Bücher und wissenschaftliche Arbeiten zur Verfügung. Gemeinsam mit dem spanischen Konsul, der die Interessen Frankreichs wahrnahm, gelang es Fellinger, die weltberühmte Bibliothek der Ecole Biblique vor der Zerstörung zu retten.[6]

Am 29. Oktober 1914 brachen die Kampfhandlungen zwischen dem Osmanischen Reich und Rußland aus. Am 12. November unterschrieb der Sultan die Kriegserklärungen an Frankreich, Großbritannien und Rußland. Zwei Tage später rief er zur Verteidigung der heiligen Stätten des Islam den „Dschihad" – den Heiligen Krieg – aus. Mit Kriegsausbruch wurde die Situation für die kirchlichen Einrichtungen noch unangenehmer. In einem Klima der allgemeinen Paranoia und des Mißtrauens gegenüber Ausländern christlicher Religion, die unter einem fast automatischen Verdacht der feindlichen Spionage beziehungsweise Sabotage standen, kam es zu Hausdurchsuchungen in den noch nicht beschlagnahmten französischen und englischen Gebäuden, ja selbst bei den Franziskanern.[7] Legte man kirchlicherseits gegen Übergriffe offiziell Beschwerde ein, so stellte sich häufig heraus, daß untergeordnete Organe ohne höheren Auftrag willkürlich und eigenmächtig gehandelt hatten. Als geistlicher Repräsentant eines nunmehr offiziell verbündeten Landes verwendete sich Franz Fellinger weiterhin für die Anliegen aller katholischen Institute, insbesondere auch für die Kustodie, obzwar er deren italienisch-nationale und habsburgfeindliche Haltung immer wieder kritisierte.[8] Im November schätzte Fellinger die Lage dahingehend ein, daß man die Christen, solange die Türken in Palästina keine militärische Niederlage erlitten, unbehelligt lassen würde. Für den Fall aber, daß die Engländer vom Suezkanal in Richtung Jerusalem vordringen sollten, erwartete er, daß alle christlichen Bewohner der Stadt zusammengezogen und unter Hausarrest gestellt werden würden.[9] Die Situation war also so labil, daß er auch mit Problemen für das Pilgerhaus rechnen mußte, wobei er im Gegensatz zu den Feindstaaten wenigstens das österreichisch-ungarische Konsulat als diplomatischen Rückhalt hatte.

Als sich ein Beginn der Kämpfe am Suezkanal abzeichnete, wurde die Situation für die Christen in Jerusalem immer prekärer. Mitte Dezember mußten alle Angehörigen der Feindnationen, also Briten, Franzosen, Belgier und Russen, die Stadt verlassen. Das galt auch für Priester und Nonnen. Für die Verbliebenen sollte sich die Situation jedoch bald grundlegend ändern. Denn am 18. Dezember 1914 kam Djemal Pascha, der unmittelbar nach Kriegsbeginn ernannte Generalgouverneur über Syrien, Palästina und den Hedschas und kommandierende General der IV. Armee, gemeinsam mit seinem führenden Generalstabsoffizier Oberst Friedrich Kress von Kressenstein sowie anderen deutschen Offizieren in die Stadt. Am 24. Dezember 1914 erhielt Jerusalem den deutschen General Ulrich Back als Stadtkommandanten. Mit einem Schlag waren militärische Ordnung und Rechtssicherheit für die Zivilbevölkerung hergestellt und die willkürlichen Hausdurchsuchungen und Requisitionen zu Ende. Bei der christlichen Bevölkerung der Stadt kehrten wieder Ruhe und Zuversicht ein, auch als Ende Jänner 1915 die Kampfhandlungen entlang des Suezkanals begannen.

Angesichts der Kriegssituation war der Pilgerverkehr in Jerusalem völlig zum Erliegen gekommen. Im Hospiz stiegen ab und zu deutsche Offiziere und Mitglieder der deutschen Sanitätskommission ab, die sich trotz der reduzierten „Kriegskost" im Hospiz geborgen fühlten.[10] Ende 1914, Anfang 1915 hielt sich erstmals auch ein österreichisch-ungarischer Soldat, nämlich der tollkühne Artillerist Georg Gondos, in Jerusalem und im Hospiz auf.[11] Der gelernte Erdöltechniker unternahm mit einer kleinen Gruppe eine Expedition auf die Sinaihalbinsel, wo er westlich von Suez in einem Handstreich einige englische Ölbohranlagen unbrauchbar machte.[12] Später kamen dann öfter Angehörige der k.u.k. Armee nach Jerusalem und stiegen im Hospiz ab.

Zu einer Kontroverse mit den türkischen Behörden kam es, als im Laufe des Jahres 1915 der Gouverneur von Jerusalem ein neues Flaggenreglement anordnete, durch das die katholischen Anstalten der Monarchie neben der österreichisch-ungarischen auch die osmanische Fahne hissen sollten. Fellinger weigerte sich, dem nachzukommen, bis ihm die örtliche Polizei drohte, die Flagge der Habsburgermonarchie gewaltsam vom Dach des Hauses zu entfernen. Seitens der österreichischen Vertretungsbehörden stellte man sich auf die Seite Fellingers und argumentierte, daß es eine unzumutbare Demütigung des Katholizismus wäre, müßten kirchliche Anstalten die Fahne des Islam aufziehen.[13] Schließlich kam es zu einer pragmatischen Lösung, die darin bestand, daß überhaupt keine Flagge mehr am Hospiz gehißt wurde.

Abgesehen von solchen Irritationen, nahm das Leben in Jerusalem aber einen einigermaßen ruhigen Lauf. Im Herbst 1915 schrieb Fellinger über die Verhältnisse in der Stadt:

> „In Jerusalem geht das Leben und Treiben seinen gewohnten Gang, nur dass man statt der Touristen und Pilger Offiziere und Soldaten sieht. Würde man diese nicht sehen, würde man gar nicht ahnen, dass wir hier in der Kriegszeit leben."[14]

Obzwar von deutscher Seite generalstabsmäßig geplant, war der türkische Versuch im Februar 1915, den Suezkanal zu übersetzen, nicht zuletzt wegen kaum vorhandener schwerer Waffen völlig mißlungen. Ab Mai 1915 trug sich die türkische Heeresführung mit dem Gedanken, einen zweiten Versuch mit besser ausgerüsteten Einheiten und der waffentechnischen Unterstützung seiner Verbündeten zu unternehmen.

Das Jahr 1916 sollte dann für die Repräsentanten der Monarchie in Palästina insofern eine Zäsur bedeuten, als an der Front gegen die Engländer auch österreichisch-ungarische Einheiten zum Einsatz kamen. Schon bei gemeinsamen Manövern vor Kriegsausbruch hatte sich gezeigt, daß die österreichisch-ungarische Gebirgsartillerie außerordentlich effizient im Wüstenkrieg einsetzbar war. Deshalb wandte sich im September 1915 Enver Pascha mit dem Ersuchen um Entsendung österreichisch-ungarischer Gebirgshaubitzenbatterien an den österreichischen Botschafter in Konstantinopel. Vom Einsatz größerer Einheiten nahm man zwar seitens der Monarchie Abstand, doch konnte man sich schon aus Prestigegründen dem Ersuchen nicht völlig entziehen. Im Frühjahr 1916 wurde daher eine aus zwei Batterien bestehende, rund tausend Mann starke Gebirgshaubitzendivision nach Palästina beordert. Die Einheiten wurden den Anforderungen des Wüstenkrieges entsprechend ausgestattet und ein eigener Etappen- und Nachschubapparat eingerichtet. Dabei bestanden seitens der Monarchie durchaus Bedenken. Als Kaiser Franz Joseph den Marschbefehl unterzeichnete, bemerkte er nur resignativ: „Na ich glaub doch, die sehn wir nimmer!"[15]

Der Einsatz österreichisch-ungarischer Soldaten in Palästina war allerdings nicht ausschließlich unter dem Aspekt der „waffenbrüderlichen" Solidarität gegenüber dem Verbündeten zu sehen. Denn die österreichisch-ungarische Politik verfolgte im Orient weitergehende Ziele für die Zeit nach einer erfolgreichen Beendigung des Krieges. Dazu gehörte auch eine Verstärkung der kirchlichen Position der Monarchie im Osmanischen Reich. In einer von Kardinal Piffl Ende November 1915 in Wien einberufenen Konferenz wurde eine gezielte Übernahme der nunmehr geschlossenen katholischen Anstalten der Kriegsgegner durch österreichisch-ungarische und deutsche Geistliche geplant.[16] In Hinblick auf Jerusalem und die Heiligen Stätten bedeutete dies, daß man österreichischerseits gewillt war, die Stellung als führende katholische Schutzmacht, die bis zum Kriegsausbruch Frankreich eingenommen hatte, zu besetzen. Darüber hinaus sollte die Kustodie auf einer neuen Basis internationalisiert und so der bisher dominierende italienisch-nationale Einfluß gebrochen werden.[17] In diesem Zusammenhang war es naturgemäß äußerst günstig, mit dem Hospiz bereits über ein repräsentatives geistliches Standbein in Jerusalem zu verfügen. Die Bedeutung des Hospizes als Außenposten der Monarchie wurde auch von kirchlicher Seite so gesehen. Schon 1907 hatte Zschokke im angesehenen katholisch-kaisertreuen Wochenblatt „Vaterland" geschrieben:

> „Es ist selbstverständlich, daß, sollte es einmal zur Lösung der orientalischen Frage kommen, jene Staaten in erster Linie mitzusprechen haben werden, welche im Oriente und speziell in Palästina eigene Institute besitzen."[18]

Die Tatsache der Anwesenheit deutscher und österreichisch-ungarischer Truppeneinheiten in Palästina hatte für das Pilgerhaus unmittelbare Konsequenzen. Mit 14. Februar 1916 wurde es offiziell ein Erholungsheim für deutsche und österreichisch-ungarische Offiziere und Soldaten.[19] So stiegen nicht mehr nur wie bisher vereinzelt Angehörige des Militärs im Hospiz ab, sondern Offiziere und Mannschaften in größerer Zahl bezogen zu fix festgelegten Preisen Quartier. Für Fellinger hatte das den Vorteil, daß die Gefahr einer allfälligen Requirierung durch die als unberechenbar geltende türkische Armee ein für allemal gebannt war.

Der unmittelbare Anstoß für diese Maßnahme ging von der deutschen Militärverwaltung aus. Der Militärbevollmächtigte für deutsche und österreichisch-ungarische Heeresangehörige, Major Naumann, war mit seiner Unterkunft und Verpflegung im Hospiz derart zufrieden, daß er sich gegenüber Fellinger mehrmals dahingehend äußerte, daß man das Hospiz der Militärverwaltung übergeben und die Borromäusschwestern durch Soldaten ersetzen sollte. Fellinger wandte sich daraufhin mit Unterstützung des österreichisch-ungarischen Konsuls Friedrich Kraus an den deutschen Generalstabschef Kress. Dieser stand dem Hospiz positiv gegenüber und erklärte es unter Beibehaltung der bisherigen Leitung zum Genesungsheim für deutsche und österreichisch-ungarische Offiziere und Soldaten, wobei für den Aufenthalt ein entsprechender, nicht sehr hoher Betrag zu zahlen war.[20] Mit dieser Lösung war die völlige Autonomie und Unabhängigkeit Fellingers in der Leitung des Hauses weiterhin gewährleistet. Außerdem hatte er dadurch fixe Einkünfte, kamen doch 1916 insgesamt 671 Gäste ins Haus, während es 1915 lediglich 41 gewesen waren. Überdies ergaben sich für das Hospiz Vergünstigungen beim Bezug von Lebensmitteln und anderen Bedarfsartikeln.

Ein besonderes Ereignis während der eineinhalb Jahre, in denen das Pilgerhaus als Erholungsheim Soldaten aus dem Deutschen Reich und Österreich-Ungarn beherbergte, bildeten zwei mehrtägige Aufenthalte der österreichisch-ungarischen Einheiten in Jerusalem, mit denen es folgende Bewandtnis hatte: Die k. u. k. Gebirgshaubitzendivision von Marno war unter großem propagandistischem Aufwand Ende Februar, Anfang März 1916 in Marsch gesetzt und in Konstantinopel mit orientalischem Prunk empfangen worden.[21] Auf dem Weg nach Bir Seba, dem Endpunkt der Bahnstrecke, gab es mehrere formelle Empfänge. Danach beschäftigte sich der Befehlshaber der Einheiten, Major von Marno, mit der Erkundung des Geländes, während die Truppe in Aufbaumärschen an Klima und Eigenarten der Wüste gewöhnt wurde.[22] Der längste dieser Märsche führte je 400 Soldaten bis nach Jerusalem, wo sich der erste Trupp vom 9. bis zum 13. Mai und der zweite Trupp vom 27. Mai bis zum 1. Juni aufhielt.[23] Untergebracht im Pilgerhaus und im deutschen St. Paulus-Hospiz, wurden die Soldaten von Fellinger umsichtig betreut. Gemeinsam mit dem k. u. k. Feldkuraten Michael Tarek und einigen deutschen Franziskanern leitete er die Führungen zu den Heiligen Stätten. Den Höhepunkt in Jerusalem bildete für die Offiziere und Mannschaften jeweils ein Hochamt in der Grabeskirche, das von der Militärmusikkapelle musikalisch umrahmt wurde.[24] Fellinger lobte die gläubige Haltung der Soldaten und sprach von der gemeinsamen Kommunion als einem „Glanzpunkt" ihres Aufenthalts.[25]

Ende Mai erwiderte der lateinische Patriarch von Jerusalem, Philipp Camassei, den Besuch des Kommandanten der Haubitzen-Batterie und kam zu einem Besuch ins Hospiz, der zu einer symbolischen Manifestation der Schutzmachtfunktion wurde, die die Monarchie für die katholische Kirche in Jerusalem wahrzunehmen gewillt war. Schon in der Straße vor dem Hospiz standen die Soldaten Spalier, und vor dem Hospizeingang wurde der hohe Gast von den Offizieren erwartet. Als der Patriarch vorfuhr, begann die ebenfalls angetretene Militärmusik zu spielen, und der Kommandant der Einheiten sowie der k. u. k. Feldkurat Tarek geleiteten den Gast in den Salon, wo eine aus vier Mann bestehende ungarische Zigeunerkapelle zu seinen Ehren aufspielte.[26] Als der Patriarch das Hospiz verließ, wurden ihm abermals die Ehrenbezeugungen der österreichisch-ungarischen Soldaten zuteil. Ganz bewußt hatte man mit dieser Geste gegenüber den tür-

K. u. k. Soldaten vor der Grabeskirche, 1916

kischen Behörden Jerusalems demonstriert, daß sich die katholische Kirche in Palästina nun des Schutzes Österreich-Ungarns erfreuen konnte.

In der Folge stiegen weiterhin österreichisch-ungarische Soldaten im Hospiz ab: Als Mitte Juni 1916 die Gebirgshaubitzen-Batterien an die Front abgingen, blieb die 23köpfige Militärmusik zurück und nahm im Hospiz Quartier. Auch der österreichisch-ungarische Militärbevollmächtigte, der vor allem für die Weiterleitung des Lebensmittelnachschubs für die Soldaten aus der Monarchie zuständig war, und eine in Jerusalem stationierte österreichisch-ungarische Militärpatrouille wohnten zeitweise im Pilgerhaus. Dazu kamen einzelne deutsche bzw. österreichisch-ungarische Offiziere mit ihren Offiziersburschen, Ärzte, Kraftfahrer und anderes Militärpersonal. Aber auch türkischerseits wußte man das Hospiz als privilegierten Aufenthaltsort in Jerusalem zu schätzen. Der

Der lateinische Patriarch Philipp Camassei zu Besuch im Hospiz, Mai 1916

Kommandant der IV. Armee, Djemal Pascha, ließ seine Geschwister, als sie sich Mitte 1916 in Jerusalem aufhielten, hier unterbringen. Für den Zweck eines Erholungsheimes konnte Fellinger im Parterre sechs Zimmer zur Verfügung stellen und im ersten Stock – unter Einbeziehung der sogenannten Kaiserzimmer – zehn weitere Räume (dazu kamen noch der Salon, das Bad und ein Aufbewahrungszimmer). Im Souterrain richtete er drei große Zimmer mit je acht Betten für einfache Soldaten ein. Damit erreichte er zwar nicht jene Kapazität wie bei Volkswallfahrten, da bei diesen auch die schlechteren Räume des Souterrains benutzt wurden und alle Teilnehmer in den zu Speisesälen umfunktionierten Korridoren ihre Mahlzeiten zu sich nahmen, was aber Fellinger den Offizieren nicht zumuten wollte.[27]

Da nun das Pilgerhaus gleichsam eine Institution einer mit der Türkei verbündeten Armee war, wurde es gelegentlich Ziel der Anfeindungen der dem türkischen Militär mit Haß gegenüberstehenden arabischen Zivilbevölkerung Jerusalems. Wiederholt wurden von der höher gelegenen Straße aus Steine in den Garten des Hospizes geschleudert. In einem Fall wurde dabei ein österreichisch-ungarischer Soldat, der gerade damit beschäftigt war, die Kleider seines Offiziers zu reinigen, am Kopf verletzt.[28]

Djemal Pascha zu Besuch im Hospiz 1914. Neben ihm Rektor Fellinger sowie österreichisch-ungarische und türkische Offiziere

Neben dem Hospiz wurde seitens der k. u. k. Armee ein Reservespital geschaffen, das im Kloster Ratisbonne untergebracht war und noch vor Beginn der türkischen Offensive im Sommer 1916 seinen Betrieb aufnahm. Die seelsorgliche Betreuung des Reservespitals wurde vom inzwischen wieder nachbesetzten Vizerektor des Pilgerhauses wahrgenommen, der dort wöchentlich Messen las, Krankenbesuche machte und die Soldaten auf Wunsch zu den Heiligen Stätten Jerusalems begleitete.[29]

Auch der zweite Versuch des Osmanischen Reiches im August 1916, gegen den Suezkanal vorzudringen, endete mit einem Mißerfolg. Daß wenigstens der britische Gegenangriff relativ rasch aufgehalten und die Front wieder stabilisiert werden konnte, war mit ein Verdienst der hervorragend und mit minimalen Verlusten operierenden österreichisch-ungarischen Batterien. In der Folge blieben die österreichisch-ungarischen Soldaten noch einige Zeit entlang der Frontlinie stationiert, ehe sie im November ihre Winterquartiere in Bethlehem bezogen. Die Türken bauten nun die Verteidigungsstellungen an der Frontlinie, die von Gaza nach Bir Seba verlief, aus. An eine Offensive war angesichts der Unterlegenheit sowohl in Hinblick auf die Truppenstärke als auch die technische Ausstattung nicht mehr zu denken. Die Stadt Gaza selbst wurde evakuiert, und der dort jahrzehntelang als Missionar tätige ehemalige Vizerektor der Hospizes, Georg Gatt, mußte sich trotz seines hohen Alters nach Jerusalem durchschlagen, wo er im Hospiz bei Rektor Fellinger, der sich schon längere Zeit Sorgen um ihn gemacht hatte, eine herzliche Aufnahme fand.[30]

Systematisch hatten die Engländer ihre Bahnlinie sowie eine aus Ägypten gespeiste Wasserleitung vom Suezkanal bis an die Frontlinie vorangetrieben.[31] Mit diesem enormen logistischen Vorteil ausgestattet, holten sie Ende März 1917 bei Gaza erstmals zu einem massiven Offensivschlag aus. Dort war in Erwartung des Angriffs die k. u. k. Gebirgshaubitzendivision an vorderster Front stationiert, die in dieser ersten Schlacht um Gaza, die mit einer empfindlichen Niederlage der Engländer endete, eine wesentliche Rolle spielte. Auch die zweite Schlacht um Gaza am 19. und 20. April brachte den Engländern, die diesmal sogar Panzer einsetzten, eine schwere Niederlage.[32]

Damit war ein britischer Durchbruch nach Jerusalem, wo man während der beiden Schlachten den schweren Kanonendonner hören konnte, für einige Zeit hinausgeschoben. Doch blieb die Frage einer allfälligen Evakuierung der Stadt weiterhin aktuell. Daß die Briten die Eroberung Jerusalems mit aller Kraft anstreben würden, war klar. Abgesehen von den politischen und propagandistischen Vorteilen, die die Inbesitznahme der Heiligen Stätten bot, war Jerusalem auch deswegen ein wichtiges Kriegsziel, weil es den Zugang zur Hedjasbahn und damit den Weg nach Zentralarabien öffnete.[33]

Unmittelbar nach der zweiten Schlacht von Gaza empfahl Djemal Pascha den ausländischen Konsuln Jerusalems, die Abreise ihrer Staatsangehörigen zu veranlassen. Das Personal der unter dem Schutz der Monarchie stehenden religiösen Anstalten konnte auf eigene Gefahr noch bleiben.[34] Hinter diesem Vorgehen verbarg sich die unheilvolle Idee des jungtürkischen Feldherrn, Jerusalem zu räumen und die Bevölkerung nach Syrien und Transjordanien zu verschicken. Mit dem Plan verfolgte er wohl weniger ein militärisches als ein politisches Kalkül – nämlich die Türkisierung der Stadt. Doch konnte Djemal Pascha von seinem Vorhaben mittels deutscher Intervention wieder abgebracht werden.[35]

Franz Fellinger begann dennoch, sich auf alle Eventualitäten einzurichten. Sein Vizerektor Joseph Hruby, der Ende 1916 ernannt worden war, sollte, da er sich im militärpflichtigen Alter befand, im Falle der Einnahme der Stadt durch die Engländer nach Europa zurückkehren. Gemeinsam mit den Schwestern wollte Fellinger selbst aber unter allen Umständen im Hospiz bleiben, um eine Plünderung und Zerstörung des Hauses durch die arabische Zivilbevölkerung oder eine allfälligen Übernahme durch die Engländer zu verhindern.[36]

Nachdem schon im Jänner feindliche Flugzeuge über Jerusalem aufgetaucht waren, kam es Ende Juni erstmals zu einem Luftangriff gegen das türkische Hauptquartier, das

Eine der bei Gaza in Stellung gegangenen k. u. k. Gebirgshaubitzen

in der Kaiserin Augusta Viktoria-Stiftung zwischen Ölberg und Mount Skopus eingerichtet war. Es gab jedoch nur wenige Leichtverletzte, und es entstand lediglich geringer Sachschaden.

Während die Engländer ihre Vorbereitungen für einen neuerlichen Durchbruchsversuch in Palästina mit Hochdruck betrieben, stieg Anfang Oktober noch einmal ein Mitglied des Kaiserhauses im Hospiz ab. Am 3. Oktober 1917 traf Erzherzog Hubert Salvator an der Spitze der sogenannten Orient-Mission des k. u. k. Kriegsministeriums in Jerusalem ein. Der 23jährige war der zweitälteste Sohn Franz Salvators aus der Linie Habsburg-Toskana und Marie-Valeries, der jüngsten Tochter Franz Josephs. Eigentlicher Leiter der Abordnung war allerdings der Orientforscher Alois Musil, der als persönlicher Vertrauter Kaiser Karls im direkten Auftrag des Hofes agierte. Der aus Mähren stammende Geistliche Musil genoß nicht nur als Wissenschafter einen hervorragenden Ruf, sondern hatte 1914/15 in einer bemerkenswerten, wenn auch letztlich gegenüber seinem Gegenspieler, dem britischen Oberst Thomas Edward Lawrence, erfolglosen Mission versucht, die Araberstämme auf die Seite der Mittelmächte zu ziehen.[37] Seine besondere Stellung bei Hof ging auf seine Freundschaft mit Prinz Sixtus von Bourbon-

Erzherzog Hubert Salvator (Widmung anläßlich seines Aufenthalts im Hospiz)

Parma, den Bruder von Kaiserin Zita, zurück. Mit ihm war er 1912 durch Nordostarabien und Südmesopotamien gereist.

Der eigentliche Zweck der Orient-Mission aus der Sicht Kaiser Karls und Musils bestand darin, angesichts eines erhofften Separatfriedens die Möglichkeiten auszuloten, inwieweit die Monarchie in die bisher von Frankreich ausgeübten Schutzrechte über die katholischen Institutionen Jerusalems eintreten könnte. Wie bereits erwähnt, hatte es diesbezügliche Bestrebungen schon seit längerem gegeben.[38] Mit der Thronbesteigung Kaiser Karls erhielten diese „alten Träume von einem religiösen Protektorat der Habsburger im Orient", wie es der österreichisch-ungarische Militärbevollmächtigte in der Türkei, Joseph Pomiankowski, bezeichnete, neuen Auftrieb. Wohl nicht zu Unrecht, wenn auch anfangs vergeblich, warnte er vor diesbezüglichen Abenteuern, in denen er „als für die reale Politik der Monarchie schädliche und gefährliche Phantasien"[39] sah.

Man versuchte so gut wie möglich, den wahren Grund für diese Reise zu vertuschen. Ihr offizieller Anlaß war die Inspektion der k. u. k. Truppen, der Etappeneinrichtungen sowie der Besuch der Wohlfahrtseinrichtungen in der Türkei und eine Vertiefung der wechselseitigen Kontakte. Erzherzog Hubert Salvator kam lediglich die repräsentative Leitung nach außen hin zu, der Chef der Mission war Alois Musil. Zu diesem Zweck und um den eigentlichen religionspolitischen Grund der Reise zu tarnen, trat Musil,

Die Mitglieder der Orient-Mission vor dem Felsendom in Jerusalem.
Vorne in der Mitte Erzherzog Hubert Salvator, rechts von ihm Rektor Franz Fellinger

der, wie sein Biograph Karl Johannes Bauer schreibt, „Orden, Ehrungen und Titeln nie abhold war“[40], während der Reise in Offiziersuniform als General-Oberkriegsrat auf.

Die Delegation hielt sich 13 Tage im Hospiz in Jerusalem auf. Fellinger führte den Erzherzog zu den Heiligen Stätten und war sehr beeindruckt von der noblen, bescheidenen und tiefgläubigen Persönlichkeit des Kaiserenkels. Musil allerdings erregte durch sein sonderbares Auftreten bei den meisten in der Türkei anwesenden Österreichern Verwunderung und Mißfallen. Fellinger und er kannten sich schon von früher. Bereits einmal bei einem 15 Jahre zurückliegenden Besuch Musils im Hospiz hatte es zwischen beiden eine Verstimmung gegeben. Musil erklärte damals, auf Empfehlung Zschokkes zu kommen und Anspruch auf freie Kost und Station zu haben, was sich nachträglich als unrichtig herausstellte.[41]

Im Herbst 1917 mokierte sich Fellinger über das Erscheinen Musils in Uniform, das auch insoferne skurril war, als dieser bei den Moslems in Jerusalem als katholischer Priester eine bekannte Persönlichkeit war und man sich auch dort über das operettenhafte Auftreten des Geistlichen vielfach befremdet zeigte.[42] Noch mehr verärgerte es den Rektor des Pilgerhauses aber, daß Musil während seines Aufenthalts in Jerusalem kein einziges Mal den Gottesdienst zelebrierte.[43]

Die offiziellen Ziele der Reise wurden in Jerusalem wie auch in den anderen Aufent-

Der Orientalist und Geistliche Alois Musil

haltsorten erreicht. Das Erscheinen des Erzherzogs rief überall Wohlwollen und Sympathien hervor, durch Orden[44] und kleinere Geschenke konnte Imagepflege für die Habsburgermonarchie betrieben werden, und gegenüber dem Deutschen Reich wurde die österreichisch-ungarische Präsenz im Orient betont. Auch bei seinen Bemühungen, die Kinder angesehener Familien christlicher Herkunft für den Schulbesuch in Wien zu gewinnen, war Musil recht erfolgreich.

Was den ursprünglichen geheimen Zweck der Reise betraf, so hatten schon die österreichisch-ungarischen Diplomaten in Konstantinopel Musil davon überzeugen können, daß die Aussicht auf Errichtung eines österreichisch-ungarischen Protektorats im Heiligen Land – selbst für den Fall, daß Palästina nach Kriegsende bei der Türkei bleiben sollte – ein unrealistisches Ziel war.[45] Alois Musil verfolgte daraufhin dieses Projekt offensichtlich überhaupt nicht oder nur mehr verdeckt weiter und sprach nur noch allgemein von einer katholischen politischen Aktion in Syrien und Palästina. Retrospektiv hatte Musil mit seinem etwas großspurigen Auftreten dem Hospiz alles andere als genützt, war doch bei den Briten der Verdacht entstanden, das Pilgerhaus sei ein Ausgangspunkt politischer Unternehmungen.[46]

Noch während die Orient-Mission unterwegs war, hatte die lang erwartete britische Offensive, die auch das Schicksal Jerusalems besiegeln sollte, begonnen. Nach den erfolglosen und verlustreichen Angriffen im Frühjahr 1917 hatten die Engländer unter ihrem neuen Oberbefehlshaber Edmund Allenby ihre Front völlig neu strukturiert und ihr Offensivpotential mit umfangreichen Nachschublieferungen schrittweise verstärkt, während die türkische Kampfkraft immer mehr nachließ. Dies hing damit zusammen, daß der im Frühjahr zum Zweck der Wiedereroberung Bagdads in den Nahen Osten beorderte deutsche General Erich von Falkenhayn zu spät erkannte, daß eine Offensive in Mesopotamien unrealistisch war. Im übrigen hätte das Halten der Palästinafront bei Gaza eine Grundvoraussetzung für das Gelingen jedes weiteren Vorstoßes im arabischen Raum gebildet.[47]

Ende Oktober 1917 gelang den Engländern bei Bir Seba der entscheidende Durchbruch, nachdem schon zuvor tagelange schwere Kämpfe, vor allem auch um Gaza, gewütet hatten. Am 4. November mußten die Türken den Rückzug antreten und bauten noch einmal eine Frontlinie vor Jerusalem auf. Falkenhayn, der in der Zwischenzeit in Jerusalem Quartier bezogen hatte, scheiterte Ende November mit dem Versuch einer Gegenoffensive, sodaß die Briten am 7. Dezember den entscheidenden Vorstoß zur Eroberung Jerusalems führen konnten.

In dieser letzten Phase vor dem Fall Jerusalems hatte es sich noch einmal als richtig erwiesen, daß Fellinger das Haus in ein Erholungsheim umgewandelt hatte. Mit dem Einzug Falkenhayns in Jerusalem wurden nämlich sofort mehrere katholische Häuser wie das Flagellatio-Kloster oder das deutsche Paulus-Hospiz zur Unterbringung von Stabsstellen Falkenhayns beziehungsweise zur Unterbringung deutscher Soldaten requiriert. Obwohl die Deutschen einen höheren Pauschalpreis gezahlt hätten, war Fellinger doch froh, das Haus als Erholungsheim unter seiner selbständigen Führung autonom erhalten und zumindest zum Teil mit österreichisch-ungarischen Heeresangehörigen besetzt zu haben.[48]

Erich von Falkenhayn

Anfang November 1917 rückte Jerusalem merkbar in die Kampfzone. Den Geschützdonner konnte man nun auch im Hospiz deutlich vernehmen, und das Straßenbild der Stadt war nicht mehr geprägt von Wagen, Pferden und Maultieren, die alle beschlagnahmt waren, sondern von motorisierten Militärfahrzeugen und Soldaten.[49] Die schon länger andauernde Hungersnot unter der Bevölkerung und die Seuchen wurden immer drückender. So gut sie konnten, versuchten Fellinger und sein Vizerektor Hruby, auch hier zu helfen.

Das österreichisch-ungarische Reservespital wurde am 10. November nach Nablus verlegt, wohin sich auch Falkenhayn mit seinem Stab absetzte. Die österreichisch-ungarischen Konsulatsbeamten verließen am 12. November gemeinsam mit Vizerektor Joseph Hruby Jerusalem.

Nachdem der letzte österreichisch-ungarische Offizier am 20. November aus dem Hospiz abgereist war, harrte Fellinger gemeinsam mit den Schwestern und dem Dienstpersonal der Entwicklungen. Kardinal Piffl hatte den Rektor schon im Frühjahr 1917 von Wien aus aufgefordert, im Falle einer bevorstehenden Eroberung Jerusalems gemeinsam mit Konsul Kraus die Stadt zu verlassen.[50] Fellinger befürchtete aber, daß das herrenlose Hospiz noch vor der Eroberung geplündert und verwüstet würde, weshalb er es kategorisch ablehnte, aus der Stadt wegzugehen. Sein einziger „Gast" war sein greiser Priesterkollege Georg Gatt.

Fellinger war Ende November klar, daß die Einnahme Jerusalems durch die Engländer nur mehr eine Frage von Tagen sein würde.[51] Zu diesem Zeitpunkt war nicht sicher, ob und wie sehr Jerusalem von den Türken verteidigt werden würde und damit in die unmittelbare Kampfzone geriet. Als Drohungen hochrangiger türkischer Militärs, Palästina im Falle des erzwungenen Rückzugs verwüsten zu wollen, in Wien bekannt wurden, begannen die österreichisch-ungarische und die deutsche Diplomatie, massiv für eine kampflose Übergabe Jerusalems und der Heiligen Stätten zu intervenieren.[52] Für den Fall mutwilliger Zerstörungen seitens türkischer Soldaten drohte die Doppelmonarchie mit der sofortigen Abberufung der an der Palästina-Front stehenden Soldaten. Zunächst schien es jedoch, als würden die Türken darauf nicht reagieren und sich auf eine Verteidigung der Stadt einrichten. Eine der in diesem Zusammenhang getroffenen Maßnahmen betraf die Ausweisung aller kirchlichen Würdenträger am 19. November, darunter auch des katholischen Patriarchen von Jerusalem. Am nächsten Tag wurde Fellinger unvermittelt ins Patriarchat gerufen. Weihbischof Alois Piccardo und die anderen italienischen Patriarchatspriester waren nur wenige Stunden nach der unfreiwilligen Abreise des Patriarchen zum türkischen Gouverneur Jerusalems zitiert worden und mußten die Stadt ebenfalls binnen 24 Stunden verlassen. Unter diesen Umständen wurde dem allseits angesehenen Fellinger die Verwaltung des verwaisten Patriarchats übertragen. In aller Eile wurde ein formelles Ernennungsdekret ausgestellt, durch das der Rektor des Pilgerhauses Pro-Generalvikar der Diözese Jerusalem wurde und mit allen geistlichen und weltlichen Vollmachten des Patriarchen während dessen Abwesenheit ausgestattet war.[53]

Am 22. November 1917 warfen zwei englische Kampfflugzeuge Bomben auf Jerusalem und lieferten sich mit zwei deutschen Maschinen ein Luftgefecht über der Heiligen Stadt. Als die britischen Truppen am 7.und 8. Dezember entscheidende Einbrüche in die türkischen Verteidigungsstellungen rund um Jerusalem erzielten, entschlossen sich die Türken, dem Druck der Verbündeten nachzugeben. Sie zogen ihre Truppen, ohne daß es zu Plünderungen kam, zurück, wodurch Jerusalem ohne Verteidigung praktisch zur offenen Stadt wurde.[54]

General Edmund Allenby

In der Nacht vom 7. auf den 8. Dezember 1917 hatte Fellinger noch einmal überraschend Besuch im Hospiz bekommen. Gemeinsam mit zwei Konsulatsbeamten und zwei Offizieren war der österreichisch-ungarische Konsul Friedrich Kraus, aus Damaskus kommend, im Schutze der Nacht in Jerusalem eingetroffen. Fellinger bat Kraus, Piffl von seiner Ernennung zum Pro-Generalvikar zu informieren und den Kardinal in seinem Namen um materielle Unterstützung für das Patriarchat zu bitten.[55] Am nächsten Tag führte Kraus noch Gespräche mit dem spanischen Konsul, der nun die Interessen der Monarchie in Jerusalem wahrnahm, und mit einigen Mitgliedern der österreichisch-ungarischen Kolonie. Dabei wurde er vom Vorstoß der Engländer, die am Nachmittag des 8. Dezember bereits in den westlich der Altstadt gelegenen Teilen standen, überrascht. In buchstäblich letzter Sekunde verließen der Konsul und seine Begleiter am Abend das Pilgerhaus und kamen gerade noch nach Nablus durch, von wo sie nach Damaskus weiterreisten.[56]

Als am 11. Dezember 1917 General Allenby Jerusalem kampflos betrat, befand sich in dem aus Honoratioren und religiösen Würdenträgern bestehenden Empfangskomitee auch Franz Fellinger, der den britischen Feldherrn als ranghöchster Vertreter der römisch-katholischen Kirche Jerusalems begrüßte.[57]

Entlang der Hospizmauer, 1936

Zwischen den Kriegen

DIE WIRRNISSE DER ERSTEN NACHKRIEGSZEIT

In der ersten Zeit nach der Einnahme Jerusalems blieb das Hospiz trotz des von Allenby verhängten Kriegsrechts gänzlich unbehelligt. Fellinger wurde von den Engländern, obwohl er Angehöriger eines Feindstaates war, bevorzugt behandelt, hatte sich doch nur wenige Tage nach der Einnahme Jerusalems Kardinalstaatssekretär Gasparri von Rom aus persönlich bei den Briten für ihn eingesetzt. Darüber hinaus ließ ihm der spanische Konsul die bestmögliche Unterstützung angedeihen, was dazu führte, daß ihm selbst relativ harmlose Maßregelungen, wie die regelmäßige Meldung bei der Polizei, erspart blieben.[1] So konnte Fellinger tagsüber im Patriarchat seinen Verpflichtungen als ranghöchster Vertreter der katholischen Kirche in Jerusalem nachgehen und blieb selbst über Nacht dort, da seine Anwesenheit im lediglich von Gatt bewohnten Pilgerhaus nicht erforderlich war. Dies sollte sich allerdings bald ändern.

Am 15. Februar 1918 erschienen Vertreter der britischen Administration, um das Pilgerhaus zu besichtigen. Bereits am nächsten Tag wurde es beschlagnahmt und in ein Waisenhaus für einheimische Kinder des dem anglikanischen Bischof von Jerusalem unterstehenden „Syria and Palestine Relief Fund" umgewandelt. Erfolglos hatte man vor allem seitens des französischen Klerus eingedenk der Hilfsbereitschaft Fellingers während des Krieges versucht, die Briten von diesem Schritt abzuhalten.[2] In den folgenden Monaten wurden bis zu 200 Kinder im Hospiz untergebracht. Von der Requirierung ausgespart blieben die Kapelle, das Rektorszimmer, einige andere Räume und das Schwesternhaus, wo nicht nur die Borromäerschwestern, sondern – nach längeren Verhandlungen – auch Gatt bleiben konnten. Fellinger brachte zahlreiche Wertgegenstände, darunter einen Teil der Bilder, die Schilder der Wappengalerie und einige Möbel- und Einrichtungsgegenstände, auf den Chor der Kapelle, die er, nachdem er ein letztes Mal die heilige Messe gelesen hatte, vom spanischen Konsul versiegeln ließ.[3]

Von Anfang an bemühte sich der Rektor vehement, das Pilgerhaus wieder zurückzubekommen. Auch in Wien blieb Kardinal Piffl nicht untätig und schaltete, sobald er von der Beschlagnahme erfahren hatte, den Heiligen Stuhl in der Person des Kardinalstaatssekretärs Gasparri ein, der dem Wiener Kardinal die Hilfe der römischen Kurie zusagte.[4] Später erstellte Piffl ein Memorandum für die österreichische Delegation bei den Friedensverhandlungen von St. Germain.[5]

Vorderhand sollte sich die Situation allerdings weiter verschlechtern. Am 3. August 1918 wurden alle deutschen und österreichisch-ungarischen Staatsangehörigen, soweit es sich nicht um Priester und Ordensleute handelte, in ein Internierungslager bei Kairo deportiert. Unter ihnen befanden sich auch der Portier und die beiden Dienstmädchen des Pilgerhauses. Am selben Tag verfügte die britische Militärverwaltung die Räumung des Schwesternhauses. Gatt und die Borromäerinnen übersiedelten ins Patriarchat zu Fellinger, der die Schwestern zur Besorgung der Küche und der Hauswirtschaft unterbringen konnte.[6] Mehr als immer wieder – wenn auch anfangs erfolglos – für die Rückgabe des Pilgerhauses zu intervenieren, konnte er in den folgenden Monaten nicht tun. Seine sonstige Arbeitskraft verwendete er weiterhin für das Patriarchat, auch als dieses mit Weihbischof Barlassina wieder einen Bischof als verantwortlichen Leiter erhalten hatte. Fellinger blieb Pro-Generalvikar und war damit die Nummer zwei in der Diözese. Da fast alle europäischen Patriarchatspriester das Land verlassen hatten, war Barlassina froh, einen Mann wie Fellinger an seiner Seite zu haben.

Im Frühsommer 1919 schien dann erstmals eine realistische Chance zu bestehen, das Pilgerhaus zurückzuerhalten. Am 2. Juni 1919 hatte Fellinger eine persönliche Vorsprache beim Militärgouverneur von Jerusalem, Ronald Storrs, bei der er den religiösen Charakter des Pilgerhauses als einer dem Erzbischof von Wien unterstehenden Einrichtung betonte, die nie ein politisches Ziel verfolgt hatte. Storrs stellte ihm daraufhin die Rückgabe des Hauses mit 10. Juli in Aussicht.[7]

Am 29. August 1919 war es dann endlich soweit. Das anglikanische Waisenhaus war aufgelöst, und die Kinder wurden nach Jaffa gebracht. Fellinger mußte aber noch am Tag der Rückgabe ungewisse Stunden durchmachen, hieß es doch plötzlich, daß britische Soldaten in das geräumte Hospiz verlegt werden sollten. Nun kam dem Rektor das enge Verhältnis zu Barlassina zugute. Auf sein Ersuchen begab sich Barlassina sofort zu dem mit ihm befreundeten Finanzchef der Militäradministration, einem englischen Katholiken, und verwies darauf, daß es sich beim Hospiz um eine rein religiöse Anstalt handle, dessen Rektor das Patriarchat und die katholischen Anstalten der Entente während der Kriegszeit viel zu verdanken hätten. Die informelle Intervention des Weihbischofs zeigte den gewünschten Erfolg. Als Fellinger am Nachmittag des 29. August beim Generalgouverneur Palästinas, General Arthur Money, vorsprach, erhielt er persönlich die Mitteilung von der sofortigen und vollständigen Rückgabe des Hauses. Er konnte das Hospiz noch am Abend des gleichen Tages übernehmen.[8]

Zugute war Fellinger bei seinen Bemühungen um die Rückgabe auch gekommen, daß die Umwandlung einer bekannten katholischen Institution in ein protestantisches Waisenhaus in der öffentlichen Meinung von Anfang an kein gutes Bild gemacht hatte. Weiters hatten sich seine Haltung gegenüber den Katholiken der damaligen Feindstaaten während der Kriegsjahre wie auch seine Bereitschaft, im Patriarchat eine verantwortungsvolle Position zu übernehmen, bezahlt gemacht, da ihm von dieser Seite nun Unterstützung zuteil geworden war.[9]

Der Zustand, in dem Franz Fellinger das Hospiz vorfand, war deprimierend. Zwar gab es keine größeren baulichen Schäden, das Innere des Gebäudes war aber durch die palästinensischen Kinder, denen westliche Wohnkultur und Hygiene weitgehend fremd waren, wie der Rektor in einem Brief an Kardinal Piffl festhielt, zu einem Gutteil verwüstet. Dazu kam, daß das Haus restlos verwanzt war. Fellinger weigerte sich zuerst, mit Aufräumarbeiten zu beginnen, sondern wartete die Bewertung des Zustandes durch eine britische Entschädigungskommission ab, war ihm doch eine finanzielle Schadlosstellung in Aussicht gestellt worden.[10] Es war wohl nicht verwunderlich, daß die Briten keine große Eile zeigten, die Schäden im Hospiz festzustellen. Doch der Rektor blieb hartnäckig. Als die Herren der Schadensfeststellungskommission Ende Oktober 1919 endlich eintrafen, war das Betreten einiger Räume kaum möglich, so sehr waren sie von Wanzen verseucht.[11] Nach langem Drängen erhielt Fellinger auch wirklich eine zumindest teilweise Entschädigung.

Noch im Oktober begann man mit den Reinigungs-, Desinfektions- und Reparaturarbeiten am Haus, die im gröbsten bis Dezember abgeschlossen waren. Um das Ungeziefer nachhaltig zu entfernen, mußte Fellinger zweimal Trupps britischer Sanitätssoldaten kommen lassen, die den Wanzen und Läusen mit Stichflammen, ätzenden Flüssigkeiten und giftigem Dampf zu Leibe rückten. Anschließend ließ der Rektor die Räume mit Kalk übertünchen. Da er aber dem Frieden nicht recht traute, verzichtete er vorderhand darauf, die Hospizkapelle wieder zu eröffnen. Vielmehr schienen ihm die in der Kapelle aufbewahrten Wertgegenstände hinter dem spanischen Konsulatssiegel einigermaßen sicher vor fremdem Zugriff, weshalb er diesen Zustand bis zum Oktober 1920 beibehielt.[12] Einer der ersten, denen Fellinger ein besonderes Memento in der Kapelle, als diese wieder geöffnet war, widmete, war Hermann Zschokke, der am 23. Oktober 1920 in Wien verstorben war. Zurecht nannte ihn Fellinger den zweiten Stifter des Hospizes und hängte die in einem Olivenholzrahmen eingefaßte Parte in der Kapelle oberhalb des Weihwasserkessels auf.[13]

Anfang 1920 war es im Hospiz zu einer Begebenheit gekommen, die noch einmal zeigte, welche Rolle Fellinger für die gesamte katholische Kirche Jerusalems während der Kriegsjahre gespielt hatte. Der französische Kardinal Andrea du Bois, der in Jerusalem zu Besuch war, erschien mit zwei Bischöfen im Hospiz, um Franz Fellinger einen offiziellen Dankbesuch für all das, was er während des Krieges für die französischen kirchlichen Institutionen getan hatte, abzustatten.[14]

Mit der Entscheidung von San Remo am 25. April 1920, bei der die Aufteilung der Mandate zwischen Großbritannien und Frankreich fixiert wurde,[15] und der danach erfolgten Einsetzung der Zivilregierung in Palästina am 1. Juli 1920 war endgültig klar, daß Großbritannien auch weiterhin die Kontrolle über Jerusalem behalten würde. Das Mandatssystem, auf das sich die Sieger des Ersten Weltkrieges 1919/20 einigten, beruhte auf Artikel 22 des Völkerbundpaktes. Nach dem Grundsatz des „sacred trusts" war den Briten eine gleichsam vormundschaftliche Fürsorge für Palästina übertragen, wobei die Art der Verwaltung von ihnen bestimmt wurde.[16]

Noch im Sommer schrieb Fellinger in einem seiner Briefe nach Wien, daß er trotz seiner Stellung im Patriarchat in Hinblick auf das Hospiz sehr vorsichtig sein müsse, würden Deutsche und Österreicher doch trotz des Friedensvertrags a priori als „verdächtig" bzw. als „Feinde" behandelt.[17] Erst als Herbert Samuel Chef der zivilen Mandatsverwaltung in Palästina wurde und einige Zeit später bekanntgab, daß Deutsche und Österreicher ihre religiösen Institute wieder zur Gänze erhalten würden, entspannte sich die Situation.

Der inzwischen zum Patriarchen ernannte Bischof Barlassina war im Frühjahr 1920 zu einer längeren Europareise aufgebrochen. Damit übernahm Fellinger bis Mitte Juli zum zweiten Mal die interimistische Leitung der Diözese.[18] Obwohl er wieder im Patriarchat wohnte, kam er täglich ins Hospiz, um nach dem Rechten zu sehen.

In diesen Tagen kam es zu den ersten blutigen judenfeindlichen Unruhen in Jerusalem.[19] Direkt an der Gartenmauer des Pilgerhauses wurden vier Rabbiner überfallen. Nur unweit davon, bei der vierten Kreuzwegstation, gingen zwei jüdische Häuser, die als Talmudschulen fungierten, in Flammen auf. Im Hospiz fürchtete man, daß Feuerfunken überspringen könnten, was glücklicherweise nicht passierte. Erst mit dem Eintreffen britischer Truppenverstärkungen wurde die Ruhe wiederhergestellt. Zahlreiche jüdische Bewohner Jerusalems fanden bei diesen bis dahin schwersten Ausschreitungen im April 1920 den Tod.[20]

An eine Wiederaufnahme des Pilgerbetriebs war zu diesem Zeitpunkt nicht zu denken. Vor die Notwendigkeit gestellt, dem Haus Einkünfte zu verschaffen, mußte sich Fellinger entscheiden, das Gebäude entweder der britischen Mandatsmacht zur Einrichtung von Büros zur Verfügung zu stellen oder es als Pension für britische Beamte und Offiziere zu verwenden. Angesichts der nach dem Krieg spürbaren Raumnot herrschte seitens der Mandatsregierung an beiden Möglichkeiten großes Interesse.

Fellinger entschloß sich für die zweite Option. Seiner Ansicht nach entsprach es eher der Idee des Hospizes als Pilgerhaus, den Briten gegen Bezahlung Kost und Quartier zu geben. Dadurch blieb das Haus unter seiner Leitung und konnte bei Bedarf leichter wieder seinem eigentlichen geistlichen Zweck als Pilgerherberge zugeführt werden.[21]

Schon bald erwies sich Fellingers Kalkül als richtig. Vorerst verlief die Vermietung sehr erfolgreich. Denn im Vergleich zu anderen Städten der Region, etwa Kairo, woher nun zahlreiche Briten kamen, war Jerusalem eine infrastrukturell völlig unterentwickelte Stadt. Hotels, die einen für die Engländer adäquaten Standard aufwiesen, gab es kaum. Daher waren bereits Anfang 1921 alle zur Verfügung stehenden Zimmer im Hospiz besetzt. Insgesamt waren es zu diesem Zeitpunkt 19 Gäste, die durchwegs in Einzelzimmern untergebracht waren. Großteils handelte es sich um ehemalige britische Offiziere, die nun als Zivilbeamte im Dienst der Mandatsverwaltung standen und die je nach Lage und Größe des Zimmers zwischen 60 und 80 Piaster pro Tag zahlten, was gegenüber den Hotels der Stadt ungefähr um ein Viertel billiger war. Mit den dadurch erzielten Einnahmen konnte Fellinger nicht nur den laufenden Betrieb decken, sondern auch notwendige Reparaturen am Haus durchführen und erstmals seit 1914 auch Neuanschaffungen finanzieren.[22] Sobald der Pilgerbetrieb im Laufe der zwanziger Jahre wieder anzulaufen begann, reduzierte Fellinger sukzessive die Zahl der ständigen Pensionäre. Einige wenige sollten allerdings noch geraume Zeit im Pilgerhaus wohnen.

Zur Aufrechterhaltung des Betriebs beschäftigte Franz Fellinger jetzt auch wieder zahlreiches Dienstpersonal. Außer den vier Borromäerschwestern waren fünf weibliche Dienstboten, der frühere Kawass, ein Gärtner und eine weitere Hilfe sowie zwei Wäscheaushelferinnen im Hospiz beschäftigt. Für den Rektor war es nun wieder erforderlich, ständig im Pilgerhaus zu wohnen, um seine zahlreichen Bediensteten zu koordinieren. Über besonderen Wunsch des Partriarchen behielt er aber seine Funktion als Pro-Generalvikar in der Diözese und wurde insbesondere mit solchen Arbeiten betraut, die sich vom Hospiz aus erledigen ließen.[23]

Daß es in den schwierigen Umbruchsjahren zwischen 1917 und 1920 gelang, das Hospiz als eine österreichische Einrichtung zu erhalten, war in erster Linie ein Verdienst seines Rektors Franz Fellinger. Durch sein kluges und weitblickendes Verhalten hatte er es verstanden, das Haus über die Kriegs- und Nachkriegswirren hinüberzuretten. Nach Ende des Ersten Weltkrieges tauchten aber auch von anderer Seite Begehrlichkeiten in bezug auf das Hospiz auf. Denn verschiedentlich entstand in den Nachfolgestaaten der Monarchie der Gedanke, Besitzansprüche auf das Hospiz geltend zu machen. Schon im Jahr 1919 wurde Fellinger in Jerusalem immer wieder indirekt und auch direkt von italienischer und ungarischer Seite mit Fragen nach den Eigentumsverhältnissen konfrontiert, wobei sich auch die von italienischen Franziskanern dominierte Kustodie wieder gewisse Hoffnungen machte.[24] Der Rektor, der sofort wußte, woher der Wind wehte, betonte nachdrücklich, daß es sich beim „Österreichischen Hospiz", wie er das Pilgerhaus jetzt ausschließlich nannte, um keine Regierungsanstalt, sondern vielmehr um ein vom Wiener Erzbischof gegründetes und erhaltenes Privathaus handle. Überdies war das Hospiz vom Patriarchen auf Betreiben Fellingers zu einer Anstalt der katholischen Kirche erklärt und als solche von den Briten anerkannt worden. Dies hatte zur Folge gehabt, daß das Haus Ende 1919 – entsprechend einer das kirchliche Eigentum betreffenden Bestimmung der Pariser Vororteverträge – nicht wie der sonstige deutsche, österreichisch-ungarische und bulgarische Besitz der „Feindstaaten" des Krieges sequestriert, das heißt beschlagnahmt und unter britische Zwangsverwaltung gestellt worden war.[25]

Auch in Wien kam es zu ähnlichen Entwicklungen, wurden doch seitens des Liquidierungskommissärs der Tschechoslowakei Ansprüche auf Einräumung eines Miteigentums am Hospiz und auf Teilnahme an der Verwaltung erhoben. Sowohl im Staatsamt für Inneres als auch im Staatsamt für Unterricht und Kultus wurden daraufhin eingehendere Untersuchungen angestellt. Für die Unterrichtsverwaltung erstellte der angesehene Moraltheologe Franz Martin Schindler, zu diesem Zeitpunkt Konsulent für Kirchenangelegenheiten im Ressort, ein ausführliches Gutachten, das ausgehend von der Entstehung des Hauses die Rechts- und Besitzverhältnisse klar zutage legte und in der Folge für den österreichischen Rechtsstandpunkt maßgeblich sein sollte.[26] Demnach betrachtete die Republik Österreich das Pilgerhaus als ein aus kirchlichen Mitteln errichtetes Institut, das als kirchliche Anstalt einzustufen war. Spätestens mit der seit der 1895 erfolgten Loslösung vom Generalkommissariat des heiligen Landes, der Unterstellung unter die Jurisdiktion des Wiener Erzbischofs und der Errichtung des Kuratoriums kam ihm insoweit Rechtspersönlichkeit zu, als es sich um eine inländische juristische Person handelte, auf deren Vermögen keiner der Nachfolgestaaten der Monarchie Ansprüche welcher Art auch immer erheben konnte.

Im Oktober 1921 erneuerte die Tschechoslowakei ihre Forderungen mit der Begründung, daß das Hospiz auf Grund der aus dem Gebiet der ehemaligen Kronländer Böhmen und Mähren aufgebrachten Mittel ein Vermögensobjekt der Gesamtmonarchie wäre.[27] Am Ballhausplatz blieb man bei dem einmal eingenommenen Rechtsstandpunkt. Das Ansuchen des tschechischen Liquidierungskommissärs auf Ausfolgung der einschlägigen Akten wurde abgelehnt, doch hatte man gegen eine Einsichtnahme im Außenministerium nichts einzuwenden. Im September 1922 wandte sich die Tschechoslowakei in der Person ihres Gesandten in Konstantinopel mit einer offiziellen Anfrage nach den Eigentumsverhältnissen an Patriarch Barlassina.[28] Darin hieß es, daß sich angesichts der stetig wachsenden Zahl der Pilger aus der Tschechoslowakei das Land lebhaft für das Hospiz interessiere. Fellinger, dem dies nicht verborgen blieb, sah darin

„einen geplanten Anschlag gegen das Hospiz“ und leitete die Angelegenheit sofort nach Wien weiter.[29] Der Patriarch reagierte mit Rücksichtnahme auf die Interessen seines Vertrauten Fellinger und verwies den tschechischen Gesandten bezüglich der gewünschten Auskunft an den Erzbischof von Wien.[30]

Trotzdem war Fellinger zu diesem Zeitpunkt einigermaßen beunruhigt, gab es doch keine grundbücherliche Beurkundung des Eigentumsrechts des Erzbischofs von Wien in Jerusalem. Der österreichische Konsul Pizzamano hatte seinerzeit das Rechtsgeschäft abgeschlossen und danach – wie damals im Osmanischen Reich nicht unüblich – die Eigentumsrechte abgetreten. Deshalb bemühte sich Fellinger, wenigstens nachträglich bei den zuständigen Stellen der Mandatsmacht das Eigentumsrecht grundbücherlich verankern zu lassen.[31]

Während also die Bemühungen des tschechischen Staates auf Grund der völkerrechtlich ziemlich eindeutigen Lage im Sand verliefen, nahm diesbezüglich der tschechische Episkopat durch den Bischof von Brünn, Norbert Klein, 1923 Kontakt mit Kardinal Piffl in Wien auf. Dieser konnte sich hier schon deshalb nicht gänzlich abweisend verhalten, weil auch nach dem Auseinanderbrechen der Monarchie nicht unwesentliche Spendengelder aus den Diözesen der nunmehrigen Tschechoslowakei in das Hospiz flossen. Nachdem er die Angelegenheit im Rahmen der Bischofskonferenz mit den anderen österreichischen Bischöfen beraten hatte, gestand Piffl Anfang 1924 den tschechoslowakischen Katholiken und ihrem Episkopat auch formell gewisse Mitsprache- und Mitnutzungsrechte am Pilgerhaus zu.[32] Dazu gehörten etwa eine Vertretung im Kuratorium, wie sie auch den Ungarn und Slowenen eingeräumt wurde, die in Aussicht gestellte Ernennung eines aus der Tschechoslowakei kommenden Vizerektors und die Herausnahme der expliziten Bezeichnung „österreichisches“ aus dem Titel des Pilgerhauses. An den Besitzverhältnissen änderte sich allerdings nichts.

Dessen ungeachtet kursierten in der zweiten Hälfte der zwanziger Jahre wiederholt Gerüchte, Vermutungen und Spekulationen, wonach sich die Tschechoslowakei in Jerusalem in der einen oder anderen Form engagieren würde. Die Palette reichte von angeblichen Plänen, das Österreichische Hospiz zu übernehmen – worüber der österreichische Konsul in Jerusalem mehrmals an Bundeskanzler Seipel nach Wien berichtete – bis zur Vermutung Fellingers, die Tschechen würden ein eigenes Pilgerhaus und eine Schule in Jerusalem errichten.[33] Die schon erwähnten beträchtlichen tschechischen Spendengelder an das Hospiz und der im Jahr 1928 auf Grund der Zusage Piffls tatsächlich ernannte tschechische Vizerektor Anton Kleveta nährten diese Gerüchte.[34]

Schon ein Jahr zuvor hatte es auch einen offiziellen ungarischen Versuch gegeben, Ansprüche auf das Hospiz anzumelden. Doch auch hier wurde von Österreich der ungarischen Regierung nüchtern mitgeteilt, daß das Pilgerhaus als eindeutig kirchliche

Institution vertraglich von der staatlichen Liquidierung ausgenommen und der autonomen Regelung der Kirche überlassen sei.[35]

DIE KURZE RENAISSANCE DES PILGERBETRIEBS

Ab 1924 kam das Pilgerwesen schrittweise wieder in Schwung. Das Haus wurde zunächst Anlaufstelle für Pilgergruppen, die aus der Tschechoslowakei, Deutschland und der Schweiz kamen. Die erste Pilgergruppe, die nach dem Krieg wieder im Hospiz Quartier nahm, zählte 23 Personen und kam aus der Tschechoslowakei. Die Besucher hielten sich zwischen 29. April und 8. Mai 1924 im Heiligen Land auf.

Erst 1926 wurden erneut Wallfahrten aus Österreich veranstaltet. Die Anzahl der Pilgerfahrten überstieg in der zweiten Hälfte der zwanziger Jahre und in den dreißiger Jahren jene der Vorkriegszeit. Für alle Gruppen galt allerdings, daß sie nicht auch nur annähernd jene Größe hatten, wie das bei den seinerzeitigen Volkswallfahrten der Fall gewesen war.

Was die Anreise betraf, gab es mittlerweile mehrere Möglichkeiten, die bei hohem Seegang bisweilen nach wie vor unangenehme Ausschiffung in Jaffa zu umgehen. Durch die von den Briten fertiggestellte durchgehende Bahnverbindung von Ägypten konnte man sich in Alexandria ausschiffen und von dort in einer siebzehnstündigen Bahnfahrt nach Jerusalem gelangen. Die zweite Option bestand darin, in Beirut an Land zu gehen und über Damaskus, das mittlerweile ebenfalls durch eine direkte Bahnlinie mit Jerusalem verbunden war, die Heilige Stadt zu erreichen. Schließlich gab es auch den ausgebauten Hafen von Haifa, der zur Verfügung stand.

Durch die auch in Palästina Einzug haltende Motorisierung konnten nicht nur die Ausflüge nach Jericho und Bethlehem mit Autos absolviert, sondern auch eine nur drei Tage in Anspruch nehmende Tour durch Galiläa ins Besuchsprogramm aufgenommen werden. Ermöglicht wurde dies durch eine relativ große Zahl von Autos, die in Jerusalem zur Verfügung stand, sowie durch gute Straßen, die die Briten gebaut hatten. All diese Faktoren führten auch dazu, daß die Zahl der nicht oder nur in zweiter Linie als Pilger kommenden Jerusalembesucher, insbesondere solcher aus den Vereinigten Staaten, nach dem Weltkrieg stark zunahm und es nun diese Touristen waren, die in der Reisesaison weit mehr als die Pilgergruppen das Stadtbild prägten. Im Umgang mit den vielfach unkonventionellen und die religiösen Empfindungen nicht immer entsprechend berücksichtigenden Besuchern aus Übersee kam es wiederholt zu Friktionen. Symptomatisch dafür war ein Erlaß des Patriarchen, in dem er alle Vorsteher geistlicher Institutionen Jerusalems streng anwies, darauf zu achten, daß in ihren Häusern keine

Frauen oder Mädchen mit ärmellosen, dekolletierten oder gar kurzen Kleidern verkehrten.[36]

Wie bereits erwähnt, hatte Fellinger im August 1928 erstmals seit dem Kriegsende mit dem aus Mähren kommenden Anton Kleveta wieder einen Vizerektor an seiner Seite. Wiederholt hatte der Rektor um diese Bestellung gebeten, denn er hatte nicht nur alle Administrationsarbeiten des Pilgerbetriebs und der ständigen Pensionäre zu bewältigen – die ihn, wie er einmal schrieb, „ganz an eine Hotel-Verwaltung erinnern" –, sondern er mußte auch die Gruppen zu den Heiligen Stätten Jerusalems führen und war darüber hinaus nach wie vor als enger Vertrauter des Bischofs Barlassina im Patriarchat tätig.[37] Bei der Bestellung des Vizerektors wurde der Usus beibehalten, daß dieser in einem Rotationsverfahren von zwei Jahren aus einer Diözese aus den nunmehrigen Nachfolgestaaten der Habsburgermonarchie kommen sollte. Zweck dieser Regelung war es, weiterhin jungen Theologen neben ihrer Tätigkeit im Hospiz die Möglichkeit zu vertiefenden Bibelstudien im Heiligen Land zu geben, die viele von ihnen nach ihrer Rückkehr auch wissenschaftlich auswerteten.

Insgesamt verfügte das Pilgerhaus Ende der zwanziger, Anfang der dreißiger Jahre über 40 Gästebetten. Dazu kamen noch zehn Betten, die für ständige Pensionäre reserviert und bis 1931 auch großteils in Anspruch genommen wurden.[38] Die Reduktion der Bettenzahl gegenüber der Zeit vor dem Ersten Weltkrieg ergab sich aus dem Umstand, daß in den Räumen, in denen früher vier Personen geschlafen hatten, nun auf Grund der generell anspruchsvolleren Erwartungen nur mehr zwei Besucher untergebracht und die damals als Schlafräume genutzten Unterkünfte im Untergeschoß nicht mehr belegt wurden.

Als Patriarch Luigi Barlassina im April 1928 wieder eine Reise nach Europa antrat, wurde Franz Fellinger abermals zum interimistischen Leiter der Diözese ernannt. Zwar gab es in der Person des Engländers Godric Kean einen Weihbischof, doch hatte der Partriarch zu diesem kein Vertrauen, sodaß er ihn auf die ebenfalls zur Jerusalemer Diözese gehörende Insel Zypern entsandte.[39] Der eigentliche und vertrauliche Zweck der Romreise von Barlassina bestand darin, die Ernennung eines neuen Weihbischofs in Jerusalem zu betreiben. Fellinger war jener Mann, den der Patriarch für diese Position favorisierte und schließlich auch durchsetzen konnte. Der Grund dafür lag einerseits im hohen Ansehen des nunmehr seit 15 Jahren ununterbrochen in Jerusalem amtierenden Rektors des Pilgerhauses, andererseits in der Tatsache, daß den Patriarchen und Fellinger von Anfang an ein enges und ungetrübtes Vertrauensverhältnis verbunden hatte.

Ob Fellinger von Patriarch Barlassina in dessen Absichten eingeweiht worden war, ist nicht sicher. Jedenfalls hatte er sich nichts anmerken lassen. Gegenüber Theodor Innitzer, der damals nicht nur Rektor der Wiener Universität war, sondern als Vorsitzender des Kuratoriums des Pilgerhauses[40] als sein erster Ansprechpartner in Wien fungierte, reagierte Franz Fellinger auf seine Berufung in das Bischofsamt jedenfalls gänzlich unvorbereitet.[41]

Auch für die Öffentlichkeit in Jerusalem, die viel eher mit der Ernennung eines italienischen, spanischen, englischen oder eines französischen Geistlichen gerechnet hatte, kam es völlig überraschend, als im März 1929 bekannt wurde, daß die Wahl auf Fellinger gefallen war. Demonstrativ blieben der französische und der italienische Konsul der Konsekration Fellingers am 7. April 1929 in der Patriarchatskirche Jerusalems fern.[42]

Bei der Bischofsweihe kam es zu einer nicht unwesentlichen Episode. Als während der feierlichen Zeremonie die päpstliche Bulle mit der Ernennung Fellingers verlesen wurde, enthielt diese alle seine Titel, darunter auch jenen über die Funktion als Rektor des Pilgerhauses, wobei er explizit als „Hospitii Austriacis Rector" bezeichnet wurde. Bei der Verlesung dieses Passus ging ein leichtes Raunen durch die Besucherreihen, war damit doch entgegen allen in Jerusalem kursierenden Gerüchten klargestellt, daß von einer tschechischen Übernahme des Hospizes keine Rede sein konnte und auch seitens des Vatikans die Besitzansprüche des Erzbischofs von Wien anerkannt waren.[43]

Hinsichtlich des Pilgerhauses ergaben sich durch die Ernennung Fellingers keine unmittelbaren Konsequenzen. Es war von Anfang an klar und auch so beabsichtigt, daß Fellinger auch als Weihbischof seine Funktion im Pilgerhaus weiter behalten würde. Von der täglichen Arbeit wurde er ohnedies durch den Vizerektor in gewissem Umfange entlastet, was ihm nun umso mehr zugute kam. Sein Aufstieg zum Weihbischof bedeutete für das Pilgerhaus freilich einen großen Prestigegewinn.

Wie sehr sich Fellinger auch weiterhin für „sein" Hospiz einsetzte, wird an Hand seiner Bemühungen um bauliche Veränderungen für das Haus deutlich. Der Rektor griff, sobald sich die politische und wirtschaftliche Situation sowohl in Österreich als auch in Palästina Mitte der zwanziger Jahre wieder einigermaßen beruhigt hatte, seine alten Pläne betreffend den Aufbau eines zweiten Stockwerks zur Erhöhung der Aufnahmekapazität des Hospizes wieder auf. Zusätzlichen Ansporn in seinen Bemühungen erhielt er durch den Umstand, daß das Pilgerhaus zu den Spitzenzeiten, etwa während der Karwoche, nun wieder voll ausgebucht war.[44] Freilich gab es auch Stimmen, wie etwa jene des österreichischen Generalkonsuls Walter Haas, die keine unmittelbare Notwendigkeit für den Aufbau sahen.[45]

Anfang 1929 traten die Pläne Fellingers in ein konkretes Stadium.[46] In einem ersten Schritt wurden schon in den Wintermonaten 1929/1930 den strengen britischen Vorschriften entsprechende, neue Sanitäranlagen in den schon bestehenden Stockwerken installiert. Weiters erfolgte die Modernisierung der Küche sowie die Verlegung und Neugestaltung des Speisesaales. Eine andere wichtige Modernisierung des Hospizes,

Patriarch Luigi Barlassina, Weihbischof Franz Fellinger und eine Pilgergruppe im Patriarchat, 1934

nämlich die Elektrifizierung des Hauses, war bereits im Jahre 1923 durchgeführt worden. Als dann von seiten Wiens die Zustimmung zum Aufbauprojekt kam und sich Fellinger schon auf den Beginn der Bauarbeiten einstellte, tauchten plötzlich Schwierigkeiten mit der britischen Mandatsverwaltung auf. In Jerusalem hatte sich mit den Engländern eine vom Rektor des Pilgerhauses immer wieder beklagte Bürokratie breitgemacht. Die Behörden erließen nun im Jänner 1930 unerwartet für die Altstadt Jerusalems neue, restriktive Baubestimmungen. So durfte etwa die Höhe eines Hauses die doppelte Breite der angrenzenden Straße nicht übersteigen. Damit wäre die geplante Aufstockung unmöglich geworden. Sofort nachdem Fellinger am 9. Mai 1930 den diesbezüglichen Bescheid, mit dem die Baubewilligung versagt wurde, erhalten hatte, begann er unter Ausnützung all seiner Beziehungen auf eine Revision hinzuarbeiten.[47] Vor allem über die ständigen Pensionäre, die durchwegs britische Beamte waren, hatte er gute persönliche Kontakte zu einigen Vertretern der Mandatsmacht. Er argumentierte, daß es sich beim Hospiz um ein öffentliches Gebäude handle, das von den strengen Bauvorschriften auszunehmen war, und reichte einen modifizierten Entwurf ein, bei dem vor allem auf zwei ursprünglich projektierte Kuppeln verzichtet wurde.[48] Es dauerte bis Jänner 1931, ehe Fellinger von der Mandatsbehörde doch noch die Baubewilligung erhielt.[49]

Der zur Ausführung gelangende Plan stammte von einem jungen Architekten aus Wien, Leopold Krakauer, der unter anderem, besonders was die innere Ausführung anlangte, auch Entwürfe des Wiener Hochschulprofessors Alfred Keller zu Hilfe nahm. Dessen Plan war dem ursprünglich abgelehnten Antrag zugrunde gelegen. Während Keller aber das zusätzliche Stockwerk mit zwei Kuppeln und einem weiteren Aufbau für einige Zimmer über der Mittelachse abgeschlossen hätte, beschränkte sich Krakauer auf den schlichten Zubau eines zweiten Stockwerkes, das, wiederum mit einem Flachdach abgeschlossen, den ursprünglichen Charakter des Hauses und der Fassade weitestgehend bewahrte.

Da die britische Bauerlaubnis mit einem Jahr befristet war, mußte Fellinger trachten, so rasch wie möglich zur Tat zu schreiten. Dies galt auch für die finanzielle Seite des Projekts. Das Geld für den Aufbau trieb Fellinger von verschiedenen Stellen auf. Er selbst hatte durch die Vermietungen und den wieder in Schwung gekommenen Pilgerbetrieb gewisse Rücklagen anlegen können. Mit einem größeren Betrag konnte er von tschechischer Seite rechnen, was prompt zu erneuten Gerüchten führte, im Gegenzug würden Eigentumsrechte am Haus an die Tschechoslowakei oder die tschechische Kirche abgegeben.[50] Weiters erhielt Fellinger finanzielle Hilfe aus Wien, von wo eine Zusage Seipels vorlag, bei der Beschaffung behilflich zu sein. Schließlich war auch der Rektor der österreichischen geistlichen Stiftung Maria del Anima in Rom, Prälat Alois Hudal, bereit, Geld vorzustrecken.[51]

Die prekäre wirtschaftliche Situation im Österreich des Jahres 1931 stellte aber die ursprünglichen Zusagen in Frage. Schließlich fuhr Fellinger persönlich in die Heimat, traf Kardinal Piffl, besuchte zahlreiche andere Bischöfe in Österreich und Ungarn[52] und konnte auf diesem Weg doch noch die erforderlichen Mittel auftreiben, so daß der Aufbau in der vorgesehenen Form 1932 beginnen konnte.[53]

Technisch war die Aufstockung wegen der massiven Bauweise des Pilgerhauses mit seinen tiefen Fundamenten und dicken Gemäuern kein Problem. Architektonisch galt für den Aufbau, daß er nach den Vorstellungen Fellingers „in derselben einfachen, noblen, soliden Bauweise des bereits bestehenden Baues"[54] ausgeführt werden sollte. Dies entsprach auch den Intentionen des Architekten Krakauer. Der Bau sollte sich harmonisch in das Weichbild der Altstadt Jerusalems einfügen, was auch tatsächlich gelang.

Die Arbeiten gingen zügig vonstatten. Die Bauausführung wurde dem ebenfalls aus Wien stammenden Jerusalemer Bauunternehmer Gottlob Bäuerle übertragen. Schon Anfang September 1932 war die neue Decke fertiggestellt,[55] Mitte November dann der

Das Hospiz in den dreißiger Jahren nach dem Aufbau des zweiten Stockwerkes

Aufbau vollendet.[56] Für den Innenausbau erhielt Fellinger im Frühjahr 1933 die Zustimmung des Kuratoriums und die notwendigen Mittel, wodurch die neuen Räume noch Mitte desselben Jahres bezugsfertig waren. Dies traf sich insoferne gut, als beginnend mit 1933 eine neue Besucherwelle nach Jerusalem einzusetzen schien, die die bisherigen Kapazitäten in der Stadt bei weitem überstieg. Doch dämpften die im Oktober desselben Jahres offen ausbrechenden Konflikte zwischen jüdischen Einwanderern und der arabischen Bevölkerung die Besucherströme wieder. Trotzdem beherbergte das Pilgerhaus im darauffolgenden Jahr etwas mehr als 350 Gäste. Neben den 19 Räumen, die zu den bisherigen 22 Gästezimmern dazugewonnen wurden, war es vor allem die nun höher gelegene Dachterrasse, die ob des phantastischen Ausblicks, den man von hier genoß, von Anfang an Bewunderung hervorrief und die Attraktivität des Hauses erhöhte. Daß das Hospiz selbst einen Anziehungspunkt bildete, glich den Nachteil aus, den sein Standort inmitten der Altstadt nun im Gegensatz zu früheren Jahren mit sich brachte: Außerhalb der historischen Stadtmauern war eine moderne und mondäne Neustadt mit komfortablen Unterbringungsmöglichkeiten entstanden. Vorausblickend schrieb Fellinger Anfang 1935:

> „Bald wird es zwei Jerusalem geben: Altjerusalem, mit seinen Christen, Juden und Moslims, heiligen Sanktuarien und historischen Sehenswürdigkeiten, und Neu-Jerusalem, eine moderne Stadt mit modernen Häusern, großen Geschäftsanlagen und Schaufenstern, Handelshäusern, Theatern, Kinos und seinen Lascivitäten ...“.[57]

Diese Entwicklung brachte nicht nur mit sich, daß die britischen Dauerpensionäre das Hospiz in Richtung Neustadt verlassen hatten, auch das Hospiz mußte seine Einstellung gegenüber den Gästen revidieren: Touristen konnten nicht mehr wie früher als wenig erwünschtes Anhängsel zum Pilgerbetrieb empfunden werden, sondern man mußte sich seitens des Hauses bemühen, möglichst viele von ihnen zwecks hoher Auslastung zu gewinnen. Fellinger war sich dessen völlig bewußt, wenn er schrieb:

> „Durch diese geänderten Verhältnisse entstehen auch für die Leiter des Hospizes neue Pflichten und Arbeiten: nicht nur auf die Pilgerkarawanen Rücksicht nehmen und auf die im Hospize absteigenden Gäste, und so durch intensive seelsorgliche Tätigkeit dem Hospize Freunde zu erwerben, sondern auch auf die Touristen Rücksicht zu nehmen und deren erfüllbare Wünsche nach Bequemlichkeit.“[58]

In der Zwischenzeit waren aber auch verschiedene Fragen der inneren Hospizverwaltung virulent geworden, die einer Lösung harrten. Ein solcher Problemkreis betraf die im Hospiz tätigen geistlichen Schwestern. Schon 1923 war es erstmals zwischen Fellinger und der Oberin der Orientprovinz der Borromäerinnen zu einem Zerwürfnis über die Besetzung der Schwesternstellen im Hospiz gekommen. Seitdem die Oberin damals gedroht hatte, ihre Schwestern aus dem Hospiz abzuziehen, trug sich Fellinger mit dem Gedanken, von sich aus einen Wechsel herbeizuführen und eine österreichische Frauenkongregation für den Dienst im Pilgerhaus zu gewinnen. Als er im gleichen Jahr nach Österreich kam, besprach er die Angelegenheit mit Kardinal Piffl und versuchte, die in der Hauswirtschaft bewährten Kreuzschwestern zu gewinnen, was aber nicht gelang. 1931 wurde er bei seinem Aufenthalt in Österreich in dieser Angelegenheit neuerlich aktiv und kontaktierte die in seiner engeren Heimat Oberösterreich ansässigen Schulschwestern des Dritten Ordens des Heiligen Franziskus in Vöcklabruck.[59] Da ihm Kardinal Piffl diesbezüglich freie Hand gelassen hatte und sich die General-Oberin interessiert zeigte, begannen nähere Unterhandlungen,

Theodor Innitzer, Kurator des Hospizes und Erzbischof von Wien

die bereits unmittelbar vor einem positiven Abschluß standen, als Kardinal Piffl im April 1932 starb.

Für das Pilgerhaus war es ein Glücksfall, daß niemand anderer als sein Kurator, nämlich Theodor Innitzer, die Nachfolge als Erzbischof von Wien antrat. Denn Innitzer kannte – im Gegensatz zu seinen Vorgängern – Jerusalem aus eigener Anschauung und brachte dem Hospiz große Sympathie entgegen. Überdies verband ihn auch mit Fellinger eine freundschaftliche Beziehung. Daher kam auch von ihm in der Schwesternfrage keinerlei Einwand.

Anders als in den Jahren vor dem Weltkrieg hatte Fellinger auf Grund seiner Stellung und seines Vertrauensverhältnisses zu Patriarch Barlassina auch keine Probleme, die Ansiedlung der Ordensschwestern im Hospiz in Jerusalem durchzusetzen.[60] Nachdem auch die Congregatio de Propaganda fide in Rom zugestimmt hatte, konnte der Schwesternwechsel im Laufe des Jahres 1933 stattfinden: Am 24. April 1933 kamen fünf Vöcklabrucker Schwestern und ein Küchenmädchen an, einen Tag später schieden die drei

Borromäerinnen schweren Herzens aus dem Hospiz.[61] Daß durch die Anwesenheit österreichischer Schwestern der Charakter des Pilgerhauses als österreichisches Institut unterstrichen wurde, sollte sich in den folgenden Jahrzehnten als besonders glücklicher, ja sogar als existenzsichernder Umstand erweisen.

Ebenfalls 1933 wurden vom Kuratorium neue Hospizstatuten beschlossen. Im wesentlichen waren darin jene Privilegien für die Nachfolgestaaten der Monarchie festgeschrieben, die Kardinal Piffl schon 1924 bestimmt hatte. So wurde als offizieller Name des Hauses „Hospitium Sanctae Familiae" festgelegt und betont, daß das Pilgerhaus mit Spenden aus dem Bereich der früheren Habsburgermonarchie begründet worden war und auch künftig mit Mitteln der aus der Monarchie hervorgegangenen Staaten erhalten werden sollte. Umgekehrt wurden gewisse Vorrechte für die aus diesen Ländern kommenden Pilger in den Statuten verankert.[62]

1935 wurde Rektor Fellinger 70 Jahre alt. Durch seine Doppelbelastung als Leiter des Hospizes und als Weihbischof im Patriarchat chronisch überlastet, hatte er bereits Überlegungen angestellt, den Rektorsposten niederzulegen.[63] Am 15. Juni 1935 erlitt er dann während einer Firmungsfeier in Bethlehem eine Herzattacke. Im Spital wurde ein organisches Herzleiden konstatiert, eine Folge der Überbeanspruchung während der vergangenen Jahre, die Fellinger ohne Erholung oder Urlaub – stets zwischen Patriarchat und Pilgerhaus pendelnd – zugebracht hatte.[64] Als er sich langsam wieder erholte, war klar, daß er eine längere Erholungsphase benötigen würde und daher in der Rektorsfrage rasch eine Lösung gefunden werden mußte. Da der Rektor ein Österreicher sein sollte, designierte Kardinal Innitzer den Geistlichen Dr. Franz Haider als eine Art Koadjutor. Dieser traf im Juli 1935 in Jerusalem ein und sollte vorderhand den rekonvaleszenten Fellinger in der Leitung des Hauses unterstützen.[65] Als dieser im Herbst 1935 einen Rückfall erlitt, übergab er mit Wirkung vom 1. Oktober sein Amt an Haider, wohnte aber bis 1937 weiter im Hospiz. Der neue Rektor hatte zuletzt Seelsorgefunktionen in Wien und Niederösterreich bekleidet und war ausgebildeter Orientalist. Er hatte bereits mehrere Jahre in Beirut verbracht, so daß ihm der Nahe Osten wohlvertraut war. Fellinger und das Hospiz kannte er von früheren Besuchen in Jerusalem.

Im August 1935 fand die größte Pilgerfahrt aus Österreich während der Zwischenkriegszeit statt. Anläßlich der Einweihung des österreichischen Stiftungsaltars in der Krypta der Dormitio-Kirche am Berg Sion kamen unter der Leitung des Generaldirektors des katholischen Volksbundes, des einflußreichen Prälaten Jakob Fried, 165 Pilger, unter ihnen der Wiener Weihbischof Franz Kamprath, in die Heilige Stadt.[66]

Nach diesem hoffnungsvollen Auftakt seiner Tätigkeit im Hospiz sah sich Haider aber bald mit einer Kette von Ereignissen konfrontiert, die den Pilger- und Fremdenverkehr stark einschränkten, wenn nicht überhaupt zum Erliegen brachten. Den An-

Weihbischof Franz Fellinger, der Generaldirektor des Volksbundes Msgr. Jakob Fried (links) und eine Pilgergruppe vor dem Hospiz, 1929

fang machte der italienisch-abessinische Krieg, der im Herbst 1935 ausbrach. Obwohl Palästina davon in keiner Weise berührt war, hatte er doch zur Folge, daß der Reiseverkehr, vor allem aus dem angloamerikanischen Raum, fast völlig zum Stillstand kam. Im Frühjahr 1936 lebte der Besucherstrom für wenige Wochen wieder auf, ehe er erneut, diesmal durch die Ereignisse in Palästina selbst, unterbrochen wurde. Denn Mitte April 1936 brach der sogenannte „Arabische Aufstand", der bis zum August 1939 dauern sollte, mit blutigen Ausschreitungen aus. Die Ursachen für die gewaltsame Erhebung lagen in der seit der nationalsozialistischen Machtübernahme in Deutschland intensivierten jüdischen Einwanderung nach Palästina in den dreißiger Jahren und der Bildung radikaler arabischer Gruppierungen.[67] In Jerusalem wurde ab 19. April 1936 von der arabischen Bevölkerung ein Generalstreik ausgerufen. Die Spannungen in der Stadt nahmen von Woche zu Woche zu: Morde, Brandanschläge, nächtliche Schießereien, Sabotageaktionen an der Eisenbahn, der Wasserleitung, den Telefon- und Telegraphenleitungen waren an der Tagesordnung. Auf Grund einer tragischen Verwechslung wurde auch ein Angehöriger des Hospizes, der in Wien geborene Diener Karl Breitinger, Opfer des Terrors zwischen Juden und Arabern. Um in der Altstadt vor arabischen Freischärlern sicher zu sein, trug er eine arabische Kopfbedeckung. Unvorsichtigerweise ließ er diese auch aufgesetzt, als ihn am 18. Mai sein Weg in die jüdische Neustadt führte. Dort wurde er für einen Araber gehalten und rücklings von einem Unbekannten erschossen. Von den Arabern als Märtyrer ihrer Sache angesehen, wurde sein Begräbnis am katholischen Friedhof am Berg Sion zu einer politischen Kundgebung umfunktioniert.[68]

Aber auch das Hospiz selbst blieb von Beeinträchtigungen nicht verschont. Fensterscheiben gingen in Brüche, als arabische Jugendliche mit Steinschleudern das Haus unter Beschuß nahmen.[69] Trotzdem war die Stimmung im Pilgerhaus ganz zugunsten der Araber, wobei Rektor Haider, aber auch die Schwestern der Politik der britischen Mandatsmacht die Hauptverantwortung für das Blutvergießen zuschrieben.[70]

Im Laufe des Jahres 1936 kam es in der Altstadt immer wieder zu schweren Auseinandersetzungen zwischen britischen Einheiten und den aufständischen Arabern. Sukzessive richteten sich die Gewalttaten der Araber aber nicht mehr nur gegen die jüdische Bevölkerung, sondern auch gegen die britische Mandatsmacht. Erst im Oktober 1936 endete der Streik, und die Lage entspannte sich, sodaß Anfang 1937 wieder Besucher ins Hospiz kamen. In der ersten Jahreshälfte gab es vereinzelt Auseinandersetzungen, von denen Fremde aber völlig unbehelligt blieben. Insbesondere seit der Vorlage des sogenannten Peel-Berichts, der die Teilung des Landes und die Schaffung einer neutralen britischen Pufferzone vorsah, richteten sich die arabischen Gewalttaten vermehrt gegen britische Ziele. Angesichts der Tatsache, daß das Hospiz mitten in der arabischen Altstadt lag und in den dreißiger Jahren der größte Besucheranteil aus der angloamerikanischen Welt kam, bedeutete dies eine auch wirtschaftlich besorgniserregende Entwicklung.

An der Jahreswende 1937/38 herrschte angesichts der instabilen und weiterhin explosiven politischen Situation in Palästina ein großes Maß an Ungewißheit im Hospiz. In der Chronik des Hauses notierte Rektor Franz Haider:

> „Die politische Lage hat sich 1937 nicht gebessert, sondern noch verschlechtert. … Trotz der politischen Verhältnisse war die wirtschaftliche Situation des Hospizes gut. Wir haben 498 Gäste beherbergt, manche von ihnen wochen-, ja monatelang … Wer weiß, ob die Zukunft des Hauses sich so gut gestalten wird!“[71]

Die bösen Vorahnungen Haiders sollten sich bald bewahrheiten, wobei die tragische Entwicklung der folgenden Jahre durch die weiter eskalierenden Spannungen innerhalb Palästinas, in noch größerem Maße aber durch den Lauf der Dinge in Europa, insbesondere durch den Zweiten Weltkrieg, bestimmt wurde.

König Hussein zu Besuch in der Kapelle des Pilgerhauses, 1961.
Rechts die Vöcklabrucker Schulschwester Liliosa Fasching

Das Hospiz in fremder Hand

„ENEMY PROPERTY" IM ZWEITEN WELTKRIEG

Sobald Österreich durch die Ereignisse des 11. März 1938 und zwei Tage später durch seine Einverleibung in das Deutsche Reich aufgehört hatte zu existieren, mußte sich auch die Frage nach dem weiteren Schicksal des Hospizes und nach seiner rechtlichen Basis ebenso wie nach seiner wirtschaftlichen Fundierung stellen. Zwar stand, was sich ja schon in der Vergangenheit als bedeutungsvoller Umstand erwiesen hatte, außer Frage, daß das Pilgerhaus keine staatliche Institution, sondern eine rein kirchliche Anstalt war; dennoch war sein Schicksal eng an die politischen Rahmenbedingungen geknüpft, die in Mitteleuropa herrschten: Welche Entwicklung würde der Pilgerverkehr ins Heilige Land nehmen? Würden das allgemeine Wohlwollen und die Unterstützung, derer sich das Hospiz seitens des österreichischen Staates stets erfreut hatte, eine Fortsetzung finden? Wie würde es mit der bereits geschilderten Einbindung kirchlicher Stellen der Nachfolgestaaten des ehemaligen Habsburgerreiches bei der Finanzierung und Verwaltung des Hospizes weitergehen?

Durch den „Anschluß" hatte sich das politische Umfeld ganz eindeutig zuungunsten der katholischen Kirche verschoben, auch wenn dies anfangs von den Betroffenen nicht immer so gesehen wurde. Prälat Franz Hlawati, der Kurator des Pilgerhauses, gab sich in den ersten Wochen nach den Märzereignissen davon überzeugt, daß sich in den kirchlichen Verhältnissen allgemein und für das Hospiz im besonderen keinerlei Veränderungen ergeben würden. Wie Kardinal Innitzer hielt auch er es für das beste, vorderhand prinzipielle Fragen bezüglich des Pilgerhauses möglichst nicht anzuschneiden.[1] Besorgt gegenüber Franz Haider äußerte sich hingegen das tschechische Mitglied des Kuratoriums, Prälat Bartos aus Brünn. Er prophezeite dem Rektor schwere Zeiten für das Hospiz.[2]

Haider selbst fand sich in Jerusalem mit der neuen politischen Situation in der Heimat nolens volens ab. Er absolvierte seinen Antrittsbesuch beim deutschen Konsul, erläuterte diesem den Status des Hauses und versuchte klarzustellen, daß sich an der rechtlichen Lage des Hospizes durch die politischen Ereignisse in der Heimat keine Veränderungen ergeben hätten. Im übrigen war es für ihn selbstverständlich, beim eingebürgerten Namen „Austrian Hospice“ zu bleiben, auch wenn Österreich selbst nicht mehr existierte.

Die Frage, wie es mit den Pilgerfahrten in das Hospiz weitergehen würde, stellte sich in diesen Wochen und Monaten nicht. Denn angesichts der Entwicklung in Palästina war an Reisen in das Heilige Land ohnedies nicht zu denken. Schon im Frühjahr 1938 war die Lage aufs höchste gespannt, und selbst Haider zeigte dafür Verständnis, daß eine nach der anderen der angemeldeten Reisegruppen ihren Besuch absagte. Die Situation verschlechterte sich im Sommer immer mehr, bis schließlich der „Arabische Aufstand“, der unter keinerlei einheitlichem Kommando stand und keine koordinierte militärische Führung besaß, eskalierte und völlig außer Kontrolle geriet. Dies hing nicht zuletzt damit zusammen, daß die britische Regierung das sogenannte „Oberste Arabische Komitee“ aufgelöst und die Führungspersönlichkeiten der Palästinenser nach Rhodesien und auf die Seychellen deportiert hatte. Lediglich dem Mufti von Jerusalem gelang es, sich der Verhaftung durch Flucht zu entziehen. In der Folge weitete sich der Aufstand aus und wurde mehr und mehr auch zu einem Konflikt rivalisierender palästinensisch-arabischer Gruppierungen.[3]

Bereits Ende August 1938 waren die Jerusalem umgebenden Dörfer in der Hand der Aufständischen.[4] Die Freischärler, die als Guerilla-Gruppen operierten, verübten eher willkürlich Überfälle, Mordanschläge und Sabotageakte. Die britischen Vergeltungsmaßnahmen verliefen zwar durchwegs drakonisch, gingen aber zumeist ins Leere. Im September wurde auch die Lage in der arabischen Altstadt Jerusalems und damit für das Hospiz immer prekärer. Den Aufständischen gelang es zunehmend, den britischen Polizeikräften das Heft aus der Hand zu nehmen. Am 15. Oktober 1938 erschienen bewaffnete Araber an allen wichtigen Punkten der Altstadt, besetzten die Hausdächer und erwarteten die Briten. Diese verfügten nicht über ausreichende Kräfte, um den riskanten Kampf in den engen und verwinkelten Gassen aufzunehmen. Sie schlossen deshalb das einzige noch offene Tor, das Damaskustor, und überließen die Altstadt vier Tage lang sich selbst. Dort brach daraufhin völlige Anarchie aus. Schießereien, Plünderungen und Racheaktionen rivalisierender palästinensischer Gruppen machten für die Bewohner des an einem neuralgischen Punkt der Altstadt gelegenen Hospizes diese Tage und vor allem die Nächte zu einem einzigen Alptraum. Haider nannte sie „Tage des Schreckens, ... der Herrschaft bewaffneter, fanatischer Rotten und vollkommener Abgeschlossenheit von der Außenwelt.“[5] Das Schwesternhaus trug drei Einschüsse davon, und eine Kugel drang in die Hospizmauer ein, als Haider hinter dem Haus gerade sein Brevier betete. An ein Verlassen des Hospizgeländes, dessen hohe Mauern sich bezahlt machten, war auch tagsüber nicht zu denken. In den Nächten kam es unmittelbar an den Hospizmauern zu grausamen Mordanschlägen.

Leibesvisitation Verdächtiger in der Altstadt Jerusalems, 1936

Als britische Soldaten in einer Stärke von 3.000 Mann endlich in die Altstadt eindrangen, vermieden die Freischärler den offenen Kampf und zogen sich in ihre Verstecke zurück. Es dauerte abermals vier Tage, bis die Briten die Gassen Jerusalems einigermaßen unter Kontrolle hatten. Der Platz vor dem Hospiz war nun ständig von britischen Truppen besetzt, die in den folgenden Tagen alle Häuser, auch das Hospiz, genauestens nach Waffen und Munition durchsuchten.

So wie im Falle der Altstadt Jerusalems mußten die Briten überall in Palästina erst Verstärkungen aus Ägypten und England heranziehen, ehe es gelang, bis Ende 1938 wieder einigermaßen die Herrschaft über das Land zu erringen. Die Überfälle und Sabotageaktionen gingen aber noch acht Monate lang weiter, und der Ausnahmezustand beziehungsweise die Ausgangssperren gehörten daher im Hospiz für den Rektor und die Schwestern zum Alltag.

Franz Haider war sich schon unmittelbar nach den Ereignissen im Oktober darüber im klaren, daß der Pilgerverkehr nun nicht mehr so rasch wieder zu beleben sein würde, vor allem fürchtete er zurecht, die aus dem englischen Sprachraum kommenden Gäste würden aus Angst vor Racheaktionen künftig die Altstadt als Unterbringungsort mei-

Weihbischof Franz Fellinger, Rektor Franz Haider (links), Vizerektor Andreas Snoj (rechts) und die fünf Vöcklabrucker Schwestern vor dem Hospiz

den. Sarkastisch schrieb er an Kardinal Innitzer: „Die Früchte der Balfour-Declaration schmecken bitter."[6]

Inzwischen hatte sich auch in Europa die Situation dramatisch zugespitzt. Haider ahnte, was im Falle eines Kriegsausbruchs zwischen Großbritannien und Deutschland auf das Pilgerhaus und ihn zukommen würde. Schon Ende September 1938, unmittelbar nach der Konferenz von München, schrieb er, daß er sich am Höhepunkt der Sudetenkrise, als man tatsächlich mit einem Kriegsausbruch rechnete, „im Geiste schon in einem Concentration Camp gesehen"[7] hatte.

Die Situation für das Hospiz verschlechterte sich aber auch dadurch, daß Anfang 1939 das nationalsozialistische Deutschland sein Augenmerk auf das Pilgerhaus zu richten begann. Daß dabei auf den Erzbischof von Wien als Protektor kaum Rücksicht genommen wurde, war eine Folge des seit Herbst 1938 rapide schlechter gewordenen Verhältnisses zwischen den Nationalsozialisten und Kardinal Innitzer. Den Ansatzpunkt für die nationalsozialistischen Aktivitäten hinsichtlich des Pilgerhauses bildete das Einkommen Rektor Haiders, das – wie bisher alle Rektorengehälter – vom Staat aus den sogenannten Kongruamitteln, also den für die Besoldung der Pfarrer bereitgestellten Geldern, bestritten wurde. Seitens der für Kultusangelegenheiten zuständigen Abteilung IV des Ministeriums für innere und kulturelle Angelegenheiten der österreichischen Landesregierung, die seit Herbst 1938 Kurt Krüger, ein Vertrauensmann Martin Bormanns, leitete,[8] wurde, nachdem man die Zahlungen vorerst eingestellt hatte, die Angelegenheit an das Auswärtige Amt nach Berlin weitergespielt.[9] Von seiten der nationalsozialistischen Kultusverwaltung gab es schon deshalb keine Eile, da sich das Problem durch das Anfang 1939 unmittelbar vor seiner Einführung stehende Kirchenbeitragsgesetz ohnedies zumindest teilweise von selbst erledigt hätte.

Den Hintergrund dieser Aktion bildeten aber weitergehende, die Besitzverhältnisse berührende Pläne, die vom Reichsministerium für kirchliche Angelegenheiten in Berlin ausgingen: Das Hospiz sollte nämlich auf den Erzbischof von Köln und den Deutschen Verein vom Heiligen Land, in den schon der bayerische Pilgerverein eingegliedert worden war,[10] übergehen.[11] Diesbezüglich wurden vom Generalsekretär des Deutschen Vereins vom Heiligen Land, Pfarrer Gustav Meinertz, unter Hinweis auf die fehlende grundbücherliche Eintragung des Erzbischofs von Wien in Jerusalem als Eigentümer des Hospizes vielsagende Andeutungen gegenüber dem Kurator Prälat Hlawati gemacht.[12] Meinertz, der nach Jerusalem fuhr, um das Hospiz selbst in Augenschein zu nehmen, handelte dabei im Auftrag des Reichsministeriums für kirchliche Angelegenheiten, welches das Hospiz bis zur geplanten Änderung der Besitzverhältnisse offenbar finanziell auszuhungern beabsichtigte.[13]

In Wien blieb man aber trotz des Drucks hart. Das Pilgerhaus sei kein staatliches, sondern ein rein kirchliches Institut, dessen Statuten nur mit Kuratoriumsbeschluß unter Einbeziehung der darin vertretenen Diözesen der ehemaligen Habsburgermonarchie geändert werden könnten. Die Abhaltung einer Kuratoriumssitzung sei aber allein schon ob der politischen Verhältnisse während des vergangenen halben Jahres unmöglich gewesen, argumentierte man Ende August 1939 gegenüber dem Deutschen Verein vom Heiligen Land.[14] Durch die wenige Tage später eingetretene völlig neue Lage erübrigte sich aber die weitere Diskussion über die Besitzverhältnisse am Hospiz. Denn mit Kriegsausbruch war das Pilgerhaus jeder Einflußnahme seitens des Deutschen Reiches entzogen.[15]

Noch am Tage der Kriegserklärung Großbritanniens an das Dritte Reich, am 3. September 1939, wurde das Hospiz von der britischen Mandatsmacht beschlagnahmt. Franz

Haider wurde von den Behörden für vorerst fünf Tage interniert.[16] Seine rasche Freilassung hatte er in erster Linie Weihbischof Fellinger zu verdanken, der gemeinsam mit dem Patriarchen bei den Briten vorstellig geworden war. Auf Grund seiner Position im Patriarchat blieb der österreichische Bischof selbst von allen Drangsalierungen als Bürger eines Feindstaates verschont.

Wie schon im Ersten Weltkrieg, so versuchte Fellinger auch jetzt zu verhindern, daß das Pilgerhaus vom Militär requiriert wurde. Er erreichte folgendes: Das Hospiz wurde zu einem Internierungslager für aus dem Deutschen Reich stammende Geistliche in Palästina. Während nach innen weiterhin Haider die Leitung haben sollte, fungierte gegenüber den Briten ein nichtdeutscher Franziskaner als förmlicher Rektor des Hauses.[17] Vor allem aber erreichte Fellinger mit Hilfe des britischen Polizeikaplans, daß die fünf Vöcklabrucker Schwestern weiterhin im Pilgerhaus bleiben und wie bisher die Küche und den Haushalt besorgen konnten. Dies war insoferne ein Erfolg, als die fünf Nonnen ursprünglich wie alle aus dem Deutschen Reich stammenden geistlichen Schwestern in das Provinzhaus der Borromäerinnen hätten verbracht werden sollen.

Zwischen Mitte September und 23. Dezember 1939 waren 14 Priester, 13 Brüder und zwei Laien im Hospiz interniert.[18] Am Tag vor Weihnachten wurden die meisten von ihnen aus dem Hospiz entlassen und erhielten beschränkte Bewegungsfreiheit. Lediglich für Haider und den Lazaristenpater Leo Schmitt blieb die Internierung weiter aufrecht. Am 8. März 1940 erschien um halb sechs Uhr morgens unerwartet die Polizei und holte die beiden Internierten ab, um sie in ein Lager bei Akko zu verlegen.[19] Vor seinem überstürzten Aufbruch übergab Haider die Verwaltung der Hausangelegenheiten den nun allein im Hospiz verbleibenden Schwestern.

Noch im Jänner 1940 hatte der greise Weihbischof Fellinger einen vergeblichen Versuch unternommen, das von ihm so geliebte Pilgerhaus von den Briten zurückzubekommen und unter seiner Leitung wiederzueröffnen.[20] Es handelte sich dabei um ein ehrenwertes, aber von Anfang an aussichtsloses Unterfangen. Kurz darauf, am 6. Februar, trat Fellingers Herzleiden wieder auf, und im Juli desselben Jahres verstarb der langjährige Rektor im Patriarchat. Unter Polizeiaufsicht durften vier der österreichischen Schwestern an seiner Beisetzung in der Patriarchatskirche teilnehmen. Noch vor seinem Ableben hatte Franz Fellinger gegenüber dem apostolischen Legaten Erzbischof Gustavo Testa in Jerusalem eindringlich darum gebeten, seitens der Kirche dafür Sorge zu tragen, daß den Schwestern weiterhin der Verbleib im Hospiz ermöglicht würde.[21]

Nachdem im Frühjahr 1940 einige externe Personen im Pilgerhaus gewohnt hatten, kam es dort Anfang Mai 1940 abermals zur Internierung von Geistlichen, wobei diesmal nicht mehr nur deutsche, sondern auch italienische Ordensleute in das Hospiz gebracht wurden.[22] Die Bewachung erfolgte teils durch britische, teils durch jüdische Po-

Die ab Mitte September 1939 internierten Geistlichen aus dem Deutschen Reich. In der Mitte Franz Haider, im Vordergrund die Vöcklabrucker Schwestern

lizeikräfte. Am 28. Juni 1940 – zu diesem Zeitpunkt befanden sich 80 Personen, unter ihnen auch 23 italienische Laien, im Hospiz – kam der Befehl, das Haus noch am gleichen Tag zu räumen. Die Internierten wurden in das Geißelungskloster der Franziskaner verlegt, und an ihrer Stelle wurden 120 aus Ägypten evakuierte englische Frauen mit 50 Kindern in das Hospiz gebracht, wo sie bis Jänner 1941 blieben. Immerhin erhielt das Pilgerhaus nun für die Benutzung ein, wenn auch sehr bescheidenes Entgelt, aus dem in erster Linie die Schwestern ihren Lebensunterhalt bestritten. In der ersten Phase der Nutzung des Pilgerhauses durch die evakuierten britischen Frauen waren die Nonnen in ihrem Schwesternhaus praktisch eingesperrt. Das Hospiz zu betreten, war ihnen untersagt, den Gottesdienst durften sie nur unter Polizeibegleitung auswärts besuchen. Später wurde ihnen wieder gestattet, sich im Haupthaus zu bewegen, und für manche der untergebrachten Engländerinnen besorgten sie die Wäsche oder Näharbeiten. Im Jänner 1941 verließen die Frauen und Kinder das Haus in Richtung Südafrika. Das Hospiz wurde daraufhin von der Polizei für zwei Monate geschlossen, und erst im März erhielten die Schwestern wieder einen Schlüssel, um das Gebäude reinigen zu können. Auch wurden ihnen wieder Meßfeiern in der Kapelle ermöglicht.[23]

Der Direktor der Schmidt-Schule, P. Johannes Sonnen

Der Grund für das rigorose Vorgehen der britischen Behörden lag unter anderem auch darin, daß Palästina seit September 1940 wieder Hinterland einer Front war. Zu diesem Zeitpunkt hatten die Italiener mit ihrer von Libyen aus vorstoßenden Offensive gegen Ägypten den Kriegsschauplatz in Nordafrika eröffnet.

Inzwischen war Rektor Haider an seinem neuen Internierungsort erkrankt; als Folge wurde er als Interniertenseelsorger in die deutsche Kolonie Betlahem bei Haifa verlegt. Mitte April 1941 wurde er von dort noch einmal ins Hospiz nach Jerusalem gebracht, um im Zuge einer amtlichen Besichtigung des Hauses eine Schadensfeststellung durchzuführen. Es war das letzte Mal für nahezu ein Jahrzehnt, daß der Rektor das Pilgerhaus sah, denn wenige Wochen später begann für Haider eine wahre Odyssee: Ende Juli 1941 wurde er gemeinsam mit deutschen Familien nach Australien deportiert. Noch vor seiner Abreise mußte er jemanden namhaft machen, der ihn während seiner Abwesenheit als Rektor gegenüber den britischen Behörden vertreten sollte. Brieflich ersuchte er den deutschen Direktor der Schmidt-Schule, Johannes Sonnen, einen seit Jahrzehnten in Jerusalem lebenden und erfahrenen Lazaristenpater, die Interessen des Hospizes während seiner erzwungenen Abwesenheit wahrzunehmen.[24]

Das Pilgerhaus war zu diesem Zeitpunkt wieder ein Internierungslager. Seit April 1941 wurden dort italienische Klosterschwestern untergebracht. In dieser Funktion blieb das Hospiz bis Anfang 1943, wobei bis zu 150 Schwestern darin wohnten. Auch einige Frauen, die nicht dem geistlichen Stand angehörten, hielten sich während dieser Zeit im Hospiz auf; unter ihnen befand sich für einige Monate auch die Schwiegermutter des abessinischen Kaisers Haile Selassie.

Als der Krieg am afrikanischen Kontinent zugunsten der Alliierten entschieden war, sollten sich auch die Lebensbedingungen für die Staatsangehörigen der Feindstaaten wieder verbessern. Am 16. Februar 1943 wurden die Internierung und Überwachung für die im Hospiz untergebrachten Schwestern aufgehoben, im Juli desselben Jahres durften alle Nonnen wieder in ihre Konvente zurückkehren.[25]

Der Lehrkörper der britischen Offiziersschule. 1. Reihe, dritter von rechts: Abba Ebban

Danach wurde das Pilgerhaus von der britischen Polizei der Armee überantwortet, die darin ab Mai 1944 eine auf die arabischen Verhältnisse zugeschnittene Offiziersschule unter Führung des Arabienforschers Oberst Thomas eröffnete. Diese Funktion sollte es auch über das Kriegsende hinaus bis 1947 beibehalten. Zum Lehrkörper der Offiziersschule zählte auch der ausgewiesene Arabist und spätere UNO-Botschafter und Außenminister des Staates Israel, Abba Ebban. Die österreichischen Schwestern führten zur größten Zufriedenheit der Offiziere und Schüler die Küche und sorgten auch sonst für das Haus. Für ihre Tätigkeit erhielten sie von den Briten ein Entgelt, wie auch für die Miete regelmäßig ein Betrag beim Custodian of Enemy Property gezahlt wurde. Diese Stelle kam im Gegenzug für die notwendigen Ausgaben für das Hospiz auf.

Rektor Haider hielt sich zu diesem Zeitpunkt nach wie vor in Australien auf. Da er nach seiner Entlassung aus dem Internierungslager keine Rückkehrerlaubnis nach Palästina erhielt, wartete er in seinem „Exil" ab und war zwischenzeitlich in Melbourne als Seelsorger tätig. Von Wien aus bemühten sich Kardinal Innitzer und der nunmehrige Kurator des Pilgerhauses, der Wiener Universitätsprofessor Dr. Leopold Krebs, Franz Haider über den australischen Episkopat die Rückreise nach Palästina zu ermöglichen; sie waren damit vorerst allerdings erfolglos.

DAS HOSPIZ ALS JORDANISCHES SPITAL

Im Jahr 1947 begann sich die Situation in Jerusalem abermals dramatisch zuzuspitzen.[26] Alle Bemühungen um eine friedliche Lösung des Palästina-Problems führten seit 1945 in eine immer ausweglosere Situation. Die Briten hatten seit 1939 die jüdische Einwanderung drastisch eingeschränkt, was zur Folge hatte, daß radikale jüdische Terrororganisationen aktiv wurden und Anschläge auch gegen die Institutionen der Mandatsmacht verübten. Damit richtete sich der Terror, dem sich die Zivilbevölkerung ausgesetzt sah, endgültig gegen jeden und alle. Im Juli 1946 sprengte die Irgun, eine Abspaltung der Hagana, das von der Mandatsverwaltung genutzte King David-Hotel in Jerusalem, im Dezember 1946 einen Flügel des britischen Polizei-Hauptquartiers.

Ab 1945 schalteten sich die Vereinigten Staaten in die politischen Bemühungen um die Lösung des Konflikts ein, wobei die USA weitaus freundlicher gegenüber der jüdischen Sache eingestellt waren als zuletzt die Briten. Da auf der Palästina-Konferenz in London 1947 keine Lösung gefunden wurde, wandte sich Großbritannien an die Vereinten Nationen. 1947 entstand schließlich der Teilungsplan, der zwar von der UN-Vollversammlung und der Jewish Agency, nicht aber von arabischer Seite gebilligt wurde und den Beginn der bewaffneten Auseinandersetzungen bildete.[27] Die „Arabische Befreiungsarmee", eine von Syrien aus aufgestellte Freiwilligentruppe[28], drang in den ersten Monaten des Jahres 1948 in Galiläa ein. Zum Angelpunkt der kriegerischen Auseinandersetzungen wurde aber Jerusalem, das nach dem Teilungsplan keiner der beiden Seiten zugeschlagen, sondern für zehn Jahre hätte internationalisiert werden sollen. Vom Norden her rückten arabische Freiwillige gegen die Stadt,[29] jüdische Einheiten wiederum stießen seit April von der Küste kommend vor.

Die Briten setzten das Ende ihres Mandats mit 15. Mai 1948 fest. Schon 1947 begannen sie, schrittweise ihre Positionen zu räumen. Mit der Regierung Transjordaniens hatten sie sich darüber verständigt, daß nach Ablauf des Mandats die Arabische Legion – eine von Briten ausgebildete und kommandierte transjordanisch-beduinische Elitetruppe – in das in der Teilungsresolution als arabisch deklarierte Gebiet einrücken sollte.[30]

Die bürgerkriegsähnliche Züge annehmenden Unruhen hatten im Laufe des Jahres 1947 auch die Altstadt Jerusalems ergriffen. Daraufhin wurde die im Pilgerhaus untergebrachte britische Offiziersschule nach Transjordanien verlegt. Vom 21. September 1947 an diente das Hospiz den Briten als Polizeiquartier mit einem Mannschaftsstand von 100 Mann. Rund um das Hospizgelände wurde ein hoher Stacheldrahtzaun aufgezogen. Die österreichischen Schwestern wollte man nun aus dem Haus haben. Sie sollten sich außerhalb der Stadt niederlassen. Doch da sich diese „mit aller Entschiedenheit" – wie die Hospizchronik berichtet – zur Wehr setzten, durften sie im Schwesternhaus bleiben. Allerdings wurde zwischen diesem und dem Hospiz eine drei Meter hohe Schilfwand mit einem Drahtverhau errichtet.[31]

Am Dreikönigstag 1948 räumte die britische Polizei ihren Stützpunkt in der Altstadt. Nun stand das Pilgerhaus zirka zwei Wochen lang leer, ehe es Vertreter des britischen Health Department mit der Absicht übernahmen, darin angesichts der eskalierenden Kämpfe eine Notfallsklinik und ein Spital für die arabische Bevölkerung einzurichten.[32] Im Zuge der Realisierung dieses Planes wurde das Pilgerhaus am 22. April 1948 von den britischen Behörden Pater Sonnen als dem für das Hospiz verantwortlichen Geistlichen in aller Form zurückgegeben[33] und stand nun unter der Verwaltung des Roten Kreuzes. Die ersten Patienten wurden am 1. Mai aus dem Regierungsspital, das sich in jüdischer Hand befand, in das Hospiz verlegt.

Sobald sich die britischen Truppen aus Jerusalem in Richtung Norden zurückgezogen hatten, eskalierten die Kämpfe in der Altstadt „zum vollen Krieg".[34] Am 14. Mai proklamierten die gewählten Vertreter der palästinensischen Juden unter dem Vorsitz David Ben Gurions den Staat Israel. Im Gegenzug marschierten am nächsten Tag die Armeen Ägyptens, Syriens, Transjordaniens, des Libanon und des Irak, verstärkt durch andere arabische Kontingente, in Palästina ein. Jordanische Einheiten besetzten die Altstadt und die arabischen Vorstädte des östlichen und nördlichen Jerusalem. Etwas später erreichte die ägyptische Armee den südlichen Stadtrand. Der jüdische Teil der Stadt war bis Mitte Juni von den israelischen Versorgungslinien abgeschnitten.

Wie durch die Forschungen israelischer Historiker in den letzten 15 Jahren deutlich wurde, gab es 1946–1948 Geheimverhandlungen zwischen der von David Ben Gurion geleiteten Jüdischen Agentur und dem jordanischen Monarchen Abdallah.[35] 1946 stimmte der jordanische König einer grundsätzlichen Teilung zu, wobei im Gegenzug der palästinensisch-arabische Teil an Jordanien fallen sollte. Noch am 10. Mai 1948 fuhr Golda Meïr nach Amman, diesmal allerdings erfolglos, unter anderem auch deshalb, weil über Jerusalem keine Einigung erzielt werden konnte. Nach Ausbrechen der Kämpfe beschränkte sich aber Abdallah, der seinerzeitigen Vereinbarung entsprechend, die Kontrolle über den arabischen Teil Palästinas dem Teilungsplan der UNO vom November 1947 gemäß zu gewinnen. Lediglich um Jerusalem kam es zu schweren Auseinandersetzungen.[36] Die Altstadt wurde umkämpftes Frontgebiet zwischen Israelis und den aus Transjordanien kommenden Truppen der Arabischen Legion,[37] wobei sich die erbittertsten Kämpfe auf das jüdische Viertel konzentrierten.

Bereits in der Nacht vom 13. auf den 14. Mai wurde die Altstadt von jüdischer Artillerie beschossen, wobei das Hospiz erste kleinere Schäden davontrug.[38] Am 14. Mai besetzten die Israelis das Assumptionistenkloster unweit des Damaskustores, die Stadtmauer blieb aber nach einem eintägigen Kampf in der Hand der Palästinenser. In den folgenden Wochen geriet das Hospiz immer wieder in die Feuerlinie. Am 29. Mai explodierte – ungeachtet der Tatsache, daß am Dach die Fahne des Roten Kreuzes wehte – an der Rückseite des Hospizgeländes eine Bombe. Es entstand zwar Sachschaden am Haus und in die Umfassungsmauer wurde eine größere Bresche gerissen, doch wurde glücklicherweise niemand verletzt. Einige Tage später, am 10. Juni, ging es nicht so glimpflich ab. Der vor dem Salon gelegene Balkon des ersten Stockwerkes wurde von einem Granateinschlag getroffen. Ein Krankenwärter war auf der Stelle tot, vier Patienten wurden schwer verletzt.[39]

Nachdem die Israelis zu diesem Zeitpunkt die militärische Initiative an sich gerissen hatten, unternahmen sie den – allerdings vergeblichen – Versuch, die Altstadt Jerusalems unter ihre Kontrolle zu bringen und belegten sie dabei systematisch mit Artilleriefeuer. Noch in der Nacht vom 17. auf den 18. Juli 1948 schlugen nach Angaben einer Schwester mehr als 30 Granaten rund um das Hospiz ein, ehe am 18. Juli der zweite Waffenstillstand in Kraft trat. Entlang der an diesem Tag verlaufenden Frontlinie sollte sich für Jerusalem die neue Grenze herausbilden.[40] Das Hospiz gehörte damit zum arabischen Teil der Stadt.

Insgesamt hatte das Pilgerhaus die Kämpfe glücklicherweise ohne einen Volltreffer, der das Haus in seiner Grundsubstanz erschüttert hätte, überstanden. Zwar hatte es die geschilderten Beschädigungen davongetragen, doch war dem soliden Bau kein ernsthafter Schaden zugefügt worden. Die Einschüsse und Granateinschläge hatten kleine Absplitterungen an den Hospizmauern verursacht, und durch Splitter und Luftdruck waren die meisten Fensterscheiben in Brüche gegangen. Auch das Schwesternhaus blieb, von Glasschäden abgesehen, unversehrt.

Während das jüdische Viertel der Altstadt in arabischer Hand blieb und niedergebrannt wurde, gelang es der israelischen Armee Mitte Juni, den arabischen Belagerungsring um den westlichen Teil der Stadt zu sprengen, einen Durchgangskorridor zum Hauptteil des Landes entlang der Küste freizukämpfen und im Laufe der Zeit ihre Positionen im Vergleich zum ursprünglichen Teilungsplan der UNO wesentlich zu verbessern.

Solange die Kampfhandlungen andauerten, wurde das Hospiz vom Roten Kreuz verwaltet. In der Folge übernahmen zuerst das transjordanische Militär, dann die transjordanische Regierung das Spital und damit das Pilgerhaus. Das Hospiz war das einzige Spital im arabischen Teil Jerusalems, und dementsprechend dramatisch war die Situation in dem nur notdürftig adaptierten und ständig überfüllten Haus, in das täglich neue Verwundete eingeliefert wurden. Die österreichischen Schwestern halfen während dieser kritischen Wochen und Monate aktiv bei der Krankenpflege mit.

Das Hospiz befand sich nun in einer geteilten Stadt. Zehntausende Palästinenser wurden aus dem westlichen, nun israelischen Teil von Jerusalem vertrieben, und wiederum zirka 2.000 in der Altstadt lebende Juden flüchteten aus Ostjerusalem. Dort wie im gesamten Westjordanland kristallisierte sich bald der transjordanische König Abdallah als die eigentliche staatliche Autorität heraus. Neuerliche Internationalisierungspläne der UNO blieben erfolglos, und schließlich kam es zur Eingliederung des Westjordanlandes und Ostjerusalems in das jordanische Königreich, die vom jordanischen Parlament formell im April 1950 abgesegnet wurde. Äußeres Zeichen dafür war die Änderung des Staatsnamens des haschemitischen Königreiches von „Transjordanien“ in „Jordanien“.[41]

Obwohl die beiden Teile Jerusalems, der arabische und der jüdische, nur durch Stacheldraht beziehungsweise die Mauer der Altstadt voneinander getrennt lagen, waren sie, wie ein Beobachter pointiert festhielt, „politisch, ökonomisch, sozial und psychologisch so weit auseinander wie New York und Peking“.[42] Es gab lediglich eine von der UN-Waffenstillstandskommission kontrollierte Übergangsstelle, das sogenannte Mandelbaum-Tor, durch das aber nur Fremde, Diplomaten oder gelegentlich christliche Pilger von einem Stadtteil in den anderen gelangten. Der Besuch der Klagemauer war für Juden unmöglich.

Im Rahmen ihrer politisch-administrativen und finanziellen Möglichkeiten bemühten sich die jordanischen Behörden, eine Stadtverwaltung aufzubauen, sich um die moslemischen und christlichen Heiligtümer zu kümmern sowie Handel und Tourismus wieder zum Anlaufen zu bringen. Für das Hospiz bedeutete dies, daß sein nunmehriger Ansprechpartner in amtlichen Angelegenheiten die jordanischen Behörden waren. Pater Johannes Sonnen, der sich nach wie vor in Abwesenheit Haiders um das Pilgerhaus kümmerte, stand vor einer fast unlösbaren Aufgabe, denn er wohnte im westlichen Teil der Stadt und sah sich vom Hospiz durch eine kaum überwindbare Staatsgrenze getrennt: Der Zutritt zur Altstadt und damit zu den Heiligen Stätten wurde zunächst auch für Priester und Ordensleute nicht freigegeben. Eine Ausnahmegenehmigung war nur in besonderen Fällen und unter größten Schwierigkeiten zu erhalten. So war es Pater Sonnen erst im August 1949 möglich, wieder in die Altstadt und zum Hospiz zu gelangen.[43] An seiner Stelle hatte inzwischen der in Ostjerusalem lebende Franziskanerpater Eugen Hoade das Pilgerhaus gegenüber den jordanischen Behörden vertreten und einen Mietvertrag abgeschlossen, der rückwirkend mit 1. Dezember 1948 begann und ein Jahr laufen sollte. Als bei den Verhandlungen um die Verlängerung des Kontrakts Hoade eine Erhöhung des sehr niederen Mietzinses anstrebte, weigerten sich die jordanischen Behörden, darauf einzugehen, weshalb es vorerst zu keinem Abschluß einer neuen Vereinbarung kam. Am faktischen Zustand, nämlich daß das Hospiz weiter als jordanisches Regierungsspital fungierte, änderte dies allerdings nichts.[44]

Ein dramatisches und tragisches Ereignis vollzog sich am 20. Juli 1951 in den Mauern des Pilgerhauses. Als der jordanische König Abdallah gemeinsam mit seinem Enkel,

Kronprinz Hussein, Jerusalem besuchte, wurde er in der El-Aqsa-Moschee Ziel eines von einem Araber verübten Schußattentats.[45] Tödlich verwundet, wurde der 68jährige Monarch in einen Gebetsteppich gehüllt und zur Erstversorgung in das Hospiz gebracht. Schwester Liliosa Fasching, die an der Ersten Hilfe-Leistung beteiligt war, gehörte zu jenen, die beim Tod des Königs unmittelbar anwesend waren. Dieser traurige Vorfall war im übrigen zehn Jahre später für König Hussein der Anlaß, dem Pilgerhaus einen Besuch abzustatten und den Sterbeort seines Großvaters zu besuchen.

1950 erteilten die jordanischen Behörden dem bis zu diesem Zeitpunkt in Australien befindlichen Rektor Franz Haider endlich die Einreisebewilligung nach Jerusalem. Am 27. September kehrte er an den Ort seines Wirkens zurück. Zu seinen vordringlichsten Aufgaben gehörte es, mit den jordanischen Behörden einen neuen Mietvertrag für das Spital auszuverhandeln. Dabei stand für Haider der Wunsch im Vordergrund, eine möglichst kurz bemessene Befristung des Vertragsverhältnisses zu erreichen, um danach das Pilgerhaus wieder seiner eigentlichen Bestimmung zuführen zu können.[46] Das Hauptproblem war, daß Ostjerusalem über kein anderes Regierungsspital verfügte und die jordanische Regierung auch nicht daranging, ein neues zu bauen, wohl nicht zuletzt mangels finanzieller Möglichkeiten.

Nach zähen und mühsamen Verhandlungen gelang es Haider schließlich 1953, mit der jordanischen Regierung in Amman einen dreijährigen, bis 1956 laufenden Pachtvertrag abzuschließen. Daran war die Bedingung geknüpft, daß das Haus ausschließlich als Spital verwendet würde.[47] Außerdem bekräftigte Haider anläßlich der Vertragsunterzeichnung gegenüber dem Gesundheitsminister und dem Minister für Verkehr und öffentliche Arbeiten unmißverständlich die Absicht des Eigentümers, das Hospiz nach Ablauf des Vertrags wieder als Pilgerheim zu nutzen.[48]

Neben den Verhandlungen mit den jordanischen Behörden bemühte sich Haider vor allem um die bauliche Instandsetzung des durch die Unruhen der letzten 15 Jahre mitgenommenen Hauses. Zu diesem Zweck erhielt er von Kardinal Innitzer im Frühjahr 1951 erstmals wieder Mittel aus den Sammelgeldern der österreichischen Diözesen in der Höhe von öS 40.000,– überwiesen.[49]

Am 15. März 1954 verließ der zu diesem Zeitpunkt schon kränkliche Franz Haider Jerusalem, um als Dechant von St. Peter nach Wien zurückzukehren. Ein neuer Rektor, der ihn in Jerusalem abgelöst hätte, wurde von Kardinal Innitzer nicht ernannt. Haider behielt formell Funktion und Titel seiner früheren Tätigkeit. Vor seiner Abreise hatte er den angesehenen, in Jerusalem lebenden Immobilienmakler Antoine F. Albina, einen christlichen Palästinenser, gebeten, die Interessen des Hauses nach außen wahrzunehmen.[50] Dieser setzte sich in der „rektorlosen Zeit" engagiert bei den jordanischen Behörden für die Sache Österreichs ein.

In den folgenden 15 Jahren waren es abermals die Vöcklabrucker Schwestern, die sich neben ihren Pflegediensten im jordanischen Spital um den Besitzstand des Hauses kümmerten und durch ihre Anwesenheit eine österreichische Präsenz im Pilgerhaus aufrechterhielten. In all den Jahren der Unsicherheit blieben sie – so wie schon in den vorangegangenen eineinhalb Jahrzehnten – ungeachtet aller Gefahren und der Ungewißheit über ihr persönliches sowie über das weitere Schicksal des Hospizes standhaft und couragiert auf ihrem Posten und scheuten sich nicht, gegenüber den jordanischen Stellen die Besitzverhältnisse, auf deren Grundlage sie sich als Hüterinnen von Haus und Kapelle verstanden, in resoluter Form immer wieder in Erinnerung zu rufen.

Mit dem Österreichischen Staatsvertrag tauchten neue Hoffnungen auf die Rückgabe des Pilgerhauses auf. Sichtbarer Ausdruck des österreichischen Interesses war der Besuch des Erzbischof-Koadjutors Franz Jachym im März 1959 im Hospiz. Die diesbezüglichen Hoffnungen zerschlugen sich aber schnell, und Albina schloß gezwungenermaßen im Juni 1961 einen neuen Mietvertrag mit den jordanischen Behörden ab.[51] Der Mietpreis von 1.400 Dinar pro Jahr stellte „eine minimale Summe“ für die angemieteten 49 Räume dar.[52] Dem Umstand, daß der Mietvertrag offiziell nur für die Dauer eines Jahres abgeschlossen war, kam nur insoweit formelle Bedeutung zu, als sich die Vereinbarung jeweils automatisch um ein Jahr verlängerte, wenn nicht drei Monate zuvor die Kündigung erfolgte.

Von seiten des offiziellen Österreich war während dieser Jahre die Botschaft in Beirut für Jerusalem und somit auch für das österreichische Hospiz zuständig. Österreich besaß keine eigene Botschaft in Amman, vielmehr war der österreichische Missionschef im Libanon für den Irak, Jordanien und Syrien mitakkreditiert. Besonders in der Person des langjährigen engagierten Botschafters Arthur Breycha-Vauthier hatten das Hospiz und die in Jerusalem lebenden österreichischen Schulschwestern einen aktiven Fürsprecher.[53] Zu diesem Zeitpunkt lebten und arbeiteten vier Schwestern und eine österreichische weltliche Dienstkraft im Hospiz: die Oberin Seraphia Bärenroider, Sr. Gerfrieda Saxenhuber, Sr. Basilissa Mayrhuber und Sr. Liliosa Fasching.[54]

1964 starb nach schwerer Krankheit der Rektor des Pilgerhauses, Monsignore Dr. Franz Haider, in Wien. Zu seinem Nachfolger wurde von Kardinal König der Geistliche Dr. Ernst Bannerth ernannt. Bannerth lebte in Kairo, wo er als Universitätsdozent für Islamistik tätig war. Er legte sein Rektorenamt aber schon nach zwei Jahren wieder zurück, weil er, Flugzeuge meidend, nur einmal im Jahr nach Jerusalem kommen konnte, obwohl öftere und längere Aufenthalte dringend notwendig gewesen wären.[55] Im Laufe der sechziger Jahre war nämlich Bewegung in die Angelegenheit rund um die mögliche Räumung des Pilgerhauses und die Rückgabe an die österreichische Kirche gekommen. 1960 begannen die jordanischen Behörden, entlang der nach Nablus führenden Straße am Rande der Stadt in der Gegend von Sheik Jerach einen Spitalsneubau zu errichten. Es war nicht zuletzt dem steten Drängen des österreichischen Botschafters Breycha-Vauthier bei den zuständigen Stellen in Amman zuzuschreiben, daß man von seiten Jordaniens die Besitzrechte der österreichischen Kirche auf das Haus anerkannte und eine Räumung des Hauses nach Fertigstellung des neuen Spitals in Aussicht stellte. Als 1966 der Rohbau vollkommen fertig war, der jordanischen Regierung aber das Geld zur medizinischen Ausstattung des Krankenhauses fehlte, erklärte sich die österreichische Regierung sogar dazu bereit, durch die Lieferung und Finanzierung des Spitalsaufzugs einen Beitrag zur Beendigung des Projekts und damit zur Räumung des Pilgerhauses zu leisten.[56]

Im Frühjahr 1966 sollten vorerst vier Zimmer geräumt werden; spätestens für 1967 war die Übergabe des gesamten Gebäudes ins Auge gefaßt. Botschafter Breycha-Vauthier erarbeitete ein Konzept, durch das die Umsiedlung des Spitals und die Rückgabe des Hauses von März bis Dezember 1967 Zug um Zug hätte vollzogen werden sollen.[57] In Hinblick auf den Umstand, daß nach der Auflassung des Spitals die Altstadt Jerusalems ohne medizinische Versorgung sein würde, entstand damals die Idee, mit österreichischer Hilfe eine medizinische Ambulanz – allenfalls auch in einigen Räumen oder auf dem Gelände des Hospizes – zu eröffnen.[58]

In dieser Situation ernannte Kardinal König im Dezember 1966 Dr. Franz Sauer, Universitätsprofessor und mehrmaliger Rektor der Grazer Universität, zum neuen Leiter des Hauses. Als Ordinarius für Altes Testament und biblisch-orientalische Sprachen wie auch als Priester war Sauer mit dem Heiligen Land gleichermaßen eng verbunden und widmete sich seiner neuen Aufgabe von Anfang an mit großem Elan.[59] Er reiste bereits Anfang Jänner nach Jerusalem, besichtigte das Pilgerhaus sowie den Spitalsneubau in Sheik Jerach und wurde bei den jordanischen Behörden in Jerusalem und Amman vorstellig.

Was die künftige Nutzung des Hauses anlangte, schmiedete Sauer weitreichende Pläne. Neben der hauptsächlichen Verwendung als Pilgerunterkunft dachte er daran, ein österreichisches Kolleg für biblische Studien, in dem jedes Jahr einige Studierende Unterkunft finden sollten, zu eröffnen und einige Räume an verschiedene, in Jerusalem tätige österreichische Institutionen zu vermieten.[60] Am 27. März 1967 sprach Rektor Sauer in Begleitung des österreichischen Generalkonsuls in Amman, Sami Salti, beim jordanischen Gesundheitsminister vor. Dabei wurde der Beginn der Übersiedlung des Spitals und damit verbunden das offizielle Ende des Mietverhältnisses mit 31. Dezember 1967 festgelegt.[61] Kurze Zeit später besuchte der Staatssekretär im Außenministerium, Carl Bobleter, das Hospiz.[62] Auch er erhielt vom jordanischen Außenminister die Zusicherung, daß die Räumung des Hospizes mit Ende des Jahres erfolgen werde.[63] Doch nur wenige Tage später waren diese Versprechungen Geschichte, denn am 5. Juni

Staatssekretär Carl Bobleter und Botschafter Arthur Breycha-Vauthier zu Besuch im Hospiz, 1967

1967 brach der sogenannte Sechstagekrieg zwischen Israel und seinen arabischen Nachbarn aus.[64] Das Hospiz diente – wie schon 1948 – als Kriegslazarett. Auf den breiten Gängen wurden Notbetten aufgestellt und arabische Verwundete in das Haus gebracht. Am dritten Tag der Kampfhandlungen brachten die Israelis die gesamte Altstadt Jerusalems unter ihre Kontrolle.[65] Im Zuge der Gefechte wurde das Hospiz nur leicht am Dach und an den Fenstern beschädigt. Was aber schwerer wog, war, daß sich das Pilgerhaus nun im staatlichen Einflußbereich Israels befand und die mit der jordanischen Regierung getroffenen Vereinbarungen hinfällig waren.

Das hatte bereits Anfang 1968 Auswirkungen, als bekannt wurde, daß das neue Spital in Sheik Jerach zu einer israelischen Polizeistation um- und ausgebaut wurde. Hieß es anfangs von seiten Israels, daß ein im Rohbau befindliches Gebäude auf dem Ölberg nach seiner Fertigstellung das arabische Spital aufnehmen werde,[66] so entstand bald darauf die Idee, das Spital aus der Altstadt in eine israelische Krankenanstalt auf den Berg Skopus zu verlegen. Im September 1968 teilte der Generaldirektor im israelischen Gesundheitsministerium, Raphael Gjebin, offiziell mit, daß mit der Eröffnung des neuen Krankenhauses in eineinhalb bis zwei Jahren zu rechnen sei.

In der Kapelle des wiedereröffneten Hospizes, Schwester Maria Cordis Feuerstein, OP, 1998

Die Wiedereröffnung als Pilgerhaus

Rektor Franz Sauer hoffte, nach Fertigstellung des Hadassa-Spitals am Berg Skopus eine Räumung des Hospizes für Anfang 1970 zu erreichen. Die Politik machte ihm aber einen Strich durch die Rechnung, denn die Rückgabe des Pilgerhauses wurde zu einer Frage, in die die Problematik der Anerkennung Jerusalems als Teil Israels hineinspielte. Letzteres wollte man aber auf Grund der Resolutionen der Vereinten Nationen und auch der Haltung des Vatikans – beide forderten eine Internationalisierung Jerusalems – vermeiden. In einem Papier des österreichischen Außenministeriums an Kardinal König wurde ausdrücklich darauf hingewiesen, daß die Behandlung der Frage des Pilgerhauses sowohl für die israelische als auch für die jordanische Seite ein Präjudiz hinsichtlich des Status von Jerusalem darstelle.[1] Überdies wäre für Israel die Schließung des Spitals und die Rückgabe des Hauses an die Österreicher eine günstige Gelegenheit, eine weitere arabische Institution aus der Altstadt von Jerusalem zu entfernen. Auf Grund der völkerrechtlichen Signalwirkung galt daher, „... vollkommen passiv bleiben und die Initiative Israel allein überlassen."[2] Da man in Österreich keinesfalls einen Akt setzen wollte, aus dem eine De-facto-Anerkennung des Status von Jerusalem abgeleitet werden konnte, sollte die katholische Kirche das Spital wie bisher weiterbestehen lassen und die Mietzinszahlungen von jordanischer Seite entgegennehmen.

Daß dem Wiener Erzbischof die Zukunft des Pilgerhauses ein großes Anliegen war, bekundete Kardinal König durch seinen Besuch in Jerusalem Ende Oktober 1968. Sein erster Weg in der Altstadt führte ihn in „sein" Hospiz, wo er den Gottesdienst feierte, mit Rektor Sauer die weitere Zukunft des Hauses erörterte, ein längeres Gespräch mit den drei österreichischen Schwestern führte und ein Mittagessen für die im Hospiz tätigen arabischen Ärzte gab. Gerade letzteres wurde als eine versöhnliche und wohlwollende Geste gegenüber der arabischen Bevölkerung empfunden, so wie überhaupt das Verhältnis zu den Arabern ein durchaus gutes war.[3]

In der Frage der Rückgabe des Hauses trat in den folgenden Jahren eine Pattsituation ein. Die israelische Verwaltung stellte wiederholt die Errichtung eines neuen Spitals in Aussicht, doch verlief die Angelegenheit immer wieder im Sande. So teilte das

Kardinal Franz König mit den im Hospiz tätigen arabischen Ärzten

Gesundheitsministerium Ende 1970 mit, daß mit der Räumung des Hospizes 1973/74 zu rechnen sei,[4] doch wurde während der ganzen siebziger Jahre mit dem Bau eines Ersatzspitals nicht einmal begonnen. Eine Verlegung des Spitals in das nahegelegene israelische Hadassa-Krankenhaus am Berg Skopus oder in das arabische Makasset-Spital am Ölberg lehnten wiederum die arabischen Ärzte entschieden ab.[5]

Franz Sauer hatte auch unter den Israelis einflußreiche Freunde, die sich für das Hospiz einsetzten. Zu ihnen zählte in erster Linie Teddy Kollek, der Bürgermeister von Jerusalem. Kollek hatte nicht nur auf Grund seiner Herkunft als gebürtiger Wiener und wegen der Tatsache, daß der Anwalt des Hospizes in Jerusalem, Dr. Joseph Kollek, sein Cousin war, Sympathien für das Hospiz; vielmehr sah er im Pilgerhaus eine das Prestige Jerusalems förderliche Institution, die auf Pilger und Touristen Anziehungskraft ausüben würde. Als Sauer ihm Ende 1967 einen ersten Besuch abstattete und ihm dabei die bewegte Geschichte des Hauses erzählte, unterbrach ihn Kollek mit den Worten: „Was Sie da erzählen, ist ja ärger wie ein Roman."[6] In der Folge war der Jerusalemer Bürgermeister immer wieder eine Anlaufstelle für Sauer bei seinen Besuchen in Jerusalem.

Obwohl Franz Sauer über kein geeignetes Objekt zur Unterbringung von Wallfahrern verfügte, verstand er dennoch seine Aufgabe als Rektor darin, das Pilgerwesen aus Österreich wieder in Schwung zu bringen und Fahrten ins Heilige Land zu organisieren. Wann immer er konnte, führte er die Gruppen selbst zu den Heiligen Stätten Jerusalems, zeigte ihnen vom Dach des Pilgerhauses den sehenswerten Rundblick über die Stadt und feierte mit ihnen in der Hospizkapelle den Gottesdienst. Ab 1975 führte er auch österreichische UNO-Soldaten durch Jerusalem und bewirtete sie im Hospiz.

Als im April 1972 mit Rudolf Kirchschläger erstmals ein österreichischer Außenminister Israel einen Besuch abstattete und im Anschluß daran als Privatmann Jerusalem besuchte,[7] begleitete ihn Sauer durch die Altstadt und konnte sein Interesse für das Hospiz wecken. Dies führte dazu, daß sich Kirchschläger später, als er bereits Bundespräsident war, mehrmals bei der Bundesregierung für das Hospiz einsetzte.

1973 schöpfte der unermüdliche Rektor Sauer neue Hoffnung, das Pilgerhaus zurückzuerhalten. Bei einer Besprechung mit Bürgermeister Kollek stellte dieser die Räumung des Pilgerhauses für 1975 in Aussicht.[8] Sauer ließ daraufhin am Haus ein Schild mit der Aufschrift „Österreichisches Hospiz – Austrian Hospice" anbringen und auf der Höhe des Giebels ein Kreuz aus weißem Bethlehem-Marmor errichten. Damit sollte der Bau als christliches Haus gekennzeichnet sein.[9] Als es wegen des Schildes zu einer Verstimmung mit der arabischen Seite kam, fügte Sauer 1977 den Hinweis „Derzeit vermietet als Spital" hinzu.[10]

Im Inneren des Hauses wurden 45 der insgesamt 57 zur Verfügung stehenden Räume für das Spital genutzt. Die Bibliothek diente Franz Sauer als Wohnraum, ein weiteres Zimmer als Büro. Im Souterrain war ein Raum in zwei Schwesternzimmer, die ursprünglich von den beiden Schwestern Liliosa und Seraphia bewohnt wurden, unterteilt.[11] Tagsüber hielten sich die Schwestern hauptsächlich im Schwesternhaus auf, doch wollten sie dadurch, daß sie im Haupthaus übernachteten, auch symbolisch und nach außen hin das österreichische Eigentumsrecht unterstreichen. Einige weitere Räume im Souterrain waren mit alten Einrichtungsstücken vollgeräumt, die binnen Stunden hierhergeschafft worden waren, als das Haus seinerzeit von den Briten übernommen worden war.

Der Zustand des Pilgerhauses, vor allem die medizinische und hygienische Ausstattung des Krankenhauses, war mittlerweile zum Teil katastrophal. Vom israelischen Gesundheitsministerium veranlaßte Reparaturen wurden zumeist oberflächlich ausgeführt und waren provisorischer Natur, was der Gesamtsubstanz des Baus mehr schadete als nützte. Sauer ließ deshalb in Hinblick auf die erhoffte Räumung des Hauses und die dann anstehenden Renovierungsarbeiten vom Wiener Dombaumeister Kurt Stögerer ein umfangreiches Gutachten über den baulichen Zustand des Hospizes erstellen. Stögerer, der das Haus gemeinsam mit dem Rektor zwei Tage lang genau besichtigte, kam zu ernüchternden Schlußfolgerungen:[12] Die undichte und ständig verstopfte Hauskanalisation stellte auf Grund der austretenden und in das Mauerwerk einsickernden scharfen Flüssigkeiten bereits eine Gefahr für die Bausubstanz des Hauses dar, und die freiliegenden elektrischen Leitungen waren ein permanentes Sicherheitsrisiko für die im Hospiz Tätigen. Was die Sanitärinstallationen betraf, so stammten sämtliche Geräte und Armaturen noch aus dem vergangenen Jahrhundert, waren verwahrlost und in einem desolaten Zustand. Schließlich war eine Generalreparatur des Daches dringend erforderlich, das Sauer noch 1974 aus Hospizmitteln erneuern ließ.

In der Frage der Räumung und Rückgabe des Hauses kam es allerdings kaum zu Fortschritten. Die österreichischen Behörden verhielten sich weiterhin passiv, und seitens des Außenministeriums vertrat man gegenüber Kardinal König, der diesbezüglich mehrere Gespräche führte, den Standpunkt,

> „daß vor einer Friedensregelung im Nahen Osten, die auch eine Regelung des zukünftigen Status von Jerusalem bringt, von österreichischer Seite jede Handlung unterbleiben muß, die als Parteinahme ausgelegt werden kann, da hiedurch ein kaum hoch genug einzuschätzender Schaden entstünde."[13]

Eine einvernehmliche Lösung in dieser Frage zwischen den israelischen Behörden und der jordanisch-palästinensischen Seite war aber nicht in Sicht. Als Kardinal König im Mai 1975 Jerusalem erneut besuchte, versprach ihm Bürgermeister Kollek, in der Nähe des ursprünglich geplanten Spitals in Sheik Jerach einen Neubau bereitstellen zu lassen, wofür die erforderlichen Mittel von der „Jerusalem Foundation", einer von Kollek ins Leben gerufenen Stiftung, kommen würden.[14] Im September 1979 faßte auch die Jerusalemer Stadtverwaltung einen entsprechenden Beschluß, wobei das Ärzte- und Schwesternpersonal vorwiegend aus arabischen Kräften bestehen sollte.[15] Für das Hospiz hatte die Sache allerdings einen Pferdefuß: Denn bald stellte sich heraus, daß es sich bei dem projektierten Bau lediglich um ein modernes Ambulatorium ohne Betten und daher ohne stationäre Patientenaufnahme handeln sollte. Alle österreichischen Bemühungen, die Israelis wenigstens zur Einplanung einer zumindest beschränkten Zahl stationärer Aufnahmen zu bewegen, schlugen fehl. Daher änderte sich durch die Inbetriebnahme des Gesundheitszentrums, die Ende 1982 erfolgte, für das Hospiz anfangs nichts.

Was den Status des bestehenden Spitals im Pilgerhaus betraf, so hatte sich im Laufe der Jahre eine merkwürdige Konstellation ergeben: Zwar führte das israelische Gesundheitsministerium eine Art Oberaufsicht über das Hospiz und kam auch für die Gehälter der Angestellten auf, doch mischte man sich nicht in die internen Angelegenheiten des

Rektor Franz Sauer, Schwester Liliosa Fasching, Kardinal Franz König und Schwester Gerfrieda Saxenhuber vor dem Hospiz

von arabischer Seite quasi autonom geführten Spitals ein. Das vor allem deshalb, weil die palästinensischen Ärzte einschlägige Anordnungen ohnedies nicht befolgt hätten. Die für das Hospiz an den Wiener Erzbischof zu zahlende Miete kam auf Grund des 1961 abgeschlossenen Mietvertrags nach wie vor von der jordanischen Regierung, die damit ihre Ansprüche auf den Ostteil Jerusalems unterstreichen wollte. Außerdem ergab sich die kuriose Situation, daß aus ebendiesem Grund die Jordanier auch die Angestellten des Spitals bezahlten, sodaß die Ärzte und Pfleger zwei Gehälter bezogen. Daß unter diesen Umständen das israelische Gesundheitsministerium dem Spital alles andere als wohlwollend gegenüberstand, ist nicht verwunderlich. 1979 sollte auf Anweisung der israelischen Behörden das zweite Stockwerk freigemacht werden. Dies stieß allerdings weder bei der katholischen Kirche Österreichs noch bei den Ärzten des Hauses auf Zustimmung, weshalb der Plan fallengelassen wurde. Die israelische Gesundheitsverwaltung kündigte daraufhin im April 1980 23 Spitalsangestellte und beabsichtigte, die Spitalsküche im Hospiz zu schließen. Die arabische Reaktion auf die sich damit abzeichnende Schließung des Spitals fiel unerwartet vehement aus. Es kam zu

Protestaktionen, einem Streik in der arabischen Altstadt und zu einer Medienkampagne in arabischen Blättern.[16] Schließlich lenkten die Israelis ein. Gesundheitsminister Eliezer Shostak kam mit seinen leitenden Beamten persönlich ins Hospiz und stellte auf Verlangen der Ärzte in Aussicht, bauliche Modernisierungen vorzunehmen.[17] Dies wiederum stieß auf österreichischer Seite auf Widerstand, da man unter diesen Umständen die Rückgabe in weite Ferne gerückt sah. In beiderseitigem Einverständnis wurden daher lediglich die allernotwendigsten Reparaturen in der durch einen Brand in Mitleidenschaft gezogenen Spitalsküche und im Operationssaal durchgeführt. Den Palästinensern gab Gesundheitsminister Shostak seine Zusage, ein eigenes arabisches Spital an Stelle des bisherigen zu errichten.[18] Bürgermeister Kollek erklärte sich bereit, dafür ein in der Nachbarschaft des neuen Ambulatoriums gelegenes Grundstück zur Verfügung zu stellen. Freilich sollte daraus nie etwas werden. Während man später von palästinensischer Seite behauptete, sich auf kein Grundstück geeinigt zu haben, hieß es seitens des Bürgermeisters, die Araber hätten nach Erhalt der Baugenehmigung nie mehr etwas unternommen.[19]

Als die arabischen Ärzte Ende 1980 anläßlich eines Gesprächs mit Sauer von einem Spitalsneubau nichts wissen wollten und ihm vielmehr einen großangelegten Umbauplan, der das Hospiz in ein modernes Spital umwandeln sollte, unterbreiteten, machte der Rektor gegenüber dem Chefarzt des Spitals, Dr. Abdallah Khoury, einem katholischen Palästinenser, der sich sehr kooperativ gegenüber den österreichischen Eigentümern des Hauses verhielt, unmißverständlich deutlich, daß die Nutzung des Hauses als Spital nicht ad infinitum weitergehen könne und man sich auf ein Ende einrichten möge.[20]

Parallel dazu begann man österreichischerseits, einen neuen Anlauf zur grundbücherlichen Eintragung des Hospizes zu nehmen. Obwohl niemand das österreichische Eigentumsrecht in Frage stellte, ließen es die erforderlichen baulichen Investitionen nach einer allfälligen Rückgabe doch geraten erscheinen, das österreichische Eigentum ein für allemal in rechtlich unantastbarer Form zu dokumentieren. Freilich schien dies auf Grund der Geschichte des Ankaufs des Grundstücks und der nur rudimentär vorhandenen Akten aus der osmanischen Zeit ein fast aussichtsloses Unterfangen, an dem schon Fellinger in der Zwischenkriegszeit und auch Haider gescheitert waren. Nun nahm der israelische Anwalt des Kuratoriums des Hospizes, Dr. Joseph Kollek, die Sache in die Hand. Indem er die fehlenden Akten durch eidesstattliche Aussagen hochgestellter Persönlichkeiten, wie jener des Lateinischen Patriarchen Jerusalems, Jacques Joseph Beltritti, als „Vertrauenszeugen" ersetzte,[21] und gestützt sowohl auf seine Kenntnisse des israelischen Rechtssystems als auch auf seine persönlichen Kontakte gelang es ihm in einem über drei Jahre dauernden aufwendigen Verfahren, im Mai 1984 den Erlaß der obersten Grundbuchbehörde des Israelischen Justizministeriums zur grundbücherlichen Eintragung der Besitzrechte zu erreichen.[22] Damit war eine wesentliche Voraussetzung dafür geschaffen, weiterhin auf die Rückgabe des Hauses an die österreichische Kirche zu drängen.

Ende 1982 rechnete Bürgermeister Kollek mit einer Räumung des Hospizes in etwa zwei Jahren, mit der Einschränkung, daß zunächst noch ein „Dispensary", darunter verstand er eine Klinik für Mittellose, im Hospiz verbleiben sollte.[23] Auch gegenüber dem österreichischen Botschafter in Israel, Otto Pleinert, versicherte Kollek, daß das Hospiz zurückgegeben werde.[24]

Von den vier nach dem Krieg im Hospiz verbliebenen Vöcklabrucker Schulschwestern waren inzwischen zwei (Sr. Basilissa und Sr. Seraphia) verstorben. Von den beiden verbliebenen kehrte Schwester Gerfrieda Saxenhuber nach etwas mehr als 50jährigem Aufenthalt in Jerusalem im Jänner 1984 alters- und krankheitsbedingt nach Österreich zurück. Es verblieb nun nur noch Schwester Liliosa Fasching als ständig anwesende, geistliche österreichische Hüterin des Hospizes. Ursprünglich wollte die Generaloberin der Vöcklabrucker Schulschwestern die Niederlassung in Jerusalem überhaupt auflassen, doch war sie nach Interventionen höchster kirchlicher Stellen damit einverstanden, Schwester Liliosa, die bereit war zu bleiben, weiter in Jerusalem zu belassen. Tatsächlich war die Anwesenheit der resoluten Klosterfrau in dieser kritischen Zeit für das Pilgerhaus von unschätzbarem Wert. „Täglich inspiziert sie", wie Franz Sauer es formulierte, „das Haus als ‚Polizist' im besten Sinn des Wortes."[25] In der kritischen Zeit rund um die Rückgabe des Hauses 1985 widmete der Journalist Dieter Kindermann der unerschrockenen 82jährigen Nonne in der „Kronen Zeitung" eine dreiseitige Reportage und verlieh ihr im Aufmacher den prägnanten und bezeichnenden Ehrentitel „Löwin von Jerusalem".[26]

Daß sich das Klima, in dem die Betroffenen miteinander verkehrten, nun spürbar zu verhärten begann, hatte verschiedene Ursachen. Eine lag sicher darin, daß sich nach der angelaufenen Libanon-Invasion durch Israel die Stimmung zwischen Israelis und Palästinensern insgesamt dramatisch verschärft hatte. Ein anderer Grund war innerhalb der palästinensischen Ärzteschaft des Spitals zu suchen. Diese war in die moderateren christlichen und die radikaleren moslemischen Mediziner gespalten. Letztere setzten sich durch, was zur Folge hatte, daß der katholische Chefarzt des Hauses, Dr. Abdallah Khoury, den seine Gegner beschuldigten, die Rückgabe zu begünstigen, das Spital 1983 verlassen mußte.[27]

Im Auftrag Kardinal Königs reiste der Wiener Rechtsanwalt Dr. Julius Schuster, der sowohl Mitglied des Hospizkuratoriums als auch österreichischer Statthalter des Ordens der Ritter vom Heiligen Grab war, Ende März 1983 nach Jerusalem, um dort mit dem Großmufti von Jerusalem die Situation zu besprechen.[28] Dieser versicherte ausdrücklich, wie dankbar man für die Geduld sei, die Österreich in der Hospizfrage bewiesen habe, und daß man sicherlich bald eine einvernehmliche Lösung finden werde.[29] Eine ähnliche Zusage machte einige Tage später auch der Sprecher der Araber, der frühere jordanische Gouverneur Anwar Khadib, gegenüber Schuster und Rektor Sauer. Khadib erklärte, daß die Finanzierung des Ersatzspitals mit Mitteln der Golfstaaten gesichert sei und man im nächsten halben Jahr einen Zeitplan für die Übersiedlung des Spitals vorlegen werde. Dies geschah allerdings nie.

Anfang 1984 sollte nach dem Wunsch der Israelis der zweite Stock des Hauses, der die Frauenabteilung beherbergte, evakuiert und der österreichischen Kirche zurückgegeben werden. Von deren Seite wäre man bereit gewesen, durch Errichtung eines eigenen Außenzugangs den zweiten Stock vom restlichen Spital abzutrennen. Zugleich wurden 24 der 75 Angestellten des Spitals gekündigt.

Als sich der mittlerweile 75jährige Rektor Franz Sauer wie jedes Jahr über die Weihnachtsfeiertage im Hospiz aufhielt, erlitt er einen Schwächeanfall und mußte im Spital zehn Tage lang stationär behandelt werden. An seinem Krankenbett versuchten die arabischen Ärzte, ihn zu einer den Weiterbestand des Hauses zusichernden Erklärung zu bewegen.[30] Nicht zuletzt dieser Vorfall führte dazu, daß Kardinal König im Frühjahr 1984 den bisherigen Leiter der Pressestelle der Caritas, Dr. Manfred Kniewasser, einen Dominikaner, der einige Zeit in Jerusalem studiert hatte, zum Vizerektor des Hauses ernannte.[31] In Jerusalem hielt er gemeinsam mit der verbliebenen Schwester Liliosa und einer österreichischen Köchin die Stellung im Pilgerhaus.

In der Zwischenzeit hatten die Spannungen weiter zugenommen. Arabische Blätter entfachten rund um das Hospiz eine Medienkampagne, es kam zu Streikaktionen, und am 11. Februar 1984 explodierte vor dem Pilgerhaus eine Bombe, die allerdings keinen Schaden anrichtete.[32] Die arabischen Ärzte wollten den Weiterbestand des Spitals im Hospiz unter allen Umständen erzwingen. Sie verweigerten die Räumung des zweiten Stockwerks und begannen langwierige Verhandlungen mit Sauer über die Freimachung einzelner Zimmer im Parterre. Eigenmächtig und ausdrücklich entgegen die aus dem Jahr 1961 stammenden Mietvereinbarung gingen sie daran, bauliche Veränderungen am Hospizgebäude vorzunehmen.[33]

Daraufhin reiste eine Delegation des Kuratoriums des Pilgerhauses unter der Führung des nunmehrigen Vorsitzenden, des Klosterneuburger Propstes Generalabt Gebhard Koberger, nach Amman, um Verhandlungen mit der arabischen Seite über die Zukunft des Hauses zu führen. Die Mission endete mit einem Fehlschlag. Die Österreicher, die sich mit der Abtretung einiger Zimmer begnügt hätten, wurden von der zuständigen offiziellen Stelle nicht einmal empfangen.[34]

Im Anschluß an die Reise formulierte Rechtsanwalt Schuster einen Gedenkvermerk,

Patienten warten im Korridor des Hospizes auf ärztliche Versorgung, 1985

den er den zuständigen arabischen Stellen namens des Kuratoriums übermittelte. Darin hieß es:

> „Es ist uns klar, daß für die angestrebte Generallösung der Übersiedlung des ganzen Spitals in ein anderes Haus die Zeit noch nicht gekommen ist. Wir wollen aber jetzt doch wenigstens eine kleine Lösung, die es dem Hospiz ermöglicht, seinen Betrieb in geringem Umfang wieder aufzunehmen. Es geht lediglich darum, daß die im Hochparterre des Hospizgebäudes gelegenen fünf Räume zurückgestellt werden. ... Im Verhältnis zum Gesamtspital handelt es sich also wirklich nur um ein geringfügiges Opfer ... ohne daß der Spitalsbetrieb auch nur im geringsten beeinträchtigt wird.“[35]

Als es im Laufe des Jahres 1984 zur Bildung einer neuen, aus dem Likud und der Arbeiterpartei bestehenden Regierungskoalition in Israel kam, schien sich anfangs auch die Politik gegenüber dem arabischen Spital im Hospiz zu ändern. Vor die Aufgabe gestellt, in verschiedensten Bereichen Budgeteinsparungen vorzunehmen, entstand beim neuen

Gesundheitsminister Mordechai Gur die Idee, das Spital in seinem damaligen völlig desolaten Zustand einfach einer arabischen Körperschaft abzutreten. So würde man finanzielle Mittel weder für eine aufwendige Renovierung noch für einen allfälligen Neubau benötigen. Der Vorschlag stieß auf arabischer Seite auf rege Zustimmung, nicht aber bei Jerusalems Bürgermeister Teddy Kollek. Dieser wandte sich formell an den Gesundheitsminister und urgierte die Rückgabe der fünf versprochenen Räume an die österreichische Kirche. Im November 1984 machte Dr. Joseph Kollek den Gesundheitsminister eindringlich und unter Androhung gerichtlicher Schritte darauf aufmerksam, daß, wenn man sich von seiten Israels aus dem Hospiz zurückziehe, die Rückgabe nur an den rechtmäßigen Eigentümer, nämlich den Erzbischof von Wien, erfolgen könne.[36]

Daraufhin kündigte der israelische Gesundheitsminister Gur an, daß es nur die Möglichkeit gäbe, das Spital in der Altstadt entweder grundlegend zu erneuern – wofür die finanziellen Mittel fehlen würden – oder zu schließen.[37] Dies ging Hand in Hand mit Bestrebungen, auch die Zahl der kleineren und kostenintensiven jüdischen Spitäler zu reduzieren. In bezug auf das Hospiz argumentierte Gur, daß für alle Bürger, egal ob arm oder reich, eine gute medizinische Betreuung sichergestellt werden müsse. Ein Spital, das einen derartigen Substandard aufweise, sei nicht mehr tolerierbar. Zugleich versicherte er, im Falle der Schließung für entsprechenden Ersatz zu sorgen und auf die besonderen Bedürfnisse der arabischen Bevölkerung Rücksicht zu nehmen.

Anfang April 1985 wurde die bevorstehende definitive Schließung des Spitals bekannt, die Gesundheitsminister Gur im Sozialausschuß der Knesset bestätigte.[38] An seine Stelle sollte eine Tagesklinik treten, die stationäre Fälle in das Spital am Berg Skopus überweisen würde. Während der israelische Gesundheitsminister als Begründung für dieses Vorhaben rein medizinische Gründe ins Treffen führte – es fehlte unter anderem an Ultraschallgeräten, modernen Blutbanken oder auch an profaneren Dingen wie einem Lift und teilweise sogar Fließwasser –, unterstellte man von arabischer Seite von Anfang an politische Motive für die Schließung. Am 6. Juli 1985 gab das israelische Gesundheitsministerium bekannt, ab 20. Juli keine neuen Patienten mehr aufzunehmen und das Spital mit 31. Juli zu schließen. Lediglich eine Notfallstation sollte ab diesem Zeitpunkt geöffnet bleiben.[39]

Nun zog die Angelegenheit endgültig weite Kreise. In Schreiben an den Papst, internationale Organisationen und die österreichische Kirche versuchte die Arabische Liga, die Schließung zu verhindern. Auch in Österreich bildete sich ein Unterstützungskomitee für das Hospizspital.[40] Innenminister Karl Blecha, als Präsident der Österreichisch-Arabischen Gesellschaft Hauptvertreter der in der Tradition Bruno Kreiskys stehenden palästinenserfreundlichen Gruppe innerhalb der sozialistischen Regierungsfraktion, sprach öffentlich von einem israelischen „Willkürakt gegenüber der palästinensischen Bevölkerung".[41]

In Jerusalem eskalierte die Stimmung. Es kam einmal mehr zu Streiks und Protestdemonstrationen der arabischen Bevölkerung,[42] bei denen auch antiösterreichische Töne laut wurden. Bei den Freitagspredigten in den Moscheen der Stadt wurde das Hospiz als islamisches Eigentum reklamiert, das es zu verteidigen gelte.[43] Steine flogen gegen das Hospiz, und die österreichischen Bewohner des Hauses wurden auf der Straße tätlich bedroht.

Mit einem Schlag war das Hospiz nun Mittelpunkt einer weit über den Anlaßfall hinausreichenden internationalen Kontroverse geworden. Auch einflußreiche Zeitungen außerhalb Österreichs und des Nahen Ostens begannen, ausführlich über den Konflikt zu berichten. Die „Neue Zürcher Zeitung“ bezeichnete ihn als

> „ein typisches Beispiel für nahöstliche Mißverständisse, nationalistische Empfindlichkeiten und unüberwindlich scheinende Mentalitätsunterschiede. Jeder präsentiert eine andere Version der Vorgänge und Motive, je nachdem, woran er glaubt und welche Interessen er vertritt.“[44]

Versucht man, den Konflikt auf die reine Faktenlage zu reduzieren, so ergibt sich folgendes Bild: Auf den ersten Blick schien die Spitalssituation in Jerusalem ideal zu sein, gab es doch neun Spitäler, fünf jüdische und vier arabische. Drei der vier arabischen Spitäler waren aber privat und daher für die 40.000 palästinensischen Bewohner der Altstadt, von denen der Großteil unter der Armutsgrenze lebte, kaum erschwinglich. Die von Israelis geführten Spitäler kamen nicht nur deshalb nicht in Frage, weil sich arabische Patienten nicht in jüdischen Spitälern behandeln lassen wollten, sondern auch, weil sie auf dem System der Krankenversicherung basierten, ein Großteil der arabischen Bevölkerung aber nach wie vor nicht versichert war. So blieb der arabischen Bevölkerung lediglich das im Hospiz untergebrachte „Armenspital“, das zwar noch immer ein Provisorium und mittlerweile in einem katastrophalen medizinischen und sanitären Zustand war, aber die einzige Möglichkeit einer medizinischen Behandlung bot. Seit Eröffnung der Tagesklinik in Sheik Jerach war zwar die Inanspruchnahme des Spitals stark zurückgegangen – dies bot auch die Handhabe für die von der israelischen Gesundheitsbehörde sukzessive veranlaßten Reduktionen des Betten- und Personalstandes –, doch hatte es für die arabische Bevölkerung über die ärztliche Betreuung hinaus als eine der wenigen autonom geführten arabischen Institutionen einen großen Symbolwert.

Die österreichische Kirche befand sich in einer unangenehmen Situation. Auf der einen Seite hatte man jahre-, ja jahrzehntelang auf eine Rückgabe des Hauses gedrängt, auf der anderen Seite war man sich auch am Stephansplatz der humanitären Aspekte bewußt. Der Wiener Erzbischof Kardinal König machte das Angebot, auf dem Gelände des Hospizes eine Ambulanz zur ärztlichen Erstversorgung zu errichten, doch wurde dieser Vorschlag von arabischer Seite genauso wie die israelische Ankündigung, im Hospiz eine Notfallstation einzurichten, abgelehnt. Für die Palästinenser in Jerusalem war das Spital zu einem nationalen Wahrzeichen geworden. Der österreichische Journalist Heinz Nußbaumer bezeichnete die inzwischen verfahrene Situation im „Kurier" treffend als eine „tragische Dreiecksgeschichte zwischen Arabern, Israelis und Österreich".[45]

Am 24. Juli 1985 schaltete sich die österreichische Regierung, die bisher immer die Bemühungen um eine Rückgabe des Pilgerhauses unterstützt hatte, offiziell zugunsten des Weiterbestandes des Spitals ein. Botschafter Pleinert ersuchte um einen Aufschub der Spitalsschließung aus – wie es hieß – „rein humanitären Erwägungen."[46] In den frühen Morgenstunden des 29. Juli, also schon zwei Tage vor der angekündigten Schließung des Spitals, wurde die sich immer mehr zuspitzende Situation durch eine Blitzaktion der Israelis, die eine weitergehende Eskalation verhindern sollte und alle Beteiligten vor ein Fait accompli stellte, geregelt. Das Gelände rund um das Hospiz wurde von der israelischen Polizei großräumig abgeriegelt und das Spital evakuiert, ohne daß es dabei zu Zwischenfällen kam.[47] Palästinenser und Österreicher waren von dieser Vorgangsweise gleichermaßen überrascht. In Ostjerusalem begann unmittelbar nach Bekanntwerden der Räumung ein mehrtägiger Generalstreik, und in Österreich kam es zu wütenden Protesten PLO- und araberfreundlicher Regierungspolitiker.

Altkanzler Bruno Kreisky meldete sich als erster zu Wort und nannte die Spitalsschließung im Gespräch mit einer Tageszeitung „eine humanitäre Schande, eine unfaßbare politische Dummheit und ein neuerlicher Beweis dafür, daß die traditionelle Politik Österreichs in Nahost verlassen wurde."[48] Da Außenminister Leopold Gratz in Helsinki weilte, reagierte Innenminister Blecha, der die Ministervertretung wahrnahm, auf diesen Vorfall. Das Außenamt verfaßte eine in ungewöhnlich scharfem Ton abgefaßte Protestnote, die der österreichische Botschafter Pleinert im israelischen Außenministerium überreichen mußte. Darin wurde die israelische Regierung des rechtswidrigen Eingriffs in bestehende Mietrechte geziehen. Vor allem aber wurde betont, daß Österreich die Ausdehnung des Geltungsbereichs der israelischen Rechtsordnung auf Jerusalem als völkerrechtswidrigen Akt betrachte.[49]

Das Resultat der Note war eine schwere diplomatische Verstimmung zwischen Österreich und Israel. Der Generaldirektor des israelischen Außenministeriums David Kimche verweigerte die Annahme des den Status Jerusalems betreffenden Teils der Note. Israelische Politiker und Medien fanden für die österreichische Haltung harte Worte. Jerusalems Bürgermeister Teddy Kollek reagierte gegenüber Botschafter Pleinert erbost. Unzählige Male sei er von den Österreichern bestürmt worden, für die Rückgabe zu sorgen, nun beschuldige man Israel der Unmenschlichkeit.[50] Die „Jerusalem

Post" warf in einem mit „Austrian duplicity" übertitelten Leitartikel Österreich Doppelzüngigkeit vor und bezeichnete die israelische Reaktion auf die aus Wien kommenden „wahrlich seltsamen" Proteste als mild.[51] Auf internationaler Ebene betonte der israelische UNO-Botschafter Benjamin Netanyahu gegenüber UNO-Generalsekretär Perez de Cuellar, daß die Schließung des Spitals aus rein medizinischen Gründen erfolgt sei und nichts mit politischen Absichten Israels zu tun hatte.[52]

Inzwischen regte sich auch innerösterreichische Kritik am Vorgehen der Bundesregierung. Der außenpolitische Sprecher der Opposition, Ludwig Steiner, sprach seitens der Österreichischen Volkspartei von einem denkbar schlechten Dienst, den Blecha der Sache des Österreichischen Hospizes erwiesen habe.[53] Mit seiner Note an Israel habe sich der Innenminister als Elefant im Porzellanladen der Außenpolitik gebärdet und einen verfahrenen Karren endgültig in eine Sackgasse geführt.

Kardinal König blieb in der ganzen Kontroverse sehr zurückhaltend. Der österreichische Protest sei mit seinem Wissen, aber nicht über sein Ersuchen erfolgt, betonte er ausdrücklich. In Wien traf er mit dem aus Amman angereisten jordanischen Minister für die besetzten Gebiete, Taher Kan'An, zusammen und wiederholte ihm gegenüber das Angebot, auf dem Gelände des Hospizes eine Tagesklinik mit zirka 20 Betten unter kirchlicher Patronanz zu errichten. Sie könnte in Form einer gemischten Kommission gemeinsam mit einem Komitee aus „Bürgern der Jerusalemer Altstadt" geführt werden.[54]

Das Hospizgebäude stand in der Zwischenzeit leer. Aus Sicherheitsgründen hatten Schwester Liliosa und die österreichische Köchin Hilde Grundner Quartier im deutschen Benediktinerkloster Dormitio am Berg Sion bezogen. Bald darauf kehrte die Klosterschwester nach 52 Jahren in Jerusalem in ihr Mutterhaus zurück. Vizerektor Manfred Kniewasser wohnte in der Ecole Biblique seines Dominikanerordens. Zum Schutz des versperrten Gebäudes hatte Kniewasser gemeinsam mit Dr. Joseph Kollek einen privaten Wachdienst engagiert, nachdem sich der Versuch des Anwalts, einen Polizeiposten zur Bewachung des Hospizes aufzuziehen, als erfolglos herausgestellt hatte.[55] Die von der israelischen Regierung ursprünglich für 15. August angekündigte Eröffnung einer Erste-Hilfe-Station im Hospiz wurde mit der Begründung, daß es gegenüber Arbeitern, die das Haus renovieren sollten, Drohungen gegeben hätte, auf unbestimmte Zeit verschoben.

Im September 1985 versicherte der Generaldirektor des israelischen Gesundheitsministeriums Daniel Michaeli gegenüber Kardinal König, daß es Ziel der Regierung sei, die medizinische Versorgung der lokalen Bevölkerung zu gewährleisten, wenn möglich, ohne das der Kirche gehörende Hospiz dafür in Anspruch nehmen zu müssen. Er konnte nicht sagen, ob und wann die Erste-Hilfe-Station im Hospiz in Betrieb genommen würde, wollte aber in jedem Fall bald in Verhandlungen mit der österreichischen

Kirche über die Rückgabemodalitäten treten.[56] Im Dezember 1985 war dann endgültig klar, daß auf dem Gelände des Hospizes kein Spital mehr entstehen würde. In einem Briefwechsel versicherten sich die österreichische und die israelische Seite, keine wechselseitigen Forderungen beziehungsweise Ansprüche zu erheben.[57] Danach konnten die beiden Rechtsanwälte Dr. Julius Schuster und Dr. Franz Eckert das bis dahin versiegelte Gebäude, in dem sich mittlerweile jede Menge Ungeziefer eingenistet hatte, für das Kuratorium übernehmen. Noch vor Weihnachten, am 21. Dezember 1985, wurde erstmals nach der Schließung die heilige Messe in der Kapelle gelesen, und Ende Dezember besuchte wieder eine aus Österreich kommende Pilgergruppe das Hospiz.[58]

Nach 40 Jahren hatten somit die Bemühungen um die Rückgabe des Hospizes an die österreichische Kirche endlich zu einem positiven Ergebnis geführt.

1986 begannen im Kuratorium in Wien die Planungen für die erforderliche Generalsanierung des Gebäudes, das wieder ein Pilgerheim und eine Stätte der Begegnung werden sollte. Teddy Kollek konnte es nicht schnell genug gehen. Im Herbst 1986 drängte er bereits, mit der Renovierung zu beginnen. Tatsächlich lief die mit 47 Millionen bezifferte Generalsanierung unter der Leitung des Wiener Dombaumeisters Kurt Stögerer im Jänner 1987 an.[59] Der Großteil der 45 an der Baustelle beschäftigten Arbeiter waren Araber. Damit war man bestrebt, das Verhältnis zu der palästinensischen Bevölkerung der Altstadt zu entkrampfen. Auch die lokale Bauaufsicht übte ein Baumeister aus Bethlehem aus.

Um einen Teil der Renovierungskosten aufzubringen, wurde in Wien ein Unterstützungsverein, die Österreichische Gesellschaft vom Heiligen Land, ins Leben gerufen. Deren Vorsitz übernahm Altbundespräsident Rudolf Kirchschläger, der dem Hospiz nach wie vor verbunden war.

Die politischen Wogen rund um das Hospiz hatten sich in der Zwischenzeit geglättet. Die Palästinenser in der Altstadt fanden sich mit den Gegebenheiten ab, und die Geschäftsleute konnten durch die Pilger neue Kunden erwarten. Im übrigen war man von arabischer Seite froh, daß nicht die Israelis das Hospiz übernommen und damit ihren Fuß mitten in die Altstadt gesetzt hatten.[60] Dazu sollte es allerdings einige Zeit später in unmittelbarer Nachbarschaft des Pilgerhauses kommen, als 1988 der damalige israelische Verteidigungsminister und Exponent des rechten Likud-Flügels, Ariel Sharon, einen an und über der Straße gelegenen Gebäudekomplex erwarb und diesen ostentativ mit den israelischen Staatssymbolen versah. Im Zuge der darauffolgenden Demonstrationen versuchte die israelische Polizei, einen Posten im Hospiz zu errichten. Dies wurde vom zufällig anwesenden Rechtsanwalt Dr. Eckert unter Hinweis darauf, daß das Hospiz im Eigentum der Kirche stehe und daher als exterritorialer Boden gelte, allerdings verhindert. Damit entsprach er nicht nur der Doktrin des Heiligen Stuhles,

Freilegung der historistischen Fresken im Salon des Hospizes, 1987/88

die Annexion Ostjerusalems durch Israel nicht anzuerkennen, sondern erwarb auch die Wertschätzung der Palästinenser für das Haus. In der Folge traf Dr. Joseph Kollek mit dem Polizeipräsidium eine schriftliche Vereinbarung, wonach das Hospiz als eine kirchliche Einrichtung galt und Bewaffneten jeder Art der Eintritt untersagt wurde. Dieses Dokument erwies sich bei allen späteren Versuchen der israelischen Polizei, im Zuge der „Intifada" im Hospiz einen Posten zu errichten, als äußerst hilfreich.[61]

Im Zuge der Renovierungsarbeiten wurde penibel der ursprüngliche Bauzustand des Hospizes wiederhergestellt. Die aus dem Jahr 1893 stammenden historistischen Fresken im Salon des Hauses wurden unter dicken Schichten von Ölfarbe freigelegt. Die zutage tretenden biblischen Szenen und bischöflichen Wappen waren in Jerusalem einzigartig. Daneben wurden Zwei- und Dreibettzimmer, durchwegs ausgestattet mit Bad und WC, eingerichtet. Die technischen Einrichtungen des Hauses, wie die Küche oder das Heizungssystem, wurden auf den neuesten technischen Stand gebracht.

In der Schlußphase wurden die Restaurierungsarbeiten durch die im Dezember 1987 ausbrechende „Intifada" und die damit zusammenhängenden Streiks der Palästinenser erschwert. Dazu kam, daß bei einem schweren Unwetter im März 1988 ein Teil der

Gottesdienst zur Wiedereröffnung des Hospizes, v. l. n. r.: Prälat Franz Sauer, Rektor Wolfgang Schwarz, Generalabt Gebhard Koberger, Diakon Franz Eckert, 1988

Stützmauer des Hospizes in einer Länge von elf Metern und einer Höhe von neun Metern einstürzte. Trotz aller Schwierigkeiten konnten aber die Revitalisierung des Hospizes und die erforderliche Adaptierung des Schwesternhauses einigermaßen termingerecht abgeschlossen werden. Auch die eingestürzte Stützmauer wurde neu errichtet.[62]

Ab Februar 1988 war das Haus so weit wiederhergestellt und ausgestattet, daß der Pilgerbetrieb beginnen konnte. Am 19. März 1988, dem 125. Jahrestag der Einweihung der Hospizkapelle, fand die offizielle Wiedereröffnung des Pilgerhauses statt. Angesichts der durch die palästinensische Aufstandsbewegung bedrückenden politischen Situation in Ostjerusalem nahm man von einer allzu festlichen Eröffnungsfeier Abstand. In der Hospizkapelle zelebrierte der Vorsitzende des Kuratoriums des Pilgerhauses, Generalabt Koberger, in Anwesenheit von Prälat Sauer und des neuen Rektors, des Wiener Seelsorgers und Bibelwissenschafters Dr. Wolfgang Schwarz, einen feierlichen Gottesdienst. Er wünschte dem Haus, daß es zu einer Stätte werde, die Österreich mit dem Heiligen Land verbinde und zugleich ein Ort der friedlichen Begegnung zwischen Juden, Arabern und Christen sei.[63]

Obwohl der neue Rektor in der Anfangsphase manche Probleme mit viel Improvisation aus dem Weg räumen mußte, lief der Pilgerbetrieb an. Dabei waren die

Der langjährige Bürgermeister Jerusalems Teddy Kollek im Gespräch mit Rektor Wolfgang Schwarz

Rahmenbedingungen recht ungünstig. Ganz Ostjerusalem war geprägt von regelmäßigen Streiktagen, es kam immer wieder zu Demonstrationen und Ausschreitungen, gegen die die israelischen Sicherheitskräfte mit großer Härte und sehr oft unter Einsatz von Tränengas vorgingen. Vor allem die Gegend rund um das Damaskustor unweit des Hospizes war einer der Kristallisationspunkte der Auseinandersetzungen. Um von den hochgelegenen Hospizmauern die Straße zum Damaskustor besser überwachen zu können, wollte das israelische Militär auf dem Hospizgelände einen Posten errichten. Eine Intervention Teddy Kolleks mit dem Hinweis, daß es sich beim Hospiz um eine kirchliche Institution handle, half, dies zu verhindern. Dies war gerade angesichts des Umstandes, daß im Zuge der Intifada wieder alte arabische Ressentiments bezüglich des Pilgerhauses wach wurden, von Bedeutung.[64]

Das Personal bestand anfangs aus drei geistlichen Schwestern unter der Führung von Sr. Maria Glasauer von der Gemeinschaft der Englischen Fräulein. In der ersten Zeit, als der neue Rektor noch gleichzeitig Pfarrer in Wien-Mauer war, hatten sie das Haus praktisch im Alleingang geführt. Weiters gab es fünf arabische Angestellte und einige österreichische Volontäre, die einige Zeit im Hospiz verbrachten. Als Schwester Glasauer, weit über 70 Jahre alt, 1991 nach Österreich zurückkehrte und vorerst keine geistlichen Schwestern mehr im Hospiz lebten, wurde mit dem Theologen Johann Krammer ein Laie Assistent des Rektors.

Hatte es in der ersten Jahreshälfte 1990 den Anschein, daß sich die Lage in Jerusalem stabilisieren würde, so verschärfte sich mit der Besetzung Kuwaits durch den Irak auch in Israel die Situation wieder schlagartig. So gut wie alle Pilgergruppen und Einzelreisenden stornierten ihre Buchungen auf Grund der drohenden Kriegsgefahr, kündigte doch Saddam Hussein an, Israel würde im Falle eines Krieges das erste Opfer sein.[65] Durch das Tempelplatzmassaker im Oktober 1990 wurde die aggressive Stimmung weiter angeheizt, und unter der arabischen Bevölkerung Jerusalems, die ganz auf der Seite Saddam Husseins stand, wurden die Ressentiments gegenüber dem westlichen Ausland weiter aufgeschaukelt. Ende 1990 kam der Besucherstrom völlig zum Erliegen. Auch Israelis vermieden es, die Altstadt zu betreten.

Am 7. Jänner 1991 wurde der Berherbergungsbetrieb offiziell geschlossen.[66] Als der Luftkrieg der unter amerikanischer Führung stehenden Streitmacht gegen den Irak am 17. Jänner ausbrach – der Rektor befand sich gerade auf Österreichbesuch, um sein Versprechen gegenüber einem Mitglied der Österreichischen Botschaft Tel Aviv, seine Trauungsfeier zu leiten, einzulösen –, blieb lediglich sein Assistent Johann Krammer als einziger Österreicher freiwillig im Hospiz zurück. Die Rektorswohnung wurde als Notquartier für den Fall eines Giftgasangriffs eingerichtet. Kurz darauf flogen die ersten Raketen auf Israel. In den folgenden Tagen gab es fast jede Nacht Raketenalarm. Rund um Jerusalem herrschte Ausgangssperre, und niemand durfte ohne Gasmaske unterwegs sein. Noch während des Krieges kehrte Rektor Schwarz am 21. Jänner 1991 nach Jerusalem zurück. Am 28. Februar gingen die Kämpfe im Irak zu Ende, ohne daß Jerusalem Ziel eines Raketenangriffs geworden war.

Schon in der ersten Jahreshälfte entspannte sich die Situation in Jerusalem, und der Pilgerbetrieb begann sich zu erholen. In der Folge erlebte das Hospiz – parallel zum beginnenden Friedensprozeß – einen rapiden Anstieg der Besucherzahlen, die sich 1992 auf über 4.000 verdoppelten. Christliche Pilger, die im Hospiz einen Ort der Besinnung fanden, wie auch Touristen, die seine zentrale Lage inmitten der Altstadt schätzen, strömen seither ins Pilgerhaus. Es wurde darüber hinaus auch zu einer Begegnungsstätte, die Österreicher, Israelis und Palästinenser durch kulturelle Veranstaltungen, Vorträge und Symposien zusammenführt. Zum 130jährigen Bestehen des Pilgerhauses im März 1993 besuchten Wiens Kardinal Hans Hermann Groer und Bürgermeister Teddy Kollek das Hospiz, und am 14. November 1994 kam Bundespräsident Thomas Klestil anläßlich seines Staatsbesuchs in Israel ins Pilgerhaus. Es war dies das zweite Mal, daß ein österreichisches Staatsoberhaupt im Hospiz zu Gast war. Durch einen Zufall fiel der Besuch des Bundespräsidenten genau auf den Tag, an dem vor 125 Jahren Kaiser Franz Joseph dort verweilt hatte.

Bundespräsident Dr. Thomas Klestil am Dach des österreichischen Hospizes. Rechts die Kuppel des unierten armenischen Patriarchats, im Hintergrund der Felsendom, 1994

Zehn Jahre nach der Schließung des Hospizspitals fand auch das Problem der medizinischen Versorgung der Altstadt von Jerusalem eine Lösung. Im Juli 1995 wurde unmittelbar gegenüber dem Hospiz eine Klinik eröffnet, die großteils aus Mitteln der österreichischen Entwicklungszusammenarbeit unter Beteiligung der österreichischen Kirche finanziert wurde und unter der Ägide der Österreichisch-Arabischen Gesellschaft stand.[67] Staatssekretärin Benita Ferrero-Waldner und der Wiener Erzbischof-Koadjutor Christoph Schönborn kamen zu diesem Anlaß nach Jerusalem. Die Klinik wurde von der palästinensischen Bevölkerung gut angenommen, und 1996 ließen sich dort bereits mehr als 8.000 Patienten behandeln.[68]

Epilog

Als das Hospiz, das älteste nationale Pilgerhaus im Heiligen Land gerade in Bau war, schrieb anno 1857 der Legationssekretär der österreichischen Vertretung an der Hohen Pforte, Franz Ritter von Reyer, an Kardinal Rauscher: „... es wird nicht nur das schönste Hospiz, sondern auch das solideste Gebäude weit und breit im Oriente seyn, ...“.

Eines der eindrucksvollsten Gebäude Jerusalems ist das Hospiz bis heute geblieben. Und seiner soliden Bauweise hat es unter anderem zu verdanken, daß es die wechselvollen Ereignisse, die die Stadt während der letzten eineinhalb Jahrhunderte prägten, unbeschadet überstehen konnte. Daher ist auch die Geschichte des österreichischen Pilgerhauses stets in Verbindung mit jener Jerusalems zu sehen. Zu sehr ist dieses Haus eingebunden in die wechselvolle Entwicklung der den drei großen Weltreligionen heiligen Stadt Davids, Jesu Christi und des Islam.

Im Hospiz wird vieles der Beziehungen zwischen Österreich und dem Heiligen Land spürbar. Bis heute strahlt der Bau jene Atmosphäre der franzisko-josephinischen Zeit aus, auf die seine Entstehung zurückgeht. Es ist untrennbar verbunden mit dem ersten Besuch eines europäischen Monarchen in Jerusalem in der Neuzeit sowie mit den sozialhistorisch interessanten Volkspilgerzügen um die Jahrhundertwende. Es ist ein Symbol österreichischer Präsenz in Jerusalem, von der Anwesenheit österreichischer Franziskaner im Konvent der Terra Sancta, die schon in die Zeit vor der Errichtung des Hospizes zurückgeht, über jene oberösterreichischen Nonnen, die die österreichischen Eigentumsrechte während der Wirren des Zweiten Weltkrieges und der Nachkriegszeit mit persönlichem Mut und Zivilcourage aufrecht hielten, bis zur Wiedereröffnung im Jahr 1988.

Zugleich spiegelte sich im Hospiz seit seinen Anfängen ein Stück europäischer Kirchengeschichte im Heiligen Land wider. Von der Mitte des vergangenen Jahrhunderts bis zum Ende des Ersten Weltkrieges schwelte, teils offen, teils verdeckt, der Konflikt um die prestigeträchtige Frage, welcher der katholischen Mächte der erste Platz an den Stätten von Tod und Auferstehung Jesu Christi zukommen, welcher der Staaten angesichts der immer schwächer werdenden Autorität der Hohen Pforte das sogenannte Kirchenprotektorat über das Heilige Land ausüben würde.

In dieser Vielfalt der Zugänge lag das Faszinosum, eine Geschichte des Pilgerhauses zu schreiben, zugleich aber auch die Schwierigkeit, methodologisch unterschiedlich gelagerten Ansprüchen, seien sie kirchengeschichtlicher, diplomatiegeschichtlicher, sozialhistorischer oder regionalgeschichtlicher Natur, gerecht zu werden. Es handelt sich bei der Geschichte des Österreichischen Hospizes zweifellos und in erster Linie um ein Stück österreichischer Geschichte, allerdings vor dem Hintergrund der Entwicklung Palästinas bzw. Israels, dessen Historiographie sich in einer Phase der kritischen Neuorientierung befindet.

Hauptbasis der vorliegenden Studie bildeten drei große, bisher noch kaum ausgewertete Quellenbestände: die in Jerusalem befindlichen Archivalien des Pilgerhauses, das Konsulatsarchiv Jerusalem im Wiener Haus-, Hof- und Staatsarchiv und die das Hospiz betreffenden Bestände im Wiener Diözesanarchiv.

Trotz des Umstandes, daß das Hospiz von 1939 bis 1985 in fremder Hand war, blieben die Bestände zur Geschichte des Hauses unbeschadet erhalten. Rechtzeitig hatten die österreichischen Schwestern alle Unterlagen im einzigen Raum des Hauses, der von den seit Beginn des Zweiten Weltkrieges aufeinanderfolgenden unterschiedlichen Nutzern des Hauses stets unbehelligt blieb, nämlich der Kapelle, untergebracht. Dort, auf der Orgelempore, überdauerten sie alle Wirrnisse.

Anläßlich eines Besuches in Jersusalem im Jahre 1991 wurde Univ. Prof. Dr. Gerald Stourzh vom Rektor des Hauses, Msgr. Dr. Wolfgang Schwarz, auf die im Pilgerhaus befindlichen ungehobenen archivalischen Schätze aufmerksam gemacht. Bereits eine erste Durchsicht zeigte, daß die Akten eine substantielle Grundlage für eine Geschichte des Hospizes bieten würden. In der Folge initiierte Professor Stourzh im Rahmen des Forschungsschwerpunktes „Grenzenloses Österreich" des Wissenschaftsministeriums ein mehrjähriges Forschungsprojekt, dessen Ergebnisse die Grundlage für das vorliegende Buch bilden.

Im Zuge der Arbeit an diesem Projekt stellte sich bald heraus, daß sich die in Jerusalem aufbewahrten Akten mit den in Österreich abgelegten Archivbeständen komplementär ergänzten, vor allem mit den im Haus-, Hof- und Staatsarchiv befindlichen Unterlagen des Konsulats Jerusalem und den Beständen des Diözesanarchivs. In geringerem Umfang wurden auch jene des Allgemeinen Verwaltungsarchivs und anderer Archive herangezogen. Bezüglich der im Staatsarchiv untergebrachten Bestände danke ich Generaldirektor Hofrat Dr. Lorenz Mikoletzky; was die im Haus-, Hof- und Staatsarchiv befindlichen Akten des Konsulats Jerusalem betrifft, bin ich Dr. Leopold Kammerhofer für die entgegenkommende und unbürokratische Betreuung verbunden. Im Diözesanarchiv erhielt ich durch Dr. Annemarie Fenzl und Dr. Johann Weißensteiner eine wertvolle Unterstützung.

Für das vielfältige Entgegenkommen beim Quellenstudium im Österreichischen

Hospiz in Jerusalem danke ich dessen Rektor, Msgr. Dr. Wolfgang Schwarz. Gemeinsam mit seinen Mitarbeitern – insbesondere Mag. Johann Krammer und Sr. Maria Cordis Feuerstein, OP – schuf er optimale Bedingungen für die wissenschaftliche Arbeit an Ort und Stelle und gab mir wertvolle Hinweise, ohne auf die inhaltliche Ausrichtung des entstehenden Buches Einfluß zu nehmen. Seitens des Kuratoriums des Pilgerhauses erinnere ich mich dankbar an den leider zu früh verstorbenen Kurator Dr. Julius Schuster, mit dem ich noch im Frühjahr 1995, wenige Wochen vor seinem unerwarteten Ableben, am Symposium „Austrian Presence in the Holy Land" teilgenommen hatte. Sein Nachfolger, Professor Dr. Franz Eckert, unterstützte das Entstehen des vorliegenden Buches ebenfalls in entgegenkommender Weise. Seitens des Wissenschaftsressorts bin ich Univ. Doz. Dr. Günther Burkert-Dottolo, der das dem Buch zugrunde liegende Forschungsprojekt ermöglichte, sowie Ministerialrat Alois Söhn in besonderer Weise verbunden. Seitens des Böhlau Verlags danke ich Dr. Peter Rauch, Dr. Eva Reinhold-Weisz und insbesondere Mag. Bettina Waringer, die mit großer Sorgfalt die Produktion des Buches betreute und begleitete. Einige Zeitzeugen, die die letzten Jahrzehnte der wechselvollen Geschichte des Pilgerhauses aus eigener Anschauung, wenn auch von unterschiedlichen Blickwinkeln aus miterlebt hatten, stellten sich freundlicherweise für längere Gespräche zur Verfügung. Es waren dies Schwester Liliosa Fasching, der langjährige Chefarzt des Spitals, Dr. Abdallah A. Khoury, Rechtsanwalt Dr. Joseph Kollek, der mir wichtige Dokumente aus dem Archiv seiner Kanzlei zur Verfügung stellte, sowie S. E. Kardinal DDr. Franz König. Sein Interesse am Buch führte dazu, daß er sich trotz zahlreicher Verpflichtungen bereit erklärte, das Vorwort zu verfassen.

Schließlich standen mir einige Kolleginnen und Kollegen mit wertvollen Ratschlägen und Hinweisen hilfreich zur Seite. Stellvertretend für sie alle danke ich Univ. Prof. Dr. Dieter A. Binder, Univ. Doz. DDr. Oliver Rathkolb und Dr. Johannes Schönner; weiters Mag. Barbara Haider, die im Rahmen ihrer Tätigkeit an der Historischen Kommission der Österreichischen Akademie der Wissenschaften zeitgleich zur Entstehung dieses Buches die Edition der Akten des Österreichischen Konsulats in Jerusalem betreute und mir vielfache Unterstützung zuteil werden ließ. In Dr. Doris Sottopietra hatte ich eine kompetente und kritische Lektorin des Manuskriptes, der ich für zahlreiche sprachliche und inhaltliche Verbesserungen dankbar bin.

Schließlich danke ich meinen Eltern. Ich weiß nicht, ob ohne ihre aufmunternde Unterstützung das vorliegende Buch, das neben einer spannenden, aber zeitintensiven beruflichen Tätigkeit geschrieben wurde, zustande gekommen wäre.

Helmut Wohnout

Anmerkungen

ÖSTERREICH UND PALÄSTINA IM 19. JAHRHUNDERT

1 Friedrich Heyer, Kirchengeschichte des Heiligen Landes, Stuttgart/Berlin/Köln/Mainz 1984, S. 137; Giuseppe Nazarro, Die Franziskaner im Heiligen Land, Jerusalem 1995, S. 10; zur moslemischen Herrschaft in Palästina: Richard Hartmann, Palästina unter den Arabern 632–1516, Leipzig 1915, S. 45–50.

2 Zur Kustodie vgl. zusammenfassend: HHStA, PA I, Generalia X, 10 D-J, Mappe Jerusalem 2, „Über die Kustodie des Heiligen Landes" sowie: Nazarro (1995), S. 9–11; Leonhard Lemmens, Geschichte der Franziskanermissionen (= Veröffentlichungen des internationalen Instituts für missionswissenschaftliche Forschungen: Missionswissenschaftliche Abhandlungen und Texte, Bd. 12), Münster 1929, S. 61–78.

3 Zur völkerrechtlichen Vertragspraxis zwischen dem Osmanischen Reich und den europäischen Großmächten in der Frühneuzeit generell vgl.: Alfred Kohler, Dynastes, bellum et pax. Zur Systemisierung und Verrechtlichung der Internationalen Beziehungen im 15./16. Jahrhundert, in: Thomas Angerer/Birgitta Bader-Zaar/Margarete Grandner (Hg.), Geschichte und Recht. Festschrift für Gerald Stourzh zum 70. Geburtstag, Wien/Köln/Weimar 1999, S. 387–411, hier S. 397–402.

4 Vgl. dazu zusammenfassend: Dorothea McEwan, The Habsburg Church Protectorate in the Holy Land, in: Marian Wrba (Hg.), Austrian Presence in the Holy Land in the 19th and early 20th Century. Proceedings of the Symposium in the Austrian Hospice on March 1–2, 1995, Tel Aviv 1996, S. 52–65, hier S. 55–57.

5 Denkblatt des österreichisch-ungarischen Pilgerhauses „zur heiligen Familie" in Jerusalem. Herausgegeben vom Curatorium des Pilgerhauses, Wien 1896, S. 6.

6 Alexander Schölch, Jerusalem in the 19th Century (1831– 1917 AD), in: Kamil J. Asali (Hg.), Jerusalem in History, New York 1990, S. 228–248, hier S. 229.

7 Für Roger Heacock bedeutet das Auftreten Napoleons den „Beginn der Moderne" für Ägypten und Palästina. Roger Heacock, Der Niedergang des osmanischen Reiches und die Neuordnung Palästinas, in: Eva Grabherr (Hg.), Das Dreieck im Sand. 50 Jahre Staat Israel, Wien 1997, S. 34–48, hier S. 37; ähnlich in seiner Einschätzung auch: Alex Carmel, Christen als Pioniere im Heiligen Land. Ein Beitrag zur Geschichte der Pilgermission und des Wiederaufbaus Palästinas im 19. Jahrhundert (Theologische Zeitschrift, Sonderband 10), Basel 1981, S. 16.

8 Vgl. dazu zusammenfassend: Erika Mayr-Oehring (Hg.), Orient. Österreichische Malerei zwischen 1848 und 1914, Salzburg 1997, sowie dort insbesondere: Günther Wimmer, Orientreisen und Orientbilder, S. 14–26.

9 Heyer (1984), S. 176.

10 Zur Biographie Salzbachers siehe: Österreichisches Biographisches Lexikon 1815–1950, Bd. 9, Wien 1988, S. 399; Constant von Wurzbach, Biographisches Lexikon des Kaiserthums Oesterreich, Bd. 28, Wien 1874, S. 162f.

11 Joseph Salzbacher, Erinnerungen aus meiner Pilgerreise nach Rom und Jerusalem im Jahre 1837, Bd. 2, Wien 1839.

12 Jahrbuch des österr.-ungar. Pilgerhauses „Zur heiligen Familie" in Jerusalem. Herausgegeben vom Kuratorium, Jg. 1, Wien 1905, S. 2.

13 „Grundregeln und Vorschriften für das General-Commissariat der heiligen Länder", 16.12.1843, AVA, NK, Zl. 543/1893 – 65 Pal., 31.3.1893.

14 Wörtlich hieß es: „2. Da mit Unterstützungen an Gelde allein der Zweck nicht erreicht werden würde, sondern da es nothwendig ist, dafür zu sorgen, daß die in die heiligen Orte wallfahrtenden Christen dort fromme Priester finden, die ihrer Sprache kundig sind und für ihr Seelenheil wirken können, so sollen vier bis sechs Priester aus den Österreichischen Staaten, welche der deutschen oder einer slavischen, oder der ungarischen, oder der italienischen oder der französischen Sprache kundig sind, als Missionare dahin gesendet und in Jerusalem, oder einem anderen in Syrien oder Ägypten befindlichen Kloster unterhalten werden." Grundregeln und Vorschriften für das General-Commissariat der heiligen Länder, 16.12.1843, AVA, NK, Zl. 543/1893 – 65 Pal., 31.3.1893.

15 DA, Präs. J 6, o.Z., 30.7.1844.

16 Vgl. dazu die im Diözesanarchiv befindlichen, leider nicht gezeichneten Memoranden der Jahre 1845/46. DA, J 6, Präs. 1842–46, o.Z. Mildes besonderes Interesse hatte wohl auch mit seiner Kenntnis der orientalischen Sprachen, die er sich schon während seines Studiums angeeignet hatte, zu tun. Erwin Gatz, Die Bischöfe der deutschsprachigen Länder 1785/1803 bis 1945. Ein biographisches Lexikon, Berlin 1983, S. 508ff.

17 Haim Goren/Yehoshua Ben-Arieh, Catholic Austria and Jerusalem in the Nineteenth Century: The Beginnings, in: Wrba (1996), S. 7–24, hier S. 16f.

18 „Kurze Relation über den Zustand der Missionäre der Pater-Franziskaner im H. Lande im Jahre 1845", DA, Präs. J 6, o.Z., 28.1.1846; zur Biographie von Mosetizh vgl.: Wurzbach, Biographisches Lexikon, Bd. 19, Wien 1868, S. 155f. (dort allerdings fälschlich als Mosetti bezeichnet; die hier verwendete Schreibweise bezieht sich auf die von ihm selbst verwendete Schreibung seines Namens).

19 Für das Folgende vgl.: Heyer (1984), S. 176–190.

20 Goren/Ben-Arieh, (1996) S. 14f.; Mordechai Eliav, Das österreichische Konsulat in Jerusalem und die jüdische Bevölkerung, in: Anna M. Drabek/Mordechai Eliav/Gerald Stourzh (Hg.), Prag – Czernowitz – Jerusalem. Der österreichische Staat und die Juden vom Zeitalter des Absolutismus bis zum Ende der Monarchie (= Studia Judaica Austriaca, Bd. 10), Eisenstadt 1984, S. 31–72, hier S. 36.

21 Zur Biographie Valergas vgl.: Pierre Duvignau, Une Vie au Service de l'Eglise. S.B. Mgr. Joseph Valerga. Patriarche Latin de Jerusalem 1813–1872, Jerusalem 1972.

22 Heyer (1984), S. 190.

23 Alexander Schölch, Europa und Palästina 1838–1917, in: Helmut Mejcher (Hg.), Die Palästina-Frage 1917–1948. Historische Ursprünge und internationale Dimensionen eines Nationenkonflikts, Paderborn/München/Wien/Zürich ²1993, S. 12–47, hier S. 15.
24 Vgl. dazu: Horst Haselsteiner, Die Außenpolitik des Kaisertums Österreich 1804–1848, in: Kaisertum Österreich 1804– 1848. Ausstellung Schallaburg 1996, Bad Vöslau 1996, S. 21–39, hier S. 38f.
25 Schölch, (1993), S. 16.
26 Eliav (1984), S. 35.
27 FA, Präs. Zl. 2680/1841, 27.4.1841.
28 FA, Präs. Zl. 2938/1845, 10.4.1845.
29 Eliav (1984), S. 31–40; Mordechai Eliav unter Mitarbeit von Barbara Haider, Österreich und das Heilige Land. Ausgewählte Konsulatsdokumente aus Jerusalem 1849–1917 (unveröffentlichtes Manuskript), Dok. 1–4. Diese vor der Publikation stehende Quellenedition der Historischen Kommission der Österreichischen Akademie der Wissenschaften wird im folgenden kurz als „Eliav/Haider, Ausgewählte Dokumente" unter Angabe der entsprechenden Dokumentennummer zitiert. Für die Ermöglichung der Einsichtnahme in das Manuskript ist der Verfasser der Historischen Kommission zu Dank verpflichtet.
30 Eliav/Haider, Ausgewählte Dokumente, Dok. Nr. 3.
31 Ebd.
32 Eliav/Haider, Ausgewählte Dokumente, Dok. Nr. 5.
33 Eliav (1984), S. 53.
34 Mordechai Eliav, Britain and the Holy Land 1838–1914. Selected Documents from the British Consulate in Jerusalem, Jerusalem 1997, S. 163.
35 Eliav (1984), S. 42f.
36 Eliav/Haider, Ausgewählte Dokumente, Dok. Nr. 16.
37 Ebd.

Die Gründung des Pilgerhauses

1 Vgl. dazu: Missions-Notizen aus dem heiligen Lande, Heft 3, Wien 1849, S. 19–23; Yehoshua Ben-Arieh, Jerusalem in the 19th Century. The Old City, Jerusalem/New York 1984, S. 230.
2 DA, Präs. J 6, Zl. 2162/D/1952, 21.2.1852.
3 Heyer (1984), S. 190; Saul P. Colbi, Christianity in the Holy Land, Tel Aviv 1969, S. 95.
4 DA, Präs. J 6, Zl. 6054/P/1852, 16.10.1852.
5 Das entsprechende Dekret der Propaganda fide datiert vom 9.9.1851. DA, Präs. J 6, Zl. 5760/P/1852, 23.2.1852.
6 Erzbischof Milde bewertete die Tätigkeit Valergas in einer Stellungnahme gegenüber dem

österreichischen Ministerium des Äußeren einmal wörtlich so, „daß der Patriarch Msgr. Valerga das Beste unserer h. Religion wirklich befördern will, allein er will dasselbe wie es scheint nur als Franzose, nur durch Franzosen und nur zum Besten Frankreichs. Daher begünstigt und befördert er an allen Orten die Lazaristen, die Schwestern der Congregation des h. Josef und sucht ... nach und nach die Franziskaner auf eine indirekte Art zu entfernen, weil Frankreich keine Glieder dieses Ordens hat." Die Tatsache, daß aus Frankreich selbst keinerlei Spendengelder an die Kirche im Heiligen Land flossen, trug in Österreich zusätzlich zur Verbitterung bei. DA, Präs. J 6, Zl. 6054/P/1852, 16.10.1852.

7 Ebd.

8 DA, Präs. J 6, Zl. 5831/P/1852, 17.4.1852.

9 Vgl. dazu: HHStA, Kons. Jer., Mappe „Projekt des Baus eines österr. kath. Spitals 1852", o. Z. (K 126, fol. 701–706).

10 HHStA, Kons. Jer., Mappe „Projekt des Baus eines österr. kath. Spitals 1852", o.Z. (K 126, fol. 704–706). Zur Krankenstation der Franziskaner siehe: Norbert Schwake, Die Entwicklung des Krankenhauswesens der Stadt Jerusalem vom Ende des 18. bis zum Beginn des 20. Jahrhunderts, Herzogenrath 1983, Bd. 1, S. 99– 107.

11 DA, Präs. J 6, Zl. 5831/P/1852, 17.4.1852.

12 Vgl. dazu: Missions-Notizen aus dem heiligen Lande, Heft 7, Wien 1854, S. 116.

13 Schwake (1983), S. 347ff.; Duvignau (1972), S. 194ff.

14 Fast wortgleich wie Helfert hatte bereits Milde in seiner Antwort auf eine diesbezügliche Anfrage des Unterstaatssekretärs bemerkt: „Ich bin nicht der Meinung, daß man die französischen Absichten des Patriarchen mit österreichischen Geldern unterstützen soll, sondern glaube, daß es besser ist, wenn für die österreichischen Pilgrime ein Spital von den in Österreich gesammelten Beiträgen errichtet werde." Außerdem, so fügte er hinzu, habe sich das unter seinem Protektorat stehende Generalkommissariat mit der Kustodie wegen eines entsprechenden Objekts bereits ins Einvernehmen gesetzt. DA, Präs. J 6, Zl. 5914/P/1852, 7.6.1852.

15 HHStA, AR, F 27, Zl. 10.744 D-präs., 17.8.1852.

16 HHStA, AR, F 27, Zl. 15.908-D präs., 6.12.1852; DA, Präs. J 6, Zl. 15 908/P/1852, 29.12.1852.

17 Missions-Notizen aus dem heiligen Lande, Heft 6, Wien 1852, „Vorbericht".

18 Vgl. dazu die Darlegungen Mildes gegenüber dem Ministerium des Äußeren vom 16.10.1852. DA, Präs. J 6, Zl. 6054/P/1852, 16.10.1852.

19 DA, Präs. J 6, o.Z., „Protokoll aufgenommen in der Sitzung des General-Commissariates des h. Landes in Wien, am 19. November 1852".

20 DA, Präs. J 6, Zl. 6133/P/1852, 30.12.1852.

21 HHStA, Kons. Jer., Mappe „Österreichisch-ungarisches Pilgerhaus 1853–1870", o.Z., 10.1.1853 (K 130, fol. 625–626).

22 HHStA, AR, F 27, Zl. 5265-D V-präs., 19.4.1853.

23 DA, Präs. J 6, Zl. 6264/P/1853, 19.4.1853.

24 HHStA, AR, F. 27, o.Z., 17.7.1853 (K 17, fol. 23–26).
25 HHStA, AR, F 27, Zl. 11 468 D.I. - präs., 14.8.1853.
26 HHStA, AR, F 27, Zl. 11 468 D.I. - praes., 14.8.1853.
27 HHStA, Kons. Jer., Mappe „Österreichisch-ungarisches Pilgerhaus 1853–1870“, o.Z., 30.10.1853 (K 130, fol. 620–621); HHStA, AR, F 27, Zl. 15 454 D.I. - praes., 31.10.1853.
28 Ebd.
29 HHStA, Kons. Jer., Mappe „Österreichisch-ungarisches Pilgerhaus 1853–1870“, o.Z. (K 130, fol. 627–628).
30 HHStA, AR, F 27, Zl. 2862 D.I. - praes., 2.3.1854.
31 HHStA, Kons. Jer., Mappe „Österreichisch-ungarisches Pilgerhaus 1853–1870“, o.Z. (K 130, fol. 602–607).
32 DA, Präs. J 6, Zl. 122/Pr./1853, 1.11.1853.
33 HHStA, AR, F 27, Zl. 3863 D.I. - praes., 24.3.1854.
34 Der von Pizzamano angekaufte Grund war Rauscher zu klein und zu wenig repräsentativ, man könne auf ihm kein Gebäude errichten, „wie man es für ein unter dem Protektorate Seiner k.k. apostolischen Majestät stehendes Pilgerhaus erwartet und umso mehr erwartet, je mehr bereits davon gesprochen und in den Zeitungen davon verlautbart worden ist.“ Es war daraufhin für Pizzamano problemlos möglich, den Kauf rückgängig zu machen. HHStA, AR, F 27, Zl. 6912 D.I.- praes., 25.5.1854.
35 Eliav/Haider, Ausgewählte Dokumente, Dok. Nr. 27.
36 Ben-Arieh (1984), S. 177.
37 HHStA, Kons. Jer., Mappe „Österreichisch-ungarisches Pilgerhaus 1853–1870“, o.Z. (K 130, fol. 587); HHStA, AR, F 27, Zl. 13 019 D.I. - praes., 4.10.1854. Die einzige Sorge, die Rauscher gegenüber Außenminister Buol-Schauenstein anklingen ließ, betraf den Umstand, daß das Objekt im arabischen Viertel Jerusalems lag. Um daher „Störungen und Verunglimpfungen“ seitens der benachbarten mohammedanischen Bevölkerung zu entgehen, müßte das Pilgerhaus unter der Aufsicht des Konsuls stehen, insbesondere in Hinblick darauf, daß das benachbarte Konsulatsgebäude nur gemietet war und nach Ablauf des noch neun Jahre laufenden Mietvertrags die Weitervermietung an den Konsul unsicher war. Rauscher versuchte daher, Buol-Schauenstein dazu zu bewegen, das Konsulatsgebäude ebenfalls anzukaufen. Dies wurde von Pizzamano zwar versucht, blieb aber erfolglos.
38 HHStA, Kons. Jer., Mappe „Österreichisch-ungar. Pilgerhaus 1853–1870“, o.Z. (K 130, fol. 592–600).
39 HHStA, AR, F 27, Zl. 9633 D.I. - praes., 4.8.1855.
40 HHStA, AR, F 27, Zl. 9938 D.I. - praes., 11.8.1856.
41 DA, Präs. J 6, o. Z., 9.4.1855.
42 Cölestin Wolfsgruber, Joseph Othmar Cardinal Rauscher, Fürsterzbischof von Wien. Sein Leben und sein Wirken, Freiburg i. B. 1888, S. 471.
43 HHStA, Familienkorrespondenz A, Fasc. Briefe Erzh. Ferdinand Max. an S.M. Kaiser Franz Joseph I., 23.7.1855.

44 Wörtlich schrieb er seinem Bruder: „Monsignore Valerga als Franzosendiener und Piemontese haßt Österreich und hat schon ganz offen geäußert, daß er österreichischen Einfluß nie aufkommen lassen werde." Ebd.

45 HHStA, AR, F 27, Zl. 11 824 D.I. - praes. 22.9.1855. Eine vollständige Übersetzung des Hodschet, allerdings mit der unzutreffenden Angabe des Ankaufsdatums vom 26.11.1855, wurde publiziert in: Jahrbuch des österr.-ungar. Pilgerhauses „Zur heiligen Familie" in Jerusalem. Herausgegeben vom Kuratorium, Jg. 1, Wien 1905, S. 9–12.

46 Ermete Pierotti war vor allem auch für die osmanischen Verwaltungsbehörden tätig, entwarf unter anderem die 1868 fertiggestellte, für Fuhrwerke benutzbare Straße von Jaffa nach Jerusalem und beschäftigte sich – allerdings teilweise fehlerhaft – mit der biblischen Topographie Jerusalems und Palästinas; siehe dazu: Schölch (1990), S. 237; Heyer (1984), S. 222; Ben-Arieh (1984), S. 8.

47 HHStA, Kons. Jer., Mappe „Österreichisch-ungarisches Pilgerhaus 1853–1870", o.Z. (K 130, fol. 592–600).

48 HHStA, AR, F 27, Zl. 13 028 D.I. - praes., 20.10.1855.

49 AVA, Handelsministerium, Präs. Zl. 3684/HM, 9./11.12.1855.

50 Vgl. dazu die vorliegenden Pläne und Zeichnungen Endlichers; ÖHJ, 5.8.1856.

51 HHStA, AR, F 27, Zl. 4963 D.I. - praes., 14.6.1856.

52 HHStA, AR, F 27, Zl. 9431 D.I. - praes., 10.7.1856.

53 DA, Präs. J 6, Zl. 905/P/1856, 15.10.1856. Die Fundamente wurden schließlich 11 bis 13 Meter tief aufgemauert. In dem dadurch entstandenen Souterrain konnte man die ursprünglich für das Erdgeschoß vorgesehenen Küchen, Speisekammern etc. unterbringen und so zusätzlichen Wohnraum gewinnen.

54 Vgl. dazu: DA, Präs. J 6, Zl. 912/P/1856, 26.10.1856 sowie den angelegten Plan Endlichers vom 5.8.1856; ÖHJ, 5.8.1856. Gegenüber dem Internuntius in Konstantinopel, Prokesch-Osten, beschrieb Pizzamano am 21.1.1857 die Funde folgendermaßen: „Bei den bis zum Felsengrund durchgeführten Grabungen stieß man auf Spuren antiker Bauten, wie dicke Mauern, Teilstücke von Höhlen, Kapitelle und sogar auf einige Räume mit einfachem weißen Mosaik bis zu einer Tiefe von 40 bis 50 Fuß (ca. 15 Meter, Anm. d. Verf.) unter dem Niveau der öffentlichen Straße." Eliav/Haider, Ausgewählte Dokumente, Dok. Nr. 33.

55 DA, Präs. J 6, Zl. 13461-P/1856, 11.10.1856. Der britische Konsul James Finn notierte in diesem Zusammenhang: „The Austrian influence is of course considerable among the labouring population of Jerusalem and Bethlehem, from the number of men kept in unemployment, – the purchase of large rocks for quarrying, the cutting of stones of greater size than for any period since that of the Romans, and the conveyance of these on carts to the city. It is but lately that the first ruts of wheels were seen about Jerusalem since unknown centuries." Eliav (1997), S. 185. Betreffend die Lokalisierung des Steinbruchs dankt der Verfasser Dr. Haim Goren, Universität Haifa, für einen diesbezüglichen Hinweis.

56 Dies behauptete zumindest Kardinal Rauscher in einer retrospektiven Zusammenfassung der Baugeschichte gegenüber Außenminister Buol-Schauenstein. HHStA, AR, F 27, Zl. 3003 D.I.- praes., 10.3.1858.
57 DA, Präs. J 6, Zl. 945/P/1856, 11.11./11.12.1856.
58 DA, Präs. J 6, Zl. 1035/P/1856, 14.2.1857; sowie: Eliav/Haider, Ausgewählte Dokumente, Dok. Nr. 33.
59 Eliav/Haider, Ausgewählte Dokumente, Dok. Nr. 33.
60 HHStA, Kons. Jer., Mappe „Österreichisch-ungarisches Pilgerhaus 1853–1870“, o.Z. (K 130, fol. 446–448).
61 DA, Präs. J 6, o.Z., Matzek an Pizzamano, 26.5.1857.
62 DA, Präs. J 6, o.Z., 26.6.1857.
63 Gatz (1983), S. 597.
64 DA, ÖPJ-Kur., K 3, M 3, o.D.
65 HHStA, Kons. Jer., „Akten des österreichisch-ungarischen Pilgerhauses 1853-1870“, o.Z., Matzek an Pizzamano, 12.6.1857.
66 HHStA, Kons. Jer., „Akten des österreichisch-ungarischen Pilgerhauses 1853-1870“, o. Z., Matzek an Pizzamano, 9.8. 1857
67 HHStA, Kons. Jer., „Akten des österreichisch-ungarischen Pilgerhauses 1853-1870“, o.Z., Matzek an Pizzamano, 27.11.1857.
68 HHStA, AR, F 27, Zl. 1976 D.I. - praes., 13.2.1858.
69 Ebd.
70 HHStA, AR, F 27, Zl. 2326 D.I. - praes., 21.2.1858.
71 Eliav (1997), S. 185, S. 190–193.
72 Vgl. dazu: Andreas Patera, Die k.k. Postämter in Syrien und in Palästina, in: Postrundschau 11/1992, S. 27–31; Ders., Die k.k. Postämter in Palästina, in: Postrundschau 12/1992, S. 26–31; zur Vorgeschichte siehe auch: Eliav/Haider, Ausgewählte Dokumente, Dok. Nr. 23, Nr. 25.
73 Dies geht aus einem Schreiben Rauschers an Buol-Schauenstein vom 10.3.1858 hervor; HHStA, AR, F 27, Zl. 3003 D.I. - praes., 10.3.1858.
74 HHStA, AR, F 27, Zl. 3743 D.I. - praes., 27.3.1858; Zl. 5723 D.I. - praes., 10.5.1858.
75 HHStA, AR, F 27, Zl. 6993 D.I. - praes., 14.6.1858.
76 HHStA, Kons. Jer., „Akten des österr.-ungar. Pilgerhauses 1853–1870“, o.Z. (K 130, fol. 442f.).
77 Offiziell lehnte Kaiser Franz Joseph erst am 11.1.1861 den allerhöchsten Vortrag Buol-Schauensteins vom 14. Juni 1858 ab. HHStA, AR, F 27, Zl. 6993 D.I. - praes., 14.6.1858/11.1.1861.
78 HHStA, Kons. Jer., „Akten des österreichisch-ungarischen Pilgerhauses 1853-1870“, o.Z., Matzek an Pizzamano, 15.1.1860.
79 DA, Präs. J 6, Zl. 2139/P/1860, 26.7.1860.
80 DA, Präs. J 6, o.Z., 28.2.1856.

81 DA, Präs. J 6, Zl. 1895/Pr./1859, 14.8.1859. Was Rauscher in diesem Zusammenhang ärgerte, war die Tatsache, daß Valerga ansonsten Niederlassungen von Kongregationen im Heiligen Land durchaus förderte, erblickte er darin doch eine Möglichkeit, das Monopol der Franziskaner zu brechen. Heyer spricht in seiner Kirchengeschichte des Heiligen Landes von einer vergleichslosen Dichte an monastischen Institutionsgründungen zwischen 1863 und 1890. Heyer (1984), S. 195.

82 HHStA, AR, F 27, Zl. 9558 D.I. - praes., 7.9.1861.

83 HHStA, AR, F 27, Zl. 10 982 D.I. - praes., 14.10.1861.

84 HHStA, AR, F 27, Zl. 4218 O.-pr., 14.4.1863. Im Jahr 1871 schrieb Rauscher rückblickend: „Allein Kardinal Barnabo unterstützte den Patriarchen Valerga und um ... das Pilgerhaus eröffnen zu können, mußte ich mich entschließen, die Leitung desselben zwei Weltpriestern anzuvertrauen: wogegen Valerga keine Einwendung machen konnte und auch nicht machte." HHStA, AR. F 27, Zl. 9723 - VI - 1871, 17.7.1871.

85 DA, Präs. J 6, Zl. 2619/Pr./1863, 24.11.1863; Zl. 2620/Pr./1863, 3.12.1863.

86 DA, Präs. J 6, Zl. 2622/Pr/1862., 20.12.1862; HHStA, AR, F 27, Zl. 4218 O.-praes., 14.4.1863.

87 Ebd.

DAS PILGERHAUS IM ZEICHEN DER HABSBURGERMONARCHIE

1 HHStA, AR, F 27, Zl. 4218 O.-pr., 14.4.1863.

2 (Joseph Othmar Rauscher,) Das österreichische Pilgerhaus zu Jerusalem. Aus einem Schreiben Seiner Eminenz des Hochwürdigsten Herrn Kardinales Fürst-Erzbischofes von Wien an die Hochwürdigsten Herren Erzbischöfe und Bischöfe des Kaiserthumes vom 18. Jänner 1863, o.O. 1863, S. 8–10.

3 ÖHJ, Pilgerbuch des Österreichischen Pilgerhauses: 1877 waren es nur 38 Personen, die ins Hospiz kamen, 1878 52; 1879 stieg die Zahl auf 98 an, und zu Beginn der achtziger Jahre sollten die Besucherzahlen erstmals die Grenze von 200 Personen überschreiten.

4 DA, Präs. J 6, Zl. 172/Pr./1864, 26.5.1864, Zl. 174/Pr./1864, 26.5.1864.

5 AVA, NK, Zl. 1848-Pr./1902 - 65 Pal., 29.7.1902.

6 Missions-Notizen aus dem heiligen Lande, Wien 1866, S. 21.

7 HHStA, Kons. Jer., Mappe „Österreichisch-ungarisches Pilgerhaus 1853–1870", o.Z. (K 130, fol. 249).

8 Die Vollmacht wurde mit 13.1.1865, nur acht Wochen nachdem sich Zschokke an die Kurie gewandt hatte, erteilt. DA, ÖPJ-Kur., K 3, Mappe 3, „Chronik des österreichisch-ung. Pilgerhauses in Jerusalem" (bis 1871); ein Exemplar dieser Chronik befindet sich auch im Archiv des Österreichischen Hospizes in Jerusalem, im folgenden zit. als: Chronik I.

9 HHStA, Kons. Jer., Mappe „Österreichisch-ungarisches Pilgerhaus 1853–1870", o.Z. (K 130, fol. 272f.).

10 DA, ÖPJ-Kur., Chronik I; zur Biographie Franz V. siehe zusammenfassend: Brigitte Hamann (Hg.), Die Habsburger. Ein biographisches Lexikon, Wien [2]1988, S. 136f.

11 DA, ÖPJ-Kur., Chronik I.

12 Vgl. dazu: Jahrbuch des österr.- ungar. Pilgerhauses „Zur heiligen Familie" in Jerusalem. Herausgegeben vom Kuratorium, Jg. 1, Wien 1905, S. 35. Zschokke beispielsweise veröffentlichte – basierend auf den während seiner Zeit als Rektor gemachten Studien – drei Publikationen: „Das neutestamentarische Emaus", Freiburg 1865; „Beiträge zur Topographie der westlichen Jordansau", Jerusalem 1866; „Der erste deutsche Führer durch das heilige Land für Pilger", Wien 1868.

13 zit nach: DA, ÖPJ-Kur, Chronik I.

14 Ebd.

15 An zusammenfassenden Darstellungen des Aufenthalts Kaiser Franz Josephs in Jerusalem siehe: Beda Dudik, Kaiser-Reise nach dem Oriente, Wien 1870; Ruth Hummel, Imperial Pilgrim: Franz Joseph's Journey to the Holy Land in 1869, in: Wrba (1996), S. 158–178; Kaiser Franz Josef I. in Palästina, in: Jahrbuch des österr.-ungar. Pilgerhauses „Zur heiligen Familie" in Jerusalem, Jg. 3, Wien 1909, S. 44–53; Missions-Notizen aus dem heiligen Lande, Wien 1870, S. 31–55.

16 Georg Nostitz-Rieneck (Hg.), Briefe Kaiser Franz Josephs an Kaiserin Elisabeth, Bd. 1, Wien/München 1966, S. 110.

17 Kaiser Franz Josef I. in Palästina, in: Jahrbuch des österr.-ungar. Pilgerhauses „Zur heiligen Familie" in Jerusalem. Herausgegeben vom Kuratorium, Jg. 3, Wien 1909, S. 44–53, hier S. 47.

18 Dudik (1870), S. 183.

19 Zum Besuch Kronprinz Rudolfs vgl.: Leo Leitner (Hg.), Kronprinz Rudolf von Österreich. Eine Orientreise vom Jahre 1881, Salzburg/Wien 1994, S. 89.

20 Vgl. dazu die in den „Missions-Notizen aus dem heiligen Lande" veröffentlichten, oftmals sehr anschaulichen Reiseberichte.

21 Missions-Notizen aus dem heiligen Lande, Wien 1867, S. 55.

22 HHStA, AR, F 27, Zl. 9723-VI-1871, 17.7.1871.

23 DA, Präs. J 6, o.Z., 21.9.1872.

24 DA, Präs. J 6, o.Z., 14.12.1876. Die Mittel dafür stammten aus Gratifikationen, die der brasilianische Kaiser Dom Pedro dem Haus anläßlich seines Aufenthalts hatte zukommen lassen.

25 DA, Präs. J 6, o.Z., 4.5.1877.

26 DA, Präs. J 6, o.Z., 10.3.1877.

27 DA, Präs. J 6, o.Z., 4.5.1877.

28 Eliav/Haider, Ausgewählte Dokumente, Dok. Nr. 93.

29 DA, Präs. J 6, Zl. 208/Pr., 16.11.1892; HHStA, AR, F 27, Fasc. Jerusalem 13, Zl. 44 826-6/Pr., 7.11.1892; HHStA, Kons. Jer., Verlassenschaften MAI-MENC, Fasc. Costa-Major, o.Z., 9.5.1893.

30 DA, Präs. J 6, Zl. 190/Pr./1892, 5.10.1892.

31 HHStA, AR, F 27, Fasc. Jerusalem 13, Zl. 47401-6, 26.11.1892.

32 HHStA, AR, F 27, Fasc. Jerusalem 13, o. Z., 14.11.1892.

33 HHStA, Kons. Jer., Verlassenschaften MAI-MENC, Fasc. Costa-Major, Zl. 45610, 18.11.1892.

34 Denkblatt des österreichisch-ungarischen Pilgerhauses „zur heiligen Familie“ in Jerusalem. Herausgegeben vom Curatorium des Pilgerhauses, Wien 1896, S. 28.

35 Zur Rolle und zum Einfluß Zschokkes in der Erzdiözese Wien vgl.: Franz Loidl, Geschichte des Erzbistums Wien, Wien/München 1983, S. 298f.

36 HHStA, Kons. Jer., Mappe „Österreichisch-ungarisches Pilgerhaus 1893–1917“, o.Z., Zschokke an Kwiatkowski, 4.12.1892.

37 HHStA, Kons. Jer., Mappe „Österreichisch-ungarisches Pilgerhaus 1893–1917“, o. Z., Min. d. Ä. an Kwiatkowski, 5.1.1893; DA, Präs. J 6, o.Z., 18.1.1893, 21.1.1893.

38 Gegenüber der Propaganda fide zitierte Gruscha in seiner zweiten Eingabe vom 27. November 1894 folgende brüske Bemerkung Angelis, die dieser gegenüber den beiden Rektoren vor deren Abreise gemacht habe und die die damalige Stimmung widerspiegelt: „Ihr (gemeint die beiden Rektoren) könnt nach Jerusalem reisen und werdet im Hospiz aufgenommen werden, aber nicht als Rektoren, sondern als Pilger. Der Erzbischof von Wien hat nicht das Recht, mir Vorschriften zu machen.“ AVA, NK, Zl. 2266/1894-65 Pal., 13.12.1894.

39 Am 18.9.1893 schrieb Richard Joch entnervt an den fürsterzbischöflichen Ordinariatssekretär Joseph Pfluger nach Wien: „Unsere Geldmittel sind erschöpft! Wenn nicht innerhalb 4 Wochen etwas kommt, sind wir zahlungsunfähig. P. Franz (Angeli, Anm.d.Verf.) scheint gestorben zu sein, wenigstens für uns. Seit den 2.000 Francs (1.000 Gulden, Anm.d.Verf.) im Februar haben wir trotz vieler Schreiben Nichts erhalten.“ DA, Präs. J 6, o.Z., 18.9.1893.

40 Zu Rolle und Funktionsweise der Bischofskonferenz vgl.: Michaela Kronthaler, Die Entwicklung der Österreichischen Bischofskonferenz. Von den ersten gesamtbischöflichen Beratungen 1849 bis zum Ende des Zweiten Vatikanischen Konzils, in: 150 Jahre Österreichische Bischofskonferenz. Herausgegeben vom Sekretariat der Österreichischen Bischofskonferenz, Wien 1999, S. 33–97, hier S. 39ff.

41 Kardinal Gruscha ließ seine vom 20. März 1893 datierte Eingabe in gedruckter Form herstellen und sie an alle betroffenen Stellen verteilen. Hier zit als: AVA, NK, Zl. 543/1893-65 Pal., 31.3.1893.

42 HHStA, AR, F 27, Zl. 17616-6/pr., 29.4.1893.

43 DA, Präs. J 6, Zl. 259/Pr./1893, 16.5.1893; eine Kopie des Schreibens findet sich als Beilage zu: AVA, NK, Zl. 1692/1895 65 Pal., 23.8.1895.

44 DA, Präs. J 6, o.Z., Gruscha an Kálnoky, 14.2.1895.

45 Dies gibt Gruscha in seiner Eingabe an die Propaganda fide vom 27.11.1894 an. AVA, NK, Zl. 2266/1894-65 Pal., 13.12.1894. Vgl. dazu auch ein Schreiben Pflugers an Angeli vom 25.2.1894, DA, Präs. J 6, 25.2.1894.

46 DA, Präs. J 6, o.Z., 15.2.1894.

47 S. Congregazione de Propaganda fide, Protokollo Nr. 7742. Eine Kopie des Schreibens findet sich als Beilage zu: AVA, NK, Zl. 1692/1895-65 Pal., 23.8.1895.

48 Zum „Katholikengesetz" des Jahres 1874 vgl.: Peter Leisching, Die römisch-katholische Kirche in Cisleithanien, in: Adam Wandruszka/Peter Urbanitsch (Hg.), Die Habsburgermonarchie 1848–1918, Bd. IV: Die Konfessionen, Wien 1985, S. 1–247, hier S. 57ff.

49 DA, Präs. J 6, o.Z., 2.7.1894.

50 ÖHJ, o.Z., 16.8.1894 (Pfluger an Joch).

51 Ebd.

52 Das Schreiben, das Gruscha ebenfalls in gedruckter Form erscheinen ließ, datiert vom 27.11.1894. AVA, NK, Zl. 2266/1894-65 Pal., 13.12.1894.

53 S. Congregazione de Propaganda fide, Protocollo Nro. 11188, 31.1.1895. Eine Kopie des Schreibens befindet sich in: DA, ÖPJ-Kur., K 1, M 1.

54 DA, Präs. J 6, Zl. 455/Pr./1895, 16.2.1895.

55 AVA, NK, Zl. 1406/1895-65Pal., 14.7.1895; Zl. 1692/1895-65 Pal., 23.8.1895.

56 RGBl. Nr. 142/1867, 21.12.1867, Art. 15.

57 AVA, NK, Zl. 1692/1895-65 Pal., 23.8.1895.

58 DA, Präs. J 6, Zl. 453/Pr./1895, 15.3.1895.

59 DA, Präs. J 6, Zl. 456/Pr./1895, 17.3.1895. Karl Schnabl, Vorgänger Fahrngrubers als Rektor in den siebziger Jahren und mittlerweile zum k.k. Oberhofkaplan und Hofzeremoniär aufgestiegen, hatte schon 1892 darauf hingewiesen, daß es ein Anachronismus wäre, würde man den Franziskanern weiterhin „ein exclusives Privilegium" in der Vertretung Österreichs im Heiligen Land zuerkennen. Er verwies damals auf das deutsche Beispiel, wo der in Köln ansässige Verein für das heilige Land eine zentrale Verwaltung aller eingegangenen Sammelgelder vornahm und diese nach möglichst objektiven Gesichtspunkten auf die verschiedenen, in Palästina tätigen Orden und Kongregationen verteilte. DA, Präs. J 6, o.Z., 25.11.1892.

60 Vgl. dazu u.a.: Eliav/Haider, Ausgewählte Dokumente, Dok. Nr. 68.

61 Heyer (1984), S. 199f.

62 Zum Werdegang Zschokkes vgl.: Walter Kornfeld/Christine Mann, Alttestamentliche Bibelwissenschaft, in: Ernst Chr. Suttner (Hg.), Die Katholisch-Theologische Fakultät der Universität Wien. Festschrift zum 600-Jahr-Jubiläum, Berlin/München 1984, S. 63–86, hier S. 65ff.

63 DA, ÖPJ-Kur., K 1, M 1, o.Z., 20.5.1895.

64 Ebd.

65 DA, ÖPJ-Kur., K 1, M 1, o.Z., 19.8.1895; Präs. J 6, Zl. 534/Pr./1895, 27.9.1895.

66 DA, ÖPJ-Kur., K 1, M 1, o.Z., 1.7.1897.

67 Die Hausstatuten, von Kardinal Gruscha am 1.9.1895 approbiert, sind abgedruckt in: Jahrbuch des österr.-ungar. Pilgerhauses „Zur heiligen Familie" in Jerusalem. Herausgegeben vom Kuratorium, Jg.1, Wien 1905, S. 40–42.

68 Im Jahrbuch des Jahres 1908 konnte man dazu rückblickend lesen: „Das Hospiz wurde bekanntlich für Pilger aus der Monarchie gegründet; zur Aufnahme in dasselbe war nur ein Paß erforderlich, der die österreichisch-ungarische Staatsangehörigkeit nachwies. Das hatten nun auch die Landstreicher bald heraus und kamen von weit her scharenweise in das Pilgerhaus, triumphierend ihren Paß vorweisend. Damals lohnte es sich auch für solche Leute, nach Jerusalem zu kommen, denn man wurde im vaterländischen Hospize nicht bloß acht Tage, wie es gegenwärtig geschieht, sondern zwei bis drei Wochen verpflegt, in der casa nova (sic!) war man ebenso gütig und nebenher hatte man immer noch Hoffnung, mit Hilfe anderer wohltätiger Institute seinem Aufenthalte in der Heiligen Stadt oder irgendwo im Lande herum allenfalls ein paar Tage zulegen zu können, um dann wieder von vorne zu beginnen. Kein Wunder, daß so die armen Rektoren des Hauses fürchterlich von den Bummlern und Gaunern geplagt wurden und auch die wirklichen Pilger unter einer solchen Konkurrenz leiden mußten." Jahrbuch des österr.-ungar. Pilgerhauses „Zur heiligen Familie" in Jerusalem. Herausgegeben vom Kuratorium, Jg. 2, Wien 1908, S. 69. Der sachlichen Richtigkeit halber ist festzuhalten, daß 1908 eine „österreichisch-ungarische Staatsangehörigkeit" nicht existierte. Seit dem Jahr 1879 gab es in Ungarn in Durchführung der Dualität der beiden Reichshälften ein eigenes Staatsbürgerschaftsgesetz, weshalb man entweder Staatsbürger der cisleithanischen oder der ungarischen Reichshälfte war. Vgl. Hannelore Burger, Zum Begriff der österreichischen Staatsbürgerschaft. Vom Josephinischen Gesetzbuch zum Staatsgrundgesetz über die allgemeinen Rechte der Staatsbürger, in: Angerer/Bader-Zaar/Grandner (1999), S. 207–223, hier S. 221.

69 Dies geschah mittels der Hausordnung, die von Csarszky entworfen und von Zschokke mit einigen kleinen Modifikationen in Kraft gesetzt wurde. DA, ÖPJ-Kur, K 1, M 2, o.Z., o.D.

70 DA, ÖPJ-Kur., K 1, M 1, o.Z., 20.5.1895.

71 DA, ÖPJ-Kur., K 1, M 1, o.Z., 28.11.1895.

72 Zur Tätigkeit der Schwestern des Heiligen Karl Borromäus im Orient vgl. zusammenfassend: Jahrbuch des österr.-ungar. Pilgerhauses „Zur heiligen Familie" in Jerusalem. Herausgegeben vom Kuratorium, Jg. 2, Wien 1908, S. 65–68.

73 DA, Präs. J 6, Zl. 566/Pr./1896, 4.1.1896.

74 Jahrbuch des österr.-ungar. Pilgerhauses „Zur heiligen Familie" in Jerusalem. Herausgegeben vom Kuratorium, Jg. 1, Wien 1905, S. 26.

75 DA, ÖPJ-Kur., K 1, M 1, o.Z., 20.5.1895.

76 DA, ÖPJ-Kur., K 1, M 2, o. Z., 26.6.1897.

77 AVA, NK, Zl. 1848/1902-65 Pal., 29.7.1902.

78 Denkblatt des österreichisch-ungarischen Pilgerhauses „zur heiligen Familie" in Jerusalem. Herausgegeben vom Curatorium des Pilgerhauses, Wien 1896.

79 „Vaterland", 18.1.1899. Gegenüber der Originalpassage im Brief Csarszkys, der vom 9. Jänner 1899 datierte, hatte Zschokke einige stilistische Korrekturen vorgenommen. Vgl. dazu: DA, ÖPJ- Kur., K 1, M 3, o.Z., 9.1.1899.

80 „Vaterland“, 18.1.1899. Nach Einschätzung des Historikers Alex Carmel wären angesichts der Gründungen der anderen europäischen Mächte die österreichischen Niederlassungen um die Jahrhundertwende tatsächlich bereits unzureichende Objekte der Zurschaustellung seiner Großmachtansprüche gewesen. Alex Carmel, The Activities of European Powers in Palestine, 1799–1914, in: Asian and African Studies, Jg. 19, 1985, S. 43–91, hier S. 83.

81 HHStA, AR, F 27, Fasc. Jerusalem 13, Zl. 10287-6/pr., 1.2.1902.

82 Ebd.

83 ÖHJ, Zschokke an Rektor Csarszky, 4.2.1901.

84 ÖHJ, Chronik der Jahre 1865–1902, S. 198. Diese Chronik wurde unabhängig von der bereits zitierten, bis in das Jahr 1871 reichenden Chronik angelegt und befindet sich im Archiv des Österreichischen Hospizes. Sie wird im folgenden kurz als „Chronik II“ zitiert.

85 DA, Präs. J 6, Zl. 587/Pr./1902, 7.1.1902.

86 DA, Präs. J 6, Zl. 608/Pr./1902, 29.1.1902; HHStA, AR, F 27, Fasc. Jerusalem 13, Zl. 20619-6/pr., 2.4.1902.

87 ÖHJ, Zschokke an Rektor Csarszky, 11.11.1901.

88 AVA, NK, Zl. 1848-Pr./1902-65 Pal., 29.7.1902.

89 Es handelte sich dabei um eine der halbjährlich oder jährlich stattgefundenen Konferenzen des sogenannten bischöflichen Komitees vom 11. bis 17. November 1902 unter dem Vorsitz Gruschas. Die Angelegenheiten des Pilgerhauses wurden in der Sitzung vom 15. November besprochen. Archiv der Österreichischen Bischofskonferenz , K. „Protokolle des Bischöflichen Comitées 1900–1910“, XXXII. Konferenz des Bischöflichen Comitées, IX. Sitzung 15.11.1902.

90 Ebd.; HHStA, AR, F 27, Fasc. Jerusalem 13, Zl. 79 212-6/pr., 28.11.1902.

91 DA, Präs. J 6, Zl. 756/Pr./1903, 9.1.1903.

92 AVA, NK, Zl., 321-Pr/1903-65 Pal., 26.1.1903.

93 AVA, NK, Zl. 603-Pr/1903-65 Pal., 16.3.1903. In einem etwa zur selben Zeit veröffentlichten grundlegenden Artikel im „Vaterland“, der auch als Separatum erschien, verwendete Zschokke teilweise dieselben Formulierungen. Siehe dazu: Hermann Zschokke, Das österreichisch-ungarische Pilgerhaus in Jerusalem. Separat-Abdruck aus der Nr. 32 des „Vaterlandes“, 31.1.1907, Wien 1907.

94 AVA, NK, Zl. 1209-Pr./1903-65 Pal., 3.6.1903.

95 AVA, NK Zl. 3104-Pr./1905-65 Pal., 20.12.1905.

96 HHStA, PA I, Kab. d. Min., XIV/121, 1903 (K 661).

97 Ernst Hanisch, Der lange Schatten des Staates. Österreichische Gesellschaftsgeschichte im 20. Jahrhundert, Wien 1994, S. 233. Zur staatsrechtlichen Stellung und Funktion der Delegationen siehe zusammenfassend: Ernst Mischler/Josef Ulbrich, Österreichisches Staatswörterbuch. Handbuch des gesamten öffentlichen Rechtes, Bd. 1, Wien [2]1905, S. 666ff.

98 Stenographisches Protokoll. Delegation des Reichsrates. XL. Session, 2. Sitzung, Budapest, 27.5.1904, S. 62–65.

99 Ebd., S. 67f.
100 Ebd., S. 69; HHStA, AR, F 27, Fasc. Jerusalem 13, Zl. 71096-pr./1906, 11.9.1906.
101 AVA, NK, Zl 1848/1902-65 Pal., 29.7.1902.
102 ÖHJ, Zschokke an Rektor Fellinger, 7.1.1903.
103 AVA, NK Zl. 1209-Pr./1903-65 Pal., 3.6.1903.
104 DA, Präs. J 6, 1887–1916, Zl. 938/Präs., 23.2.1904.
105 Jahrbuch des österr.-ungar. Pilgerhauses „Zur heiligen Familie" in Jerusalem. Herausgegeben vom Kuratorium, Jg. 2, Wien 1908, S. 79–82.
106 AVA, NK, Zl. 471-Pr./1908-65 Pal., 4.2.1908.
107 Jahrbuch des österr.-ungar. Pilgerhauses „Zur heiligen Familie" in Jerusalem. Herausgegeben vom Kuratorium, Jg. 3, Wien 1909, S. 38.
108 Eliav (1984), S. 67; Eliav/Haider, Ausgewählte Dokumente, Dok. Nr. 151.
109 Jahrbuch des österr.-ungar. Pilgerhauses „Zur heiligen Familie" in Jerusalem. Herausgegeben vom Kuratorium, Jg. 3, Wien 1909, S. 12f.
110 Die Pläne zu den Altären stammten vom Wiener Architekten und Dombauleiter Ludwig Simon, die Ausführung besorgte der Bildhauer Ludwig Schadler. Jahrbuch des österr.-ungar. Pilgerhauses „Zur heiligen Familie" in Jerusalem. Herausgegeben vom Kuratorium, Jg. 4, Wien 1911, S. 9–15.
111 Nur einer der beiden Altäre wurde konsekriert, da bei der neuerlichen Anlieferung beim anderen die Mensa brach, eine gebrochene Mensa aber nicht konsekriert werden durfte. Freundliche Mitteilung Rektor Dr. Schwarz gegenüber dem Verfasser.
112 Im Jahrbuch des Pilgerhauses hieß es dazu: „Die edelsten Repräsentanten unseres Vaterlandes, einige seiner berühmtesten Heiligen sollen an der Stätte unserer Erlösung dem Heilande ihre Huldigung darbringen und alle Nationen der Monarchie sollen ihre populärsten und bekanntesten Heiligen auf ihren Pilgerfahrten hier wiederfinden und durch den Frieden des Bildes zur Eintracht im Leben und zum nationalen Frieden angeregt werden." Jahrbuch des österr.-ungar. Pilgerhauses „Zur heiligen Familie" in Jerusalem. Herausgegeben vom Kuratorium, Jg. 3, Wien 1909, S. 16.
113 Jahrbuch des österr.-ungar. Pilgerhauses „Zur heiligen Familie" in Jerusalem. Herausgegeben vom Kuratorium, Jg. 4, Wien 1911, S. 23f.
114 Dem Buch Jeremias zufolge wurde der Prophet im Jahr 587/586 v. Chr. während der Belagerung Jerusalems durch Nebukadnezar, als er zur Kapitulation riet, in einer zu einem Gefängnis umgebauten Zisterne eingekerkert. Das einzige Indiz, auf das sich die Vermutung gründete, dieses Gefängnis gefunden zu haben, bestand in der Annahme, daß dieses in der Nähe des Benjamintores gelegen habe müsse. Vgl. Altes Testament, Jeremia 37,11–38,13.
115 Jahrbuch des österr.-ungar. Pilgerhauses „Zur heiligen Familie" in Jerusalem. Herausgegeben vom Kuratorium, Jg. 2, Wien 1908, S. 35–40.
116 Karl Schnabl, Das österreichisch-ungarische Pilgerhaus in Jerusalem, in: Die Kirche. Katholische Rundschau. Wochenbeilage zum Vaterland, Zeitung für die österr. Monarchie, Jg. 2/13, 28.3.1908.

117 Fremden-Blatt, 27.12.1903 (Dr. Alfred von Lindheim jun.).
118 So Zschokke gegenüber dem Rektor des Hospizes. ÖHJ, Zschokke an Rektor Andre, 12.9.1911.
119 Aus diesem Anlaß wurde die Subvention des Unterrichtsministeriums zur Besoldung der beiden Rektoren von 2.000 auf 3.500 Kronen pro Jahr erhöht. AVA, NK, Zl. 3490-Pr./1913-65 Pal., 20.10.1913.
120 HHStA, PA I, Generalia X, 10 D-J, Mappe Jerusalem 2, „Über die Kustodie des heiligen Landes", März 1913.
121 ÖHJ, Briefe Fellinger (Fellinger an Zschokke, 4.12.1913).
122 ÖHJ, Briefe Fellinger (Fellinger an Joch, 7.11.1913).
123 ÖHJ, Briefe Fellinger (Bericht, 8.2.1914, Fellinger an Piffl, 22.2.1914).
124 Friedrich Pesendorfer, Vom Donaustrand ins Heilige Land. Gedenkbuch an den II. oberösterreichischen Pilgerzug nach Jerusalem vom 17. April bis 8. Mai 1904, Linz 1905, S. 29.
125 Jahrbuch des österr.-ungar. Pilgerhauses „Zur heiligen Familie" in Jerusalem. Herausgegeben vom Kuratorium, Jg. 1, Wien 1905, S. 55.
126 ÖHJ, Chronik I.
127 Vgl. dazu: Jahrbuch des österr.-ungar. Pilgerhauses „Zur heiligen Familie" in Jerusalem. Herausgegeben vom Kuratorium, Jg. 2, Wien 1908, S. 50f.
128 Heinrich Himmel, Eine Orient-Reise, Wien/Würzburg 1889.
129 Zit. nach: Jahrbuch des österr.-ungar. Pilgerhauses „Zur heiligen Familie" in Jerusalem. Herausgegeben vom Kuratorium, Jg. 2, Wien 1908, S. 53.
130 Heyer (1984), S. 199.
131 ÖHJ, Chronik II.
132 Vgl. dazu die gedruckte Pilgerliste: ÖHJ, „Allgemeiner Oesterreichischer Pilgerzug nach dem Heiligen Lande".
133 Zur Wallfahrt des Jahres 1898 und zu den Volkswallfahrten insgesamt vgl: Johann Krammer, Austrian Pilgrimage to the Holy Land, in: Wrba (1996), S. 66–80; Jahrbuch des österr.-ungar. Pilgerhauses „Zur heiligen Familie" in Jerusalem. Herausgegeben vom Kuratorium, Jg. 2, Wien 1908, S. 50–65.
134 Angelus Stummer, Tirol an des Erlösers Grab. Pilgrims Reise-Erzählungen vom Tirol-Vorarlberger Papst- und Kaiserjubiläums-Pilgerzuge, Brixen 1899, S. 22f.; Krammer (1996), S. 74.
135 Im Jahrbuch von 1908 konnte man dazu lesen: „Wenn man den Oberst auf dem Schiffe oder sonstwo als Leiter der gewaltigen Menge erblickt, so sah man immer auch noch etwas vom Soldaten: Ruhe und Umsicht, nicht viele Worte, sondern kurze klare Erläuterungen und Anweisungen brachten in die Masse eine fast militärische Ordnung und Pünktlichkeit hinein, die aber doch nicht als drückend, ja überhaupt fast nicht empfunden wurde, da alles so natürlich eingeteilt, geordnet und ins Einzelne organisiert war, daß der Organismus von selbst sich nach der rechten Richtung zu bewegen vermochte und

nur hie und da einer kleinen Anregung oder Aufklärung bedurfte." Jahrbuch des österr.-ungar. Pilgerhauses „Zur heiligen Familie" in Jerusalem. Herausgegeben vom Kuratorium, Jg. 2, Wien 1908, S. 61.

136 Krammer (1996), S. 76.

137 So schrieb die „Neue Freie Presse" unter Bezugnahme auf die zeitliche Nähe der Volkswallfahrt zum Jerusalem-Besuch Kaiser Wilhelms abschätzig von einer ultramontanen Demonstration und warnte vor einer diplomatischen Verstimmung mit dem Deutschen Kaiserreich, die durch das Auftreten der Tiroler in Jerusalem entstehen könnte. Neue Freie Presse, Morgenblatt, 10.8.1898.

138 Krammer (1996), S. 77.

139 Jahrbuch des österr.-ungar. Pilgerhauses „Zur heiligen Familie" in Jerusalem. Herausgegeben vom Kuratorium, Jg. 2, Wien 1908, S. 50.

140 So waren z. B. bei der ersten mährischen Volkswallfahrt im Jahr 1905 450 Kronen für die Erste, 400 für die Zweite und 300 Kronen für die Dritte Klasse zu zahlen.

141 Vgl. dazu: Friedrich Pesendorfer, Auf des Welterlösers Pfaden. Gedenkbuch an den dritten oberösterr. Pilgerzug ins Heilige Land April 1910, Linz 1910, S. 59–156.

142 Jahrbuch des österr.-ungar. Pilgerhauses „Zur heiligen Familie" in Jerusalem. Herausgegeben vom Kuratorium, Jg. 2, Wien 1908, S. 63.

143 Vgl. dazu: Christian Stadelmann, Heilige Orte & Gemeinschaft, in: Ernst Bruckmüller/Peter Urbanitsch (Hg.), Ostarrichi – Österreich 996–1996. Menschen, Mythen, Meilensteine. Katalog der Österreichischen Länderausstellung, Horn 1996, S. 315–318.

144 Melchior Lechner, Die Tiroler Pilger im heil'gen Land, als das Jahrhundert im Beginne stand. Gedenkbuch an die beiden Tiroler Pilgerzüge nach Jerusalem im September und Oktober 1901, Innsbruck 1902, S. 14.

145 Franz Baltzarek, Fremdenverkehr und Sport, in: Das Zeitalter Kaiser Franz Josephs. 2. Teil 1880–1916. Glanz und Elend. Ausstellungskatalog Bd. 1, Wien 1987, S. 163–174, hier S. 168.

146 Hanisch (1994), S. 196.

147 Jahrbuch des österr.-ungar. Pilgerhauses „Zur heiligen Familie" in Jerusalem. Herausgegeben vom Kuratorium, Jg. 1, Wien 1905, S. 58.

148 DA, ÖPJ-Kur., K 1, M 4, o.Z., 28.10.1905.

149 ÖHJ, Kaiser Franz Joseph I.-Jubiläums-Studien-Stiftung des Jahres 1908. Statuten.

150 Vgl. dazu: Lechner (1902), S. 387–395; Jahrbuch des österr.-ungar. Pilgerhauses „Zur heiligen Familie" in Jerusalem. Herausgegeben vom Kuratorium, Jg. 1, Wien 1905, S. 61.

151 Vgl. dazu u. a.: Heinrich Himmel, Die Ehrengalerie österr.-ungar. Pilgerung im österr.-ungar. Hospize zu Jerusalem, in: Jahrbuch des österr.-ungar. Pilgerhauses „Zur heiligen Familie" in Jerusalem. Herausgegeben vom Kuratorium, Jg. 1, Wien 1905, S. 57–73.

152 Zu den von Himmel konsultierten historischen Instituten und Archiven vgl.: Ebd., S. 69f.

153 So Rektor Fellinger in einem Brief an Joch Anfang 1914. ÖHJ, Briefe Fellinger (Fellinger an Joch, 30.1.1914).

154 Vgl. dazu: Jahrbuch des österr.-ungar. Pilgerhauses „Zur heiligen Familie" in Jerusalem. Herausgegeben vom Kuratorium, Jg. 2, Wien 1908, S. 27–31; mittlerweile liegt zum Mosaik auch ein jüngst erschienener Beitrag von Bernhard A. Böhler vor. Hospiz Notizen. Mitteilungsblatt der Österreichischen Gesellschaft vom Heiligen Land, Nr. 25, Sept. 1999, S. 5–7.

155 Im Erinnerungsbuch an die Dritte Oberösterreichische Volkswallfahrt 1910 hieß es dazu beispielsweise: „Die Kreuzzüge sterben nicht aus. Im Mittelalter hat dieses Heimweh der Christenheit das Schwert in die Hand gedrückt und Fürsten und Könige hielten es für ihre heiligste Pflicht, die Fahne des Kreuzes zu tragen. Die Zeiten haben sich geändert, die Pflichten der Christenheit gegen das Heilige Land haben sich nicht geändert. Das Schwert wird diese Stätten nicht zurückerobern, die friedlichen Kreuzzüge, die Pilgerfahrten, aber werden, wenn sie ideal durchgeführt werden und auf der Höhe bleiben, mehr wirken wie die Kreuzzüge des Mittelalters." Pesendorfer (1910), S. 15f.

156 Im Gedenkbuch an die Tiroler Volkswallfahrt 1901 konnte man dazu lesen: „Nicht in blinkender Waffenrüstung sollten die neuen Kreuzfahrer sich zum heiligen Zuge scharen, nicht in blutigen Siegen sollten sie um den heiligsten Boden kämpfen, sondern als fromme Beterschar sollten sie sich zur Fahrt über das Meer rüsten und in heißem Flehen sollten sie am Grabe des Erlösers Vergebung der Sünden u. starken Mannesmuth zum Kampfe gegen Unglauben und Sittenverderbnis, die schlimmsten Feinde unserer Zeit erringen." Lechner (1902), S. 6.

157 Eliav/Haider, Ausgewählte Dokumente, Dok. Nr. 139.

158 Ebd., Dok. Nr. 159.

159 DA, ÖPJ-Kur, K 1, M 2, Fasc.1, 16.1.1906. Im Pilgerbuch der deutschen Männerwallfahrt des Jahres 1900, bei der 60 Pilger im Österreichischen Hospiz untergebracht waren, konnte man lesen: „… wenn auf der Rückreise die Pilger ihre Quartiere in Jerusalem einander lobten, dann konnte es nirgendwo besser gewesen sein, wie bei den ‚Österreichern', ein Name, den die Pilgergruppe mit Stolz führte." N.N., Nach Rom und Jerusalem. Erste Deutsche Männerwallfahrt im Jubel-Jahre 1900. Bericht des Deutschen Pilger-Komitees, Köln 1902, S. 446f. In der Kölnischen Zeitung konnte man 1906 folgendes lesen: „Welche Fülle lieber Erinnerungen und tiefster Dankbarkeit muß denjenigen bewegen, der hier jemals gewohnt … Und dieses Lob hat doppelten Wert, wenn es auch aus Kreisen von Nichtösterreichern und Nichtkatholiken kommt. Ganz abgesehen von einer peinlichen Sauberkeit, einer tadellosen Bedienung sei es durch vorzüglich geschulte Diener oder durch die Liebenswürdigkeit der im Hospize schaltenden Borromäusschwestern, vom vorzüglichen und reichen Essen, der ganz vornehmen Traulichkeit im Hospize, ist die Leitung eine denkbar glücklich gewählte. … Die höchste Aristokratie Österreich-Ungarns zieht bei ihren Besuchen im Heiligen Land das Hospiz jedem Hotel vor, aber auch der einfache Tourist wird in gleicher Weise liebevoll aufge-

nommen. Und gar viele, die das Heilige Land voll herrlicher Eindrücke und unvergesslicher Stunden verlassen, zählen zu ihren schönsten Erinnerungen die Tage im österreichischen Hospiz." Kölnische Zeitung, 16.7.1906, Morgenausgabe.

160 DA, ÖPJ-Kur., K 1, M 2, Fasc.1., 16.1.1906. 1909 kamen die Rektoren der drei Pilgerhäuser, Casa nova, Notre Dame und Österreichisch-ungarisches Hospiz überein, bei Pilgerzügen einheitlich, ohne Unterschied der Klasse, pro Person und Tag fünf Francs zu verrechnen.

161 DA, ÖPJ-Kur., K 1, M 2, Fasc. 1, 9.2.1906.

162 ÖHJ, Chronik II.

163 Hermann Zschokke, Die österreichisch-ungarische Monarchie im Heiligen Lande. Separat-Abdruck aus „Das Vaterland" vom 31.1.1907, Wien 1907.

164 Vgl. sowohl zur Reise Erzherzog Karl Ludwigs als auch der Erzherzogin Stephanie: ÖHJ, Chronik II.

165 Hamann (1988), S. 224.

166 Zum Besuch der k. u. k. Eskader siehe: HHStA, Botschaftsarchiv Kontantinopel, Zl. 640-pol/Cons. 15, 4.5.1907; DA, ÖPJ-Kur., K 1, M 2, Fasc. 1, 12.–18.4. 1907. Der hier enthaltene Bericht des Rektors Dr. Martin Ehrlich wurde im „Vaterland" veröffentlicht als: „Die k. und k. Eskade an den Gestaden des Heiligen Landes", in: Das Vaterland, 4.5.1907.

167 HHStA, Botschaftsarchiv Konstantinopel, Zl. 640-pol/Cons. 15, 4.5.1907.

168 Zu den Spitalsniederlassungen in Tantur und Nazareth siehe zusammenfassend die Beiträge im Tagungsband „Austrian Presence in the Holy Land": Thomas F. Stransky, The Austrian Hospital at Tantur, in: Wrba (1996), S. 89–121; Norbert Schwacke, The Austrian Hospital in Nazareth, in: Ebd., S. 81–97; zur Niederlassung Gatts in Gaza vgl.: Pierre Medebielle, Gaza und seine christliche Geschichte, Jerusalem/Salzburg 1985, S. 55–63.

169 Ende 1910 waren es exakt 10.169 Personen mit 103.198,5 Verpflegstagen. Jahrbuch des österr.-ungar. Pilgerhauses „Zur heiligen Familie" in Jerusalem. Herausgegeben vom Kuratorium, Jg. 4, Wien 1911, S. 49.

170 ÖHJ, Pilgerbuch des Österreichischen Pilgerhauses.

171 ÖHJ, Joch an Rektor André, 21.11.1912.

172 ÖHJ, Briefe Fellinger (Fellinger an Haidegger, 28.11.1913).

173 ÖHJ, Briefe Fellinger (Fellinger an Joch, 7.11.1913).

174 ÖHJ, Briefe Fellinger (Fellinger an Joch, 11.7.1914).

DAS HOSPIZ IM ERSTEN WELTKRIEG

1 Zu den Kriegsereignissen unter besonderer Berücksichtigung der Verbindungen zur Habsburgermonarchie vgl.: Peter Jung, Der k. u. k. Wüstenkrieg. Österreich-Ungarn im Vorderen Orient 1915–1918, Graz/Wien/Köln 1992, hier S. 10; Peter Jung, Austria's Desert War. The Austro-Hungarian Army in the Middle East 1914–1918, in: Wrba (1996), S. 194–213; Robert-Tarek Fischer, Die Palästinapolitik der Donaumonarchie im Ersten Weltkrieg, phil. Diss., Wien 1997, hier S. 17, sowie generell: Hans Werner Neulen, Feldgrau in Jerusalem. Das Levantekorps des kaiserlichen Deutschland, München 1991.
2 ÖHJ, Briefe Fellinger, (Fellinger an Joch, 3.8.1914, Fellinger an Joch, 24.8.1914).
3 Jung (1992), S. 11.
4 ÖHJ, Briefe Fellinger (Fellinger an Zschokke, 17.11.1914).
5 ÖHJ, Briefe Fellinger (Fellinger an Zschokke, 10.10.1914).
6 George Hintlian, The First World War in Palestine and Msgr. Franz Fellinger, in: Wrba (1996), S. 179–193, hier S. 186; vgl. dazu auch eine Bemerkung Fellingers aus einem Brief 1919: ÖHJ, Briefe Fellinger (Fellinger an Joch, 7.12.1919).
7 ÖHJ, Briefe Fellinger (Fellinger an Zschokke, 17.11.1914).
8 ÖHJ, Briefe Fellinger (Fellinger an Kraus, 12.12.1914).
9 ÖHJ, Briefe Fellinger (Fellinger an Joch, 18.11.1914).
10 ÖHJ, Briefe Fellinger (Fellinger an Zschokke, 20.4.1915).
11 Einen mehrtägigen Aufenthalt im Hospiz verbrachte Gondos aber erst nach Beendigung seiner Mission in der Zeit vom 9. bis zum 19.6.1915. ÖHJ, Gästebuch.
12 Zur Mission Gondos vgl.: Jung (1992), S. 23–26; Fischer (1997), S. 84–87.
13 Fischer (1997), S. 169f.; ÖHJ, Briefe Fellinger (Fellinger an Zschokke, 19.5.1915, 18.6.1915).
14 ÖHJ, Briefe Fellinger (Fellinger an Zschokke, 25.11.1915).
15 Jung (1992), S. 45.
16 Fischer (1997), S. 125.
17 Vgl. dazu: HHStA, PA I, Generalia X, 10 D-J, Berichte 34/P/F, 6.5.1915 und 42/P/F, 3.6.1915.
18 Hermann Zschokke, Die österreichisch-ungarische Monarchie im Heiligen Lande, Separat-Abdruck aus „Das Vaterland" vom 31.1.1907, Wien 1907.
19 ÖHJ, Briefe Fellinger (Fellinger an Joch, Ende April 1916).
20 ÖHJ, Briefe Fellinger (Fellinger an Joch, 27.3.1916, Fellinger an Zschokke, 28.3.1916).
21 Jung (1992), S. 53; Fischer (1997), S. 134.
22 Jung (1992), S. 55.
23 ÖHJ, Briefe Fellinger (Fellinger an Zschokke, 17.7.1916).
24 Jung (1992), S. 55.
25 ÖHJ, Briefe Fellinger (Fellinger an Zschokke, 17.7.1916).
26 Ebd.; die Mannschaften der k. u. k. Gebirgshaubitzendivision von Marno bestanden durchwegs aus Ungarn. Neulen (1991), S. 146.

27 ÖHJ, Briefe Fellinger (Fellinger an Joch, 27.3.1916).
28 Der Vorfall trug sich am 1.7.1916 zu. ÖHJ, Briefe Fellinger (Fellinger an Kraus, 5.7.1916).
29 ÖHJ, Briefe Fellinger (Fellinger an Pomiankowski, 29.10.1917); zum k. u. k. Reservespital allgemein vgl.: Fischer (1997), S. 153–163.
30 ÖHJ, Briefe Fellinger (Fellinger an Zschokke, 25.3.1917).
31 HHStA, PA I, Liasse Krieg 21a, Türkei 1917, Zl. 17 190/18.2.1917.
32 Einer der britischen Tanks wurde durch einen Volltreffer aus einer der österreichisch-ungarischen Batterien außer Gefecht gesetzt. Zu den ersten beiden Schlachten von Gaza vgl: Jung (1992), S. 95–101.
33 So die Einschätzung des österreichischen Geschäftsträgers in Konstantinopel, Graf Trautmannsdorf, Anfang 1917. HHStA, PA I, Liasse Krieg 21a, Türkei 1917, Mappe Jerusalem, Telegramm Nr. 662, 21.1.1917.
34 HHStA, PA I, Liasse Krieg 21a, Türkei 1917, Mappe Jerusalem, Telegramm Nr. 4217, 24.4.1917.
35 Neulen (1991), S. 238f.; Fischer (1997), S. 198–201.
36 ÖHJ, Briefe Fellinger (Fellinger an Zschokke, 26.4.1917, Fellinger an Joch, 27.4.1917, Fellinger an Zschokke, 2.7.1917).
37 Zu Musil vgl.: Karl Johannes Bauer, Alois Musil. Wahrheitssucher in der Wüste, Wien/Köln 1989; Erich Feigl, Musil von Arabien. Vorkämpfer der islamischen Welt, Wien/München 1985; zur Orient-Mission insgesamt siehe auch: Fischer (1997), S. 205–221.
38 Günther Ramhardter, Propaganda und Außenpolitik, in: Adam Wandruszka, Peter Urbanitsch (Hg.), Die Habsburgermonarchie 1848–1918, Bd. VI/1: Die Habsburgermonarchie im System der internationalen Beziehungen, Wien 1989, S. 496–536, hier S. 519f.
39 Joseph Pomiankowski, Der Zusammenbruch des Ottomanischen Reiches. Erinnerungen an die Türkei aus der Zeit des Weltkrieges, Zürich/Leipzig/Wien 1928 S. 305.
40 Bauer (1989), S. 296.
41 ÖHJ, Briefe Fellinger (Fellinger an Zschokke, Okt. 1902).
42 Pomiankowski (1928), S. 307f.
43 ÖHJ, Briefe Fellinger (Fellinger an Zschokke, 19.10.1917).
44 Fellinger erhielt aus der Hand des Erzherzogs das Ritterkreuz des Franz Joseph-Ordens. HHStA, Kons. Jer. Mappe Reise der Orient-Mission des k. u. k. Kriegsministeriums nach Jerusalem (K 142, fol. 212).
45 Bauer (1989), S. 304–307.
46 ÖHJ, Briefe Fellinger (Fellinger an Döller, 5.7.1920).
47 Neulen (1991), S. 228, S. 240f.
48 ÖHJ, Briefe Fellinger (Fellinger an Joch, 6.11.1917).
49 Ebd.
50 HHStA, PA I, Generalia X, 10D-J, Mappe Jerusalem 4, o.Z., 28.12.1917.
51 ÖHJ, Briefe Fellinger (Fellinger an Zschokke, 22.11.1917).

52 HHStA, PA I, Liasse Krieg 21A, Telegramm 484, Telegramm 692, Zl. 24.840/6.12.1917; Fischer (1997), S. 222–226.
53 ÖHJ, Briefe Fellinger (Fellinger an Zschokke, 22.11.1917).
54 Jung (1992), S. 116.
55 Fischer (1917), S. 172, S. 225.
56 ÖHJ, Gästebuch S. 444; HHStA, PA I, Liasse Krieg 21a, Türkei 1917, Mappe Jerusalem, Telegramm 724, 15.12.1917.
57 ÖHJ, Briefe Fellinger (Fellinger an Joch, 3.9.1919).

ZWISCHEN DEN KRIEGEN

1 HHStA, PA I, Generalia X, 10D-J, Mappe Jerusalem 4 (K 736, fol. 48f.).
2 HHStA, PA I, Generalia X, 10D-J, Mappe Jerusalem 4, 31.5.1918 (K 736, fol. 58f.).
3 ÖHJ, Briefe Fellinger (Fellinger an Joch, 3.9.1919).
4 HHStA, PA I, Generalia X, 10 D-J, Mappe Jerusalem 4 (K 736, fol. 74f.).
5 ÖHJ, Schreiben Jochs an Fellinger, 9.6.1919.
6 ÖHJ, Gästebuch, Anmerkungen Fellingers vom 31.12.1918.
7 ÖHJ, Briefe Fellinger (Fellinger an Money, 26.6.1919).
8 ÖHJ, Briefe Fellinger (Fellinger an Joch, 3.9.1919). Daß tatsächlich die Absicht bestand, im Hospiz Soldaten einzuquartieren, geht aus einem Schreiben des Relief Fund an den Militärgouverneur Jerusalems vom 26.10.1919 hervor, wo erwähnt ist, daß die Schlüssel des Hauses am 29. August 1919 ursprünglich einem britischen Offizier, Captain Jones, hätten übergeben werden sollen und daß erst am selben Tag die Anordnung kam, sie Fellinger zu übergeben. ÖHJ, Schreiben des „Syria and Palestine Relief Fund" an den Militärgouverneur von Jerusalem, 26.9.1919.
9 Zur Rolle Fellingers vgl. zusammenfassend: Hintlian (1996), S. 179–193.
10 ÖHJ, Briefe Fellinger (Fellinger an Piffl, 17.10.1919).
11 ÖHJ, Briefe Fellinger (Fellinger an Joch, 7.12.1919).
12 Am 22. Oktober 1919 feierte Fellinger nach mehr als zweieinhalb Jahren wieder die erste heilige Messe in der Kapelle. ÖHJ, Briefe Fellinger (Fellinger an Piffl, 7.12.1919, Fellinger an Hoepfl, 25.10.1920).
13 ÖHJ, Briefe Fellinger (Fellinger an Hoepfl, 25.10.1920, Fellinger an Gföllner, 25.11.1920, Fellinger an Joch, 6.2.1921).
14 Diese Begebenheit wird von Fellinger in der Begründung seines Ansuchens um Anweisung eines staatlichen Ruhegenusses erwähnt. ÖHJ, Briefe Fellinger (Fellinger an das Bundesministerium für Unterricht, 30.9.1935).
15 Vgl. dazu: Helmut Mejcher, Palästina in der Nahostpolitik europäischer Mächte und der Vereinigten Staaten von Amerika 1918–1948, in: Mejcher (1993), S. 189–242, hier S. 197;

Chairiyya Qasimiyya, Palästina in der Politik der arabischen Staaten 1918–1948, in: Ebd. S. 123–188, hier S. 137f.

16 Vgl. dazu: Heribert Franz Köck, Der Vatikan und Palästina. Ein Beitrag zur Völkerrechts- und Kirchengeschichte der neuesten Zeit, Wien/München 1973, S. 48f.

17 ÖHJ, Briefe Fellinger (Fellinger an Döller, 5.7.1920).

18 ÖHJ, Briefe Fellinger (Fellinger an Piffl, 16.4.1920).

19 Alexander Flores, Die Entwicklung der palästinensischen Nationalbewegung bis 1939, in: Mejcher (1993), S. 89–122, hier S. 99.

20 ÖHJ, Briefe Fellinger (Fellinger an Piffl, 16.4.1920). Fellinger schrieb in diesem Zusammenhang von 50 Toten. Der jüngsten Darstellung von Benny Morris folgend wäre diese Schätzung allerdings zu hoch gegriffen. Er nennt die Zahl von 6 jüdischen Todesopfern, mehr als 200 Verletzten und zahlreichen Vergewaltigungen. Dazu kamen noch eine Anzahl getöteter Araber und zahlreiche verwundete britische Soldaten. Insgesamt spricht auch Morris von einer Zäsur: "The three days of rioting resembled nothing more than a pogrom; nothing like it had been seen in Palestine during the centuries of Ottoman rule." Benny Morris, Righteous Victims. A History of the Zionist-Arab Conflict, 1881–1999, New York 1999, S. 96.

21 ÖHJ, Briefe Fellinger (Fellinger an Gföllner, 25.11.1920).

22 ÖHJ, Briefe Fellinger (Fellinger an Joch, 6.2.1921).

23 ÖHJ, Briefe Fellinger (Fellinger an Joch, 6.2.1921).

24 ÖHJ, Briefe Fellinger (Fellinger an Joch, 7.12.1919); DA, ÖPJ-Kur., K 2, M 3, 6.12.1922.

25 Eine Verbalnote der türkischen Regierung bestätigte, daß das Pilgerhaus auch vor 1914 in die Liste der vom Osmanischen Reich offiziell anerkannten österreichisch-ungarischen geistlichen Anstalten eingetragen war. ÖHJ, Sublime Porte, Ministere des Affaires Etrangeres, Zl. 34 907/97, 21.8.1922.

26 AVA, NK, Zl. 8110/1919-65 Pal., 12.9.1919. Zur Biographie Schindlers vgl.: Friedrich Funder, Aufbruch zur christlichen Sozialreform, Wien/München 1953; Ders., Vom Gestern ins Heute. Aus dem Kaiserreich in die Republik, Wien/München [3]1971; Libor Ovecka, Die Moraltheologie Franz M. Schindlers: Eine theologisch-historische Studie, St. Ottilien 1995; Ludwig Reichhold, Franz M. Schindler. Von der Sozialreform zur Sozialpolitik, Wien 1989.

27 AVA, NK, Zl. 512/1922-65 Pal., 28.4.1922.

28 ÖHJ, Schreiben des tschechischen Gesandten Soetul an Barlassina, 19.9.1922.

29 DA, ÖPJ-Kur., K 2, M 3, 6.12.1922.

30 DA, ÖPJ-Kur., K 3, M 1, Fellinger an Joch, 8.10.1922.

31 ÖHJ, Kopie des Schreibens Fellingers an J.N. Stubbs, Director of Lands Registry Department, 22.8.1922.

32 AVA, NK, Zl. 1901/1928-65 Pal., 22.2.1928.

33 ÖHJ, Briefe Fellinger (Fellinger an Döller, 1.3.1928); AdR/AA, NPA, Liasse Palästina 3/1, Zl. 23.279-13/27, 26.7.1927; Zl. 20.061-13/27, 27.1.1928; Zl. 21.579-13/28, 21.3.1928.

34 AdR, AA, NPA, Liasse Palästina 3/1, Zl. 24.273-13/28, 22.9.1928.
35 AVA, NK, Zl 3940/a/1928-65 Pal., 22.2.1928.
36 ÖHJ, Erlaß des Patriarchen vom 1.5.1929.
37 ÖHJ, Briefe Fellinger (Fellinger an Joch, 15.4.1927).
38 ÖHJ, Briefe Fellinger (Fellinger an Innitzer, 21.5.1931).
39 AdR, AA, NPA, Liasse Palästina 3/1, Zl. 21.127-13/29, 6.3.1929.
40 Innitzer folgte in dieser Funktion 1928 Monsignore Richard Joch. Das Hospiz kannte er aus eigener Anschauung relativ gut, war er doch mehrmals, das erste Mal 1908, als junger Privatdozent in Jerusalem gewesen. Jahrbuch des österr.-ungar. Pilgerhauses „Zur heiligen Familie" in Jerusalem. Herausgegeben vom Kuratorium, Jg. 3, Wien 1909, S. 14; Gatz (1983), S. 339f.
41 ÖHJ, Briefe Fellinger (Fellinger an Innitzer, 15.3.1929).
42 AdR, AA, NPA, Liasse Palästina 3/1, Zl. 21.652-13/29, 11.4.1929.
43 AdR, AA, NPA, Liasse Palästina 3/1, Zl. 21652-13/29, 11.4.1929. Diese Episode wird auch von Breycha-Vauthier in seinem Buch kurz erwähnt: Arthur Breycha-Vauthier, Österreich in der Levante. Geschichte und Geschichten einer alten Freundschaft, Wien/München 1972, S. 64.
44 ÖHJ, Briefe Fellinger (Fellinger an Joch, 15.4.1927).
45 AdR, AA, NPA, Liasse Palästina 3/1, Zl. 21.065-13/31, 5.3.1931.
46 ÖHJ, Briefe Fellinger (Fellinger an Innitzer, 25.1.1929).
47 ÖHJ, Schreiben des Deputy Destrict Commissioner, Keith Roach, an Fellinger, 14.5.1930; Briefe Fellinger (Fellinger an Innitzer, 14.5.1930).
48 ÖHJ, Briefe Fellinger (Fellinger an Innitzer, 26.11.1930).
49 ÖHJ, Deputy District Commissioner Keith Roach an Fellinger, 8.1.1931.
50 ÖHJ, Briefe Fellinger (Fellinger an Innitzer, 6.6.1929); AdR, AA, NPA, Liasse Palästina 3/1, Zl. 21.065-13/31, 5.3.1931, AVA, NK, Zl. 8577-a/1931-65 Pal., 27.3.1931.
51 ÖHJ, Briefe Fellinger (Fellinger an Innitzer, 3.4.1930, Fellinger an Innitzer, 8.4.1931).
52 ÖHJ, Briefe Fellinger (Fellinger an Hlawati, 18.1.1933).
53 Der Vertrag über die Vergabe der Baudurchführung an das Bauunternehmen Gottlob Bäuerle jr. wurde am 2.12.1931 unterfertigt. ÖHJ, Vertrag zwischen dem Österreichischen Hospiz in Jerusalem und Bauunternehmer Gottl. Bäuerle jr.
54 ÖHJ, Briefe Fellinger (Fellinger an den Architekten Goldschmid, 26.4.1929).
55 ÖHJ, Briefe Fellinger (Fellinger an Innitzer, 1.9.1932).
56 ÖHJ, Briefe Fellinger (Fellinger an Innitzer, 17.11.1932).
57 ÖHJ, Briefe Fellinger (Fellinger an Hlawati, 23.1.1935, 2. Beilage).
58 Ebd.
59 ÖHJ, Briefe Fellinger (Fellinger an Innitzer, 19.11.1932).
60 ÖHJ, Briefe Fellinger (Fellinger an Hlawati, 24.1.1933).
61 ÖHJ, Briefe Fellinger (Fellinger an Hlawati, 17.5.1933).

62 ÖHJ, Statuta Hospitii Sanctae Familiae Hierosolymis, 25.3.1933. Während der dreißiger Jahre führte eine an sich eher nebensächliche Angelegenheit immer wieder zu kleineren Auseinandersetzungen zwischen dem Rektor und den aus einem der Nachfolgestaaten kommenden Vizerektoren des Hospizes. Es ging dabei um die Bezeichnung des Hauses. Wohl war durch die Hospizstatuten des Jahres 1933 klargestellt, daß der offizielle Name „Hospiz zur Heiligen Familie“ war, doch war es in Jerusalem weiterhin nur unter dem Namen „Österreichisches Pilgerhaus“ oder „Austrian Hospice“ ein Begriff, weshalb diese Bezeichnung von Weihbischof Fellinger und dann von Rektor Haider auch weiterhin verwendet wurde. Zwar beschwerten sich sowohl der tschechische Vertreter im Kuratorium, Monsignore Bartos, als auch die Vizerektoren in Jerusalem wiederholt über diesen Usus, doch war es nicht zuletzt aus geschäftlichen Überlegungen geraten, den gut eingeführten Namen des Hauses nicht verschwinden zu lassen. Man bediente sich zumindest alternativ beider Bezeichnungen. Um den im Kuratorium vertretenen Nachfolgestaaten entgegenzukommen, ließ Franz Haider am Dach des Hospizes drei Flaggenmaste installieren, damit je nach Anlaß, also beispielsweise der Anwesenheit einer Pilgergruppe, die Fahne des betreffenden Landes neben der österreichischen Flagge und jener der Nachfolgestaaten gehißt werden konnte. DA, ÖPJ-Kur, K 2, M 4, handschriftliches Expose Dr. Haiders: „Über die Benennung des Hauses“, 13.1.1937.

63 AdR, AA, NPA, Liasse Palästina 3/2, Zl. 33.947-13/35, 6.5.1935.

64 AVA, NK, Zl. 15 550/1935-65 Pal., 6.5.1935; AdR, AA, NPA, Liasse Palästina 3/1, Zl. 35.585-13/1935, 19.6.1935.

65 ÖHJ, Chronik: Abschnitt 1935–1954, Rektor Dr. Franz Haider.

66 ÖHJ, Chronik: Abschnitt 1935–1954 Rektor Dr. Franz Haider.

67 Zu den Auseinandersetzungen der Jahre 1936–1938 vgl.: Franz Ansprenger, Juden und Araber in einem Land. Die politischen Beziehungen der beiden Völker im Mandatsgebiet Palästina und im Staat Israel, München 1978, S. 52–57; Flores (1993), S. 112–122; Morris (1999), S. 128–160.

68 DA, ÖPJ-Kur., K 2, M 4, 20.5.1936.

69 Ebd.

70 Vgl. dazu neben der im DA aufliegenden Korrespondenz Haiders: ÖHJ, handschriftliches Manuskript: „Augenzeugenbericht zu den Ereignissen 1933–1948 von der verstorbenen Sr. Seraphia Bärenroider aus Vöcklabruck“.

71 ÖHJ, Chronik: Abschnitt 1935–1954, Rektor Dr. Franz Haider.

DAS HOSPIZ IN FREMDER HAND

1 DA, ÖPJ-Kur, K 2, M 5, Hlawati an Bartos, 9.4.1938.

2 Ebd., Haider an Hlawati, 13.4.1938.

3 Ansprenger (1978), S. 54f.

4 DA, ÖPJ-Kur, K 2, M 5, Haider an Hlawati, 31.8.1938.
5 Ebd., Haider an Hlawati, 23.10.1938.
6 DA, ÖPJ-Kur, K 2, M 5, Hlawati an Innitzer, 4.11.1938.
7 Ebd., Haider an Hlawati, 29.9.1938.
8 Maximilian Liebmann, Theodor Innitzer und der Anschluß. Österreichs Kirche 1938, Graz/Wien/Köln 1988, S. 212.
9 AVA, NK, Zl. IV-K 307 316/a/1939-65 Pal., 18.4.1939.
10 Heyer (1984), S. 229.
11 AVA, NK, Zl. IV-Ka. 328.460/1939-65 Pal., 14.7.1939.
12 ÖHJ, Hlawati an Haider, 20.5.1939.
13 DA, ÖPJ-Kur. K 2, M 5, Meinertz an Innitzer, 9.8.1939.
14 DA, ÖPJ-Kur. K 2, M 5, Hlawati an Meinertz, 28.8.1939.
15 DA, ÖPJ-Kur., K 2, M 5, Meinertz an Hlawati, 8.9.1939.
16 ÖHJ, Chronik: Abschnitt 1935–1954, Rektor Dr. Franz Haider; Augenzeugenbericht zu den Ereignissen 1933–1948 von der verstorbenen Sr. Seraphia Bärenroider aus Vöcklabruck.
17 ÖHJ, Fellinger an Haider, 8.9.1939.
18 ÖHJ, Aufstellung: „Nummern und Bewohner der einzelnen Zimmer“, o.D.
19 ÖHJ, Augenzeugenbericht zu den Ereignissen 1933–1948 von der verstorbenen Sr. Seraphia Bärenroider aus Vöcklabruck.
20 ÖHJ, Fellinger an Keith Roach, 24.1.1940.
21 ÖHJ, Augenzeugenbericht zu den Ereignissen 1933–1948 von der verstorbenen Sr. Seraphia Bärenroider aus Vöcklabruck.
22 ÖHJ, Chronik: Abschnitt 1935–1954, Rektor Dr. Franz Haider.
23 Ebd.
24 ÖHJ, Haider an Sonnen, 23.7.1941.
25 ÖHJ, Chronik: Abschnitt 1935–1954, Rektor Dr. Franz Haider.
26 Zur Entwicklung der Jahre 1947/48 vgl. zusammenfassend u. a. Ilan Pappé, The Making of the Arab-Israeli Conflict 1947–1951, London/New York [2]1994, S. 16–86.
27 Qasimiyya (1993), S. 175; Pappé (1994), S. 76.
28 Morris (1999), S. 194ff.
29 Qasimiyya (1993), S. 179.
30 Ebd., S. 180; zur Arabischen Legion vgl. auch: Morris (1999), S. 223f.
31 ÖHJ, Chronik: Abschnitt 1935–1954, Rektor Dr. Franz Haider.
32 ÖHJ, Sonnen an Health Department, 21.1.1948; Blend an Sonnen, 8.2.1948.
33 ÖHJ, Sonnen an Innitzer, 18.10.1949.
34 ÖHJ, Chronik: Abschnitt 1935–1954, Rektor Dr. Franz Haider. Benny Morris spricht in seiner Geschichte des Israelisch-Arabischen Konflikts von einem „civil war“ zwischen November 1947 und 14. Mai 1948 und von einem „conventional war“ zwischen 15. Mai 1948 und Anfang 1949. Morris (1999), S. 191.

35 Vgl. dazu zusammenfassend: Pappé (1994), S. 113–122.

36 Quasimiyya (1993), S. 184f. Zu der in Israel geführten Historikerkontroverse, bei der es vor allem um die Bewertung des verdeckten und komplexen Zusammenspiels zwischen dem jordanischen König Abdallah, der Jüdischen Agentur Ben Gurions sowie der britischen Politik vor und während des Krieges 1948 geht, vgl. zusammenfassend: Helmut Mejcher, Sinai, 5. Juni 1967. Krisenherd Naher und Mittlerer Osten, München 1998, S. 114ff.; Avi Shlaim, The debate about 1948, in: Ilan Pappé (Hg.), The Israel/Palestine Question, London/New York 1999, S. 171–192.

37 Zur Bedeutung des Eingreifens der Arabischen Legion in die Kämpfe um Jersualem und deren nähere Umstände vgl. Mary C. Wilson, King Abdallah, Britain and the Making of Jordan, Cambridge ²1990, S. 164 f., S. 171 f.

38 ÖHJ, Augenzeugenbericht zu den Ereignissen 1933–1948 von der verstorbenen Sr. Seraphia Bärenroider aus Vöcklabruck.

39 Ebd.

40 Michael C. Hudson, The Transformation of Jerusalem 1917–1987, in: Asali (1990), S. 249–278, hier S. 259.

41 Der offizielle Staatsname lautet: „Haschemitisches Königreich des Jordan“.

42 Hudson (1990), S. 260.

43 ÖHJ, Sonnen an Innitzer, 18.10.1949.

44 ÖHJ, Chronik, Abschnitt 1935–1954, Rektor Dr. Franz Haider.

45 Zu den näheren Umständen des Attentats vgl. Gerhard Konzelmann, Vermächtnis für den Frieden. Hussein von Jordanien, München 1999, S. 11–17.

46 ÖHJ, Haider an Innitzer, 10.12.1952.

47 ÖHJ, Chronik: Abschnitt 1935–1954, Rektor Dr. Franz Haider.

48 Archiv RA Dr. Kollek, Haider an Minister of Communications, 4.7.1953.

49 ÖHJ, Bundeskanzleramt, Auswärtige Angelegenheiten an Österreichisches Generalkonsulat Tel Aviv, Zl. 175.922-6RE/52, 20.2.1952.

50 ÖHJ, Bevollmächtigung Antoine F. Albina, o.D.

51 ÖHJ, Haschemiten Königreich Jordanien, Ministerium für öffentliche Arbeiten, Mietvertrag Nr. 227, 24.6.1961.

52 So die Einschätzung des späteren Rektors Dr. Franz Sauer. ÖHJ, Chronik, Chronik-Nachtrag über die Jahre 1954–1966 (von Rektor Sauer, 18.10.1974).

53 Zur Person Breycha-Vauthiers siehe: Robert L. Dauber, Arthur C. Breycha-Vauthier de Baillamont (1903–1986). Biographie, Klagenfurt 1992; vgl.auch Breycha-Vauthiers eigenes Buch über die Beziehungen Österreichs zur Levante, in dem ein Kapitel dem Pilgerhaus gewidmet ist. Breycha-Vauthier (1972), S. 62–67.

54 Die fünfte der 1933 nach Jerusalem gekommenen Nonnen war nach dem Krieg krankheitsbedingt in die Heimat zurückgekehrt. Schwester Basilissa Mayerhuber starb am 3. Dezember 1966 in Jerusalem, wo sie auch bestattet wurde.

55 ÖHJ, Franz Sauer, Das Österreichische Hospiz in Jerusalem – Seine Geschichte und Aufgaben, o.D.

56 ÖHJ, Breycha-Vauthier an BMaA, Zl. 234-Res/66, 2.11.1966.

57 Ebd.

58 ÖHJ, Gesamtbericht Rektor Sauer, Zl. 30/1967, 6.2.1967; ÖHJ, Chronik, Chronik-Nachtrag über die Jahre 1954–1966 (von Rektor Sauer, 18.10.1974).

59 Rückblickend räumte Kardinal König im Hinblick auf Sauer ein, beeindruckt gewesen zu sein, „mit welchem Eifer und welcher Selbstlosigkeit er sich da hineingestürzt hat." Persönliche Mitteilung Kardinal Dr. Franz König gegenüber dem Verfasser.

60 ÖHJ, Gesamtbericht Rektor Sauer, Zl. 30/1967, 6.2.1967.

61 ÖHJ, Aktenvermerk zum Gespräch mit Gesundheitsminister in Anwesenheit des österreichischen Generalkonsuls im transjordanischen Gesundheitsministerium am 27. März 1967, 28.3.1967.

62 Bobleter war nicht der erste prominente Politiker, der seit 1945 zu Besuch ins Hospiz kam. Handelsminister Fritz Bock war 1960 in Jerusalem, und Josef Klaus unternahm nach seinem Ausscheiden aus der Regierung Gorbach 1963 eine private Pilgerreise in das Heilige Land, in deren Verlauf er das Hospiz besuchte. Voll Bewunderung für die Tätigkeit der österreichischen Schwestern unterstützte er bald darauf als Bundeskanzler alle Bemühungen um die Rückgabe. Josef Klaus, Macht und Ohnmacht in Österreich. Konfrontationen und Versuche, Wien/München/Zürich 1971, S. 456f.

63 „Salzburger Nachrichten", 24.6.1967.

64 Zu Verlauf und den politischen Hintergründen des Krieges vgl.: Mejcher (1998).

65 Morris (1999), S. 323ff.

66 ÖHJ, Kurzbericht über die Zeit vom 22.12.1966–28.3.1968.

DIE WIEDERERÖFFNUNG ALS PILGERHAUS

1 ÖHJ, Dexinger an Sauer, 14.10.1969.

2 Ebd.

3 ÖHJ, Sauer an Weinbacher, 8.11.1968.

4 ÖHJ, Ministry of Health, Zl. 290/MB/7/6/5, 4.12.1970.

5 ÖHJ, 55. u. 56. Dienstbericht Rektor Sauer, DB-3 u.4/1982, 30.6.1982.

6 ÖHJ, Chronik: Rektorat Dr. Sauer.

7 „Jerusalem Post", 25.4.1972.

8 ÖHJ, Sauer an Kostelecky, 27.10.1973.

9 ÖHJ, Ritterorden vom Heiligen Grabe zu Jerusalem, Statthalterei für Österreich, Mitteilungen Juli 1974, S. 30; die Initiative dazu ging auf den Diplomaten Dr. Gustav Ortner zurück.

10 ÖHJ, Sauer an Schuster, 2.3.1977.

11 Persönliche Mitteilung Schwester Liliosa Fasching gegenüber dem Verfasser.
12 ÖHJ, Gutachten über den Bauzustand des österreichischen Hospizes in Jerusalem, 22.10.1974.
13 zit. nach: ÖHJ, König an Sauer, 25.2.1975.
14 ÖHJ, Franz Sauer, Das österreichische Hospiz in Jerusalem – Seine Geschichte und Aufgaben, o.D.; Nestor an Sauer, 23.11.1976.
15 „Israel Nachrichten", 7.9.1979.
16 ÖHJ, 55. u. 56. Dienstbericht Rektor Sauer, DB-3 u. 4/1982, 30.6.1982.
17 ÖHJ, Khoury an Sauer, 1.5.1980.
18 ÖHJ, Shostak an Sauer, 2.6.1980.
19 „Süddeutsche Zeitung", 31.7.1985.
20 Persönliche Mitteilung Dr. Abdallah A. Khoury gegenüber dem Verfasser; ÖHJ, Sauer an Schuster, 23.12.1980.
21 Persönliche Mitteilung Dr. Joseph Kollek gegenüber dem Verfasser.
22 Da der seinerzeitige Firman des Sultans formell an Kaiser Franz Joseph adressiert war, mußte Kollek nun Erklärungen der Republik Österreich beziehungsweise der Österreichischen Bundesregierung beibringen, in denen klargestellt wurde, daß alle Rechte aus dem Grundstück und den Gebäuden ausschließlich beim Erzbischof von Wien lagen. Persönliche Mitteilung Dr. Joseph Kollek gegenüber dem Verfasser.
23 ÖHJ, Dienstbericht Sauer 4.10.–9.10.82, DB5/82, 16.12.– 13.1.1983, DB 1/83.
24 Otto Pleinert, Diplomat und Civil Servant. Erinnerungen eines österreichischen Staatsdieners 1958 bis 1993, Wien/Köln/Weimar 1994, S. 93.
25 ÖHJ, Sauer an Generaloberin Fiterwegmair, 20.1.1984; unabhängig davon charakterisierte auch der arabische Chefarzt des Spitals sie als „Policeman", deren starke Persönlichkeit er bewunderte. Persönliche Mitteilung Dr. Abdallah A. Khoury gegenüber dem Verfasser.
26 „Kronen Zeitung", 2.6.1985
27 Persönliche Mitteilung Dr. Abdallah A. Khoury gegenüber dem Verfasser.
28 Dr. Julius Schuster fungierte für Kardinal König als „eine Art rechte Hand" in allen das Hospiz betreffenden Angelegenheiten. Persönliche Mitteilung Kardinal Dr. Franz König gegenüber dem Verfasser.
29 Julius Schuster, Hospiz und Ritterorden, in: Hospiz-Nachrichten. Mitteilungsblatt der Österreichischen Gesellschaft vom Heiligen Land, Nr. 15/1994, S. 5f., hier S. 6.
30 ÖHJ, Dienstbericht Sauer 22.12.1983–22.1.1984, DB 1/84, 10.3.1984; Aktenvermerk Sauer, 23.1.1984. Wörtlich hält Sauer darin fest, „... unter starkem psychischen Druck und unter den Nachwirkungen des am 3. Jänner erlittenen Schlaganfalls" gestanden zu sein.
31 Persönliche Mitteilung Kardinal Dr. Franz König gegenüber dem Verfasser; zur Biographie Kniewassers vgl. das in der Wochenzeitung „Wochenpresse" erschienene Porträt des Vizerektors, 21.5.1985.
32 Ebd.
33 ÖHJ, Sauer an Muhtadie, 1.6.1984.

34 „Frankfurter Allgemeine Zeitung“, 27.7.1985.
35 zit. nach: Schuster (1994), S. 6.
36 Persönliche Mitteilung Dr. Joseph Kollek gegenüber dem Verfasser.
37 „Jerusalem Post“, 28.11.1984.
38 „Jerusalem Post“, 10.4.1985, 11.4.1985, 23.4.1985, 15.5.1985.
39 „Jerusalem Post“, 9.7.1985.
40 „Die Presse“, 12.7.1985; „Kurier“ 13.7.1985.
41 „Arbeiter Zeitung“, 18.7.1985.
42 „Jerusalem Post“, 25.7.1985.
43 Pleinert (1994), S. 114.
44 „Neue Zürcher Zeitung“, 1.8.1985, darüber hinaus vgl. u.a.: „Frankfurter Allgemeine Zeitung“, 19.7.1985, 27.7.1985; „Süddeutsche Zeitung“, 31.7.1985.
45 „Kurier“, 14.7.1985.
46 „Wiener Zeitung“, 25.7.1985.
47 Persönliche Mitteilung Dr. Joseph Kollek gegenüber dem Verfasser.
48 zit. nach: „Kurier“, 30.7.1985.
49 Der Text der Note ist abgedruckt in: „Wiener Zeitung“, 31.7.1985.
50 Pleinert (1994), S. 115f.
51 „Jerusalem Post“, 7.8.1985.
52 „Jerusalem Post“, 6.8.1985.
53 ÖVP-Pressedienst, 1.8.1985.
54 „Kurier“, 1.8.1985; „Die Presse“, 2.8.1985.
55 „Wochenpresse“, 6.8.1985; persönliche Mitteilung Dr. Joseph Kollek gegenüber dem Verfasser.
56 Archiv Dr. Joseph Kollek, Michaeli an König, 5.9.1985.
57 Archiv Dr. Joseph Kollek, Michaeli an Kollek, 13.12.1985; Kollek an Michaeli, 13.12.1985.
58 ÖHJ, Tagebuch Hilde Grundner, 8.12.1985–11.1.1986.
59 „Wochenpresse“, 24.4.1987; Hospiz-Notizen. Mitteilungsblatt der Österreichischen Gesellschaft vom Heiligen Land, 1/1987, S. 3. Die tatsächlichen Kosten beliefen sich dann auf rund 53 Millionen Schilling.
60 „Wochenpresse“, 24.4.1987.
61 Persönliche Mitteilung Prof. Dr. Franz Eckert und Dr. Joseph Kollek gegenüber dem Verfasser.
62 Hospiz-Notizen. Mitteilungsblatt der Österreichischen Gesellschaft vom Heiligen Land, 3/1988, S. 2.
63 ÖHJ, Ritterorden vom Heiligen Grabe zu Jerusalem, Statthalterei für Österreich, Mitteilungen, Juli 1988.
64 Persönliche Mitteilung Mag. Johann Krammer gegenüber dem Verfasser.
65 Hospiz-Notizen. Mitteilungsblatt der Österreichischen Gesellschaft vom Heiligen Land, 7/1990.

66 Persönliche Mitteilung Mag. Johann Krammer gegenüber dem Verfasser.
67 „Der Standard", 15.7.1985, 17.7.1985.
68 Jahresbericht der Gesellschaft für Österreichisch-Arabische Beziehungen 1996, Wien 1997, S. 7.

Quellen- und Literaturverzeichnis

A. UNGEDRUCKTE QUELLEN

ÖSTERREICHISCHES STAATSARCHIV, Wien

Haus-, Hof- und Staatsarchiv (HHStA):
Bestand Administrative Registratur (AR)
Bestand Botschaftsarchiv Konstantinopel
Bestand Familienkorrespondenz A
Bestand Konsulatsarchiv Jerusalem (Kons. Jer.)
Bestand Politisches Archiv I (PA I)

Allgemeines Verwaltungsarchiv (AVA):
Bestand Neuer Kultus (NK)
Bestand Handelsministerium/Präsidialakten

Finanzarchiv (FA):
Bestand Präsidialakten

Archiv der Republik (AdR):
Bestand Auswärtige Angelegenheiten (AA), Neues Politisches Archiv

DIÖZESANARCHIV (DA), Wien

Bestand Präsidialia J 6: Österreichisches Pilgerhaus in Jerusalem (Kommissariat des hl. Landes)
Bestand Österreichisches Pilgerhaus in Jerusalem, Kuratorium (ÖPJ-Kur.)

ARCHIV DER ÖSTERREICHISCHEN BISCHOFSKONFERENZ, Wien

ARCHIV DES ÖSTERREICHISCHEN HOSPIZES (ÖHJ), Jerusalem

ARCHIV DES RECHTSANWALTES DR. JOSEPH KOLLEK, Jerusalem

B. ZEITUNGEN UND ZEITSCHRIFTEN

Arbeiter Zeitung
Der Standard
Die Presse
Frankfurter Allgemeine Zeitung
Fremden-Blatt
Israel Nachrichten
Jerusalem Post
Kölnische Zeitung
Kurier
Kronen Zeitung
Neue Freie Presse
Neue Zürcher Zeitung
ÖVP-Pressedienst
Salzburger Nachrichten
Süddeutsche Zeitung
Vaterland
Wiener Zeitung
Wochenpresse

B. GEDRUCKTE QUELLEN UND LITERATUR

Thomas ANGERER/Birgitta BADER-ZAAR/Margarete GRANDNER (Hg.), Geschichte und Recht. Festschrift für Gerald Stourzh zum 70. Geburtstag, Wien/Köln/Weimar 1999.

Franz ANSPRENGER, Juden und Araber in einem Land. Die politischen Beziehungen der beiden Völker im Mandatsgebiet Palästina und im Staat Israel, München 1978.

Kamil J. ASALI (Hg.), Jerusalem in History, New York 1990.

Franz BALTZAREK, Fremdenverkehr und Sport, in: Zeitalter (1987), S. 163–174.

Karl Johannes BAUER, Alois Musil. Wahrheitssucher in der Wüste, Wien/Köln 1989.

Yehoshua BEN-ARIEH, Jerusalem in the 19th Century. The Old City, Jerusalem/New York 1984.

Yehoshua BEN-ARIEH, Jerusalem in the 19th Century. Emergence of the New City, Jerusalem/New York 1986.

Arthur BREYCHA-VAUTHIER, Österreich in der Levante. Geschichte und Geschichten einer alten Freundschaft, Wien/München 1972.

Ernst BRUCKMÜLLER/Peter URBANITSCH (Hg.), Ostarrichi – Österreich 996–1996. Menschen, Mythen, Meilensteine. Katalog der Österreichischen Länderausstellung, Horn 1996.

Hannelore BURGER, Zum Begriff der österreichischen Staatsbürgerschaft. Vom josephinischen Gesetzbuch zum Staatsgrundgesetz über die allgemeinen Rechte der Staatsbürger, in: Angerer/Bader-Zaar/Grandner (1999), S. 207–223.

Alex CARMEL, Christen als Pioniere im Heiligen Land. Ein Beitrag zur Geschichte der Pilgermission und des Wiederaufbaus Palästinas im 19. Jahrhundert (Theologische Zeitschrift, Sonderband 10), Basel 1981.

Alex CARMEL, The Activities of the European Powers in Palestine, 1799–1914, in: Asian and African Studies, Jg. 19, 1985, S. 43–91.

Saul P. COLBI, Christianity in the Holy Land, Tel Aviv 1969.

Robert L. DAUBER, Arthur C. Breycha-Vauthier de Baillamont (1903–1986). Biographie, Klagenfurt 1992.

DENKBLATT des österreichisch-ungarischen Pilgerhauses „zur heiligen Familie" in Jerusalem. Herausgegeben vom Curatorium des Pilgerhauses, Wien 1896.

Anna M. DRABEK/Mordechai ELIAV/Gerald STOURZH (Hg.), Prag – Czernowitz – Jerusalem. Der österreichische Staat und die Juden vom Zeitalter des Absolutismus bis zum Ende der Monarchie (Studia Judaica Austriaca, Bd. 10), Eisenstadt 1984.

Beda DUDIK, Kaiser-Reise nach dem Oriente, Wien 1870.

Pierre DUVIGNAU, Une Vie au Service de l'eglise. S.B. Mgr. Joseph Valerga. Patriarche Latin de Jerusalem 1813–1872, Jerusalem 1972.

Mordechai ELIAV, Britain and the Holy Land 1838–1914. Selected Documents from the British Consulate in Jerusalem, Jerusalem 1997.

Mordechai ELIAV, Das österreichische Konsulat in Jerusalem und die jüdische Bevölkerung, in: Drabek/Eliav/Stourzh (1949), S. 31–72.

Mordechai ELIAV, The Austrian Consulate in Jerusalem. Activities and Achievements, in: Wrba (1996), S. 41–51.

Mordechai ELIAV unter Mitarbeit von Barbara HAIDER, Österreich und das Heilige Land. Ausgewählte Konsulatsdokumente aus Jerusalem 1849–1917 (unveröffentlichtes Manuskript, im Druck).

Helga EMBACHER/Margit REITER, Gratwanderungen. Die Beziehungen zwischen Österreich und Israel im Schatten der Vergangenheit, Wien 1998.

Erich FEIGL, Musil von Arabien. Vorkämpfer der islamischen Welt, Wien/München 1985.

Robert-Tarek FISCHER, Die Palästinapolitik der Donaumonarchie im Ersten Weltkrieg, phil. Diss., Wien 1997.

Alexander FLORES, Die Entwicklung der palästinensischen Nationalbewegung bis 1939, in: Mejcher (1993), S. 89–122.

Friedrich FUNDER, Aufbruch zur christlichen Sozialreform, Wien 1953.

Friedrich FUNDER, Vom Gestern ins Heute. Aus dem Kaiserreich in die Republik, Wien/München [3]1971.

Erwin GATZ (Hg.), Die Bischöfe der deutschsprachigen Länder 1785/1803 bis 1945. Ein biographisches Lexikon, Berlin 1983.

William D. GODSEY Jr., Aristocratic Redoubt. The Austro-Hungarian Foreign Office on the Eve of the First World War, West Lafayette 1999.

Haim GOREN/Yehoshua BEN-ARIEH, Catholic Austria and Jerusalem in the Nineteenth Century: The Beginnings, in: Wrba (1996), S. 7–24.

Eva GRABHERR (Hg.), Das Dreieck im Sand. 50 Jahre Staat Israel, Wien 1997.

Brigitte HAMANN (Hg.), Die Habsburger. Ein biographisches Lexikon, Wien ²1988.

Ernst HANISCH, Der lange Schatten des Staates. Österreichische Gesellschaftsgeschichte im 20. Jahrhundert, Wien 1994.

Richard HARTMANN, Palästina unter den Arabern 632–1516, Leipzig 1915.

Horst HASELSTEINER, Die Außenpolitik des Kaisertums Österreich 1804–1848, in: Kaisertum Österreich (1996), S. 21–39.

Roger HEACOCK, Der Niedergang des osmanischen Reiches und die Neuordnung Palästinas, in: Grabherr (1997), S. 34–48.

Friedrich HEYER, Kirchengeschichte des Heiligen Landes, Stuttgart/Berlin/Köln/Mainz 1984.

Heinrich HIMMEL, Eine Orient-Reise, Wien/Würzburg 1889.

George HINTLIAN, The First World War in Palestine and Msrg. Franz Fellinger, in: Wrba (1996), S. 179–193.

HOSPIZ-NOTIZEN. Mitteilungsblatt der Österreichischen Gesellschaft vom Heiligen Land, Nr. 1–25, Wien 1987–1999.

Michael C. HUDSON, The Transformation of Jerusalem 1917–1987, in: Asali (1990), S. 249–278.

Ruth HUMMEL, Imperial Pilgrim: Franz Joseph's Journey to the Holy Land in 1869, in: Wrba (1996), S. 158–178.

JAHRBUCH des österr.-ungar. Pilgerhauses „Zur heiligen Familie“ in Jerusalem. Herausgegeben vom Kuratorium, Jg. 1–4, Wien 1905– 1911.

JAHRESBERICHT der Gesellschaft für Österreichisch-Arabische Beziehungen 1996, Wien 1997.

Peter JUNG, Austria's Desert War. The Austro-Hungarian Army in the Middle East 1914–1918, in: Wrba (1996), S. 194–213.

Peter JUNG, Der k. u. k. Wüstenkrieg. Österreich-Ungarn im Vorderen Orient 1915–1918, Graz/Wien/Köln 1992.

KAISERTUM Österreich 1804–1848. Ausstellung Schallaburg 1996, Katalog, Bad Vöslau 1996.

Josef KLAUS, Macht und Ohnmacht in Österreich. Konfrontationen und Versuche, Wien/München/Zürich 1971.

Heribert Franz KÖCK, Der Vatikan und Palästina. Ein Beitrag zur Völkerrechts- und Kirchengeschichte der neuesten Zeit, Wien/München 1973

Alfred KOHLER, Dynastes, bellum et pax. Zur Systemisierung und Verrechtlichung der Internationalen Beziehungen im 15./16. Jahrhundert, in: Angerer/Bader-Zaar/Grandner (1999), S. 387–411.

Gerhard KONZELMANN, Vermächtnis für den Frieden. Hussein von Jordanien, München 1999.

Walter KORNFELD/Christine MANN, Alttestamentliche Bibelwissenschaft, in: Suttner (1984) S. 63–86.

Johann KRAMMER, Austrian Pilgrimage to the Holy Land, in: Wrba (1996), S. 66–80.

Michaela KRONTHALER, Die Entwicklung der Österreichischen Bischofskonferenz. Von den ersten gesamtbischöflichen Beratungen 1849 bis zum Ende des Zweiten Vatikanischen Konzils, in: Österreichische Bischofskonferenz 1849–1999, S. 33–97.

Melchior LECHNER, Die Tiroler Pilger im heil'gen Land, als das Jahrhundert im Beginne stand. Gedenkbuch an die beiden Tiroler Pilgerzüge nach Jerusalem im September und Oktober 1901, Innsbruck 1902.

Peter LEISCHING, Die römisch-katholische Kirche in Cisleithanien, in: Wandruszka/Urbanitsch (1985), Bd. IV, S. 1–247.

Leo LEITNER (Hg.), Kronprinz Rudolf von Österreich. Eine Orientreise vom Jahre 1881, Salzburg/Wien 1994.

Leonhard LEMMENS, Geschichte der Franziskanermissionen (Veröffentlichungen des internationalen Instituts für missionswissenschaftliche Forschungen: Missionswissenschaftliche Abhandlungen und Texte, Bd. 12), Münster 1929.

Maximilian LIEBMANN, Theodor Innitzer und der Anschluß. Österreichs Kirche 1938, Graz/Wien/Köln 1988.

Franz LOIDL, Geschichte des Erzbistums Wien, Wien/München 1983.

Erika MAYR-OEHRING (Hg.), Orient. Österreichische Malerei zwischen 1848 und 1914, Salzburg 1997.

Dorothea McEWAN, The Habsburg Church Protectorate in the Holy Land, in: Wrba (1996), S. 52–65.

Helmut MEJCHER (Hg.), Die Palästina-Frage 1917–1948. Historische Ursprünge und internationale Dimensionen eines Nationenkonflikts, Paderborn/München/Wien/Zürich ^{2}1993.

Helmut MEJCHER, Palästina in der Nahostpolitik europäischer Mächte und der Vereinigten Staaten von Amerika 1918–1948, in: Mejcher (1993), S. 189–242.

Helmut MEJCHER, Sinai, 5. Juni 1967. Krisenherd Naher und Mittlerer Osten, München 1998.

Pierre MEDEBIELLE, Gaza und seine christliche Geschichte, Jerusalem/Salzburg 1985.

Ernst MISCHLER/Josef ULBRICH, Österreichisches Staatswörterbuch. Handbuch des gesamten öffentlichten Rechtes, Bd. 1, Wien ^{2}1905.

MISSIONS-NOTIZEN aus dem heiligen Lande, Wien, Jahrgänge 1849, 1852, 1854, 1866, 1867, 1870.

Benny MORRIS, Righteous Victims. A History of the Zionist-Arab Conflict, 1881–1999, New York 1999.

Giuseppe NAZARRO, Die Franziskaner im Heiligen Land, Jerusalem 1995.

Hans Werner NEULEN, Feldgrau in Jerusalem. Das Levantekorps des kaiserlichen Deutschland, München 1991.

(N.N.), Nach Rom und Jerusalem. Erste Deutsche Männerwallfahrt im Jubel-Jahre 1900. Bericht des Deutschen Pilger-Kommitees, Köln 1902.

Georg NOSTITZ-RIENECK (Hg.), Briefe Kaiser Franz Josephs an Kaiserin Elisabeth, Bd. 1, Wien/München 1966.

150 Jahre ÖSTERREICHISCHE BISCHOFSKONFERENZ. Herausgegeben vom Sekretariat der Österreichischen Bischofskonferenz, Wien 1999.

ÖSTERREICHISCHES BIOGRAPHISCHES LEXIKON 1815–1950, 10 Bde., Wien 1957–1994.

Libor OVECKA, Die Moraltheologie Franz M. Schindlers: Eine theologisch-politische Studie, St. Ottilien 1995.

Ilan PAPPÉ, The Making of the Arab-Israeli Conflict 1947–1951, London/New York ^{2}1994.

Ilan PAPPÉ (Hg.), The Israel/Palestine Question, London/New York 1999.

Andreas PATERA, Die k.k. Postämter in Syrien und in Palästina, in: Postrundschau 11/1992, S. 27–31.

Andreas PATERA, Die k.k. Postämter in Palästina, in: Postrundschau 12/1992, S. 27–31.

Friedrich PESENDORFER, Auf des Welterlösers Pfaden. Gedenkbuch an den dritten oberösterr. Pilgerzug ins Heilige Land April 1910, Linz 1910.

Friedrich PESENDORFER, Vom Donaustrand ins Heilige Land. Gedenkbuch an den II. oberösterreichischen Pilgerzug nach Jerusalem vom 17. April bis 8. Mai 1904, Linz 1905.

Otto PLEINERT, Diplomat und Civil Servant. Erinnerungen eines österreichischen Staatsdieners 1958 bis 1993, Wien/Köln/Weimar 1994.

Joseph POMIANKOWSKI, Der Zusammenbruch des Ottomanischen Reiches. Erinnerungen an die Türkei aus der Zeit des Weltkrieges, Zürich/Leipzig/Wien 1928.

Chairiyya QASIMIYYA, Palästina in der Politik der arabischen Staaten 1918–1948, in: Mejcher (1993), S. 123–188.

Günther RAMHARDTER, Propaganda und Außenpolitik, in: Wandruszka/Urbanitsch (1989), Bd. VI, S. 496–536.

Joseph Othmar RAUSCHER, Das österreichische Pilgerhaus zu Jerusalem. Aus einem Schreiben des Hochwürdigsten Herrn Kardinales Fürst-Erzbischofes von Wien an die Hochwürdigsten Herrn Erzbischöfe und Bischöfe des Kaiserthumes vom 18. Jänner 1863, o.O., 1863.

Ludwig REICHHOLD, Franz M. Schindler. Von der Sozialreform zur Sozialpolitik, Wien 1989.

Jospeh SALZBACHER, Erinnerungen aus meiner Pilgerreise nach Rom und Jerusalem im Jahre 1837, Bd. 2, Wien 1839.

Alexander SCHÖLCH, Europa und Palästina 1838–1917, in: Mejcher (1993), S. 13–47.

Alexander SCHÖLCH, Jerusalem in the 19th Century (1831–1917 AD), in: Asali (1990), S. 228–248.

Norbert SCHWACKE, The Austrian Hospital in Nazareth, in: Wrba (1996), S. 81–97.

Norbert SCHWAKE, Die Entwicklung des Krankenhauswesens der Stadt Jerusalem vom Ende des 18. bis zum Beginn des 20. Jahrhunderts, 2 Bde., Herzogenrath 1983.

Avi SHLAIM, The Debate about 1948, in: Pappé (1999), S. 171–192.

Christian STADELMANN, Heilige Orte & Gemeinschaft, in: Bruckmüller/Urbanitsch (1996), S. 315–318.

STENOGRAPHISCHES PROTOKOLL. Delegation des Reichsrates. XL. Session, Budapest, 27.5.1904

Thomas F. STRANSKY, The Austrian Hospital at Tantur, in: Wrba (1996), S. 89–121.

P. Angelus STUMMER, Tirol an des Erlösers Grab. Pilgrims Reise-Erzählungen vom Tirol-Vorarlberger Papst- und Kaiserjubiläums-Pilgerzuge, Brixen 1899.

Ernst Chr. SUTTNER (Hg.), Die Katholisch-Theologische Fakultät der Universität Wien. Festschrift zum 600 Jahr-Jubliläum, Berlin/München 1984.

Adam WANDRUSZKA/Peter URBANITSCH (Hg.), Die Habsburgermonarchie 1848–1918, Bd. IV: Die Konfessionen, Wien 1985.

Adam WANDRUSZKA/Peter URBANITSCH (Hg.), Die Habsburgermonarchie 1848–1918, Bd. VI/1: Die Habsburgermonarchie im System der internationalen Beziehungen, Wien 1989.

Mary C. WILSON, King Abdallah, Britain and the Making of Jordan, Cambridge ²1999.

Günther WIMMER, Orientreisen und Orientbilder, in: Mayr-Oehring, (1997), S. 14–26.

Helmut WOHNOUT, „... Austria will thus have a home by the Saviour's Grave ...". The Austrian Pilgrim's House from its Foundation to World War One, in: Wrba (1996), S. 25–40.

Helmut WOHNOUT, Geschichte des Österreichischen Hospizes in Jerusalem. Broschüre, herausgegeben von der österreichischen Gesellschaft vom Heiligen Lande anläßlich des 130jährigen Bestehens des Österreichischen Hospizes in Jerusalem. Wien 1993.

Cölestin WOLFSGRUBER, Joseph Othmar Cardinal Rauscher, Fürsterzbischof von Wien. Sein Leben und sein Wirken, Freiburg i.B., 1888.

Marian WRBA (Hg.), Austrian Presence in the Holy Land in the 19th and early 20th Century. Proceedings of the Symposium in the Austrian Hospice on March 1–2, 1995, Tel Aviv 1996.

Constant von WURZBACH, Biographisches Lexikon des Kaiserthums Österreich, 61 Bde., Wien 1856–1923.

Das ZEITALTER Kaiser Franz Josephs. 2. Teil 1880–1916. Glanz und Elend. Ausstellungskatalog Bd. 1, Wien 1987.

Ferdinand ZÖHRER, Die Oberösterreicher im heiligen Lande. Gedenkbuch an den 1. oberösterreichischen Männer-Pilgerzug nach Jerusalem in den Tagen vom 24. April bis 15. Mai im goldenen Jubiläumsjahre 1900, Linz 1901.

Hermann ZSCHOKKE, Das neutestamentarische Emaus, Freiburg 1865.

Hermann ZSCHOKKE, Beiträge zur Topographie der westlichen Jordansau, Jerusalem 1866.

Hermann ZSCHOKKE, Der erste deutsche Führer durch das heilige Land für Pilger, Wien 1868.

Hermann ZSCHOKKE, Die österreichisch-ungarische Monarchie im Heiligen Lande. Separat-Abdruck aus „Das Vaterland" vom 31.1.1907, Wien 1907.

Abkürzungsverzeichnis

AA, NPA	Bestand Auswärtige Angelegenheiten, Neues Politisches Archiv
AdR	Österreichisches Staatsarchiv/Archiv der Republik, Wien
AR	Bestand Administrative Registratur
AVA	Österreichisches Staatsarchiv/Allgemeines Verwaltungsarchiv, Wien
Bd.	Band
DA	Diözesanarchiv, Wien
Dok.	Dokument
Ebd.	Ebendort
F	Fach
FA	Österreichisches Staatsarchiv/Finanzarchiv, Wien
Fasc.	Faszikel
fol.	folio
Hg.	Herausgeber
HHStA	Österreichisches Staatsarchiv/Haus-, Hof- und Staatsarchiv, Wien
K	Karton
Kab. d. Min.	Kabinett des Ministers
Kons. Jer.	Konsulatsarchiv Jerusalem
M	Mappe
NK	Bestand Neuer Kultus
o.D.	ohne Datum
o.O.	ohne Ort
o.Z.	ohne Zahl
ÖHJ	Archiv des Österreichischen Hospizes, Jerusalem
ÖPJ-Kur.	Bestand Österreichisches Pilgerhaus in Jerusalem, Kuratorium
PA I	Bestand Politisches Archiv I
Pal.	Palästina
Präs.	Präsidialia
RA	Rechtsanwalt
RGBl.	Reichsgesetzblatt

Personenregister

Bildnachweis

Archiv des Österreichischen Hospizes, Jerusalem
Bildarchiv der „Neuen Kronen-Zeitung", Wien
Bildarchiv des Paulus-Hauses, Jerusalem
Diözesanarchiv, Wien
Erwin Gatz (Hg.), Die Bischöfe der deutschsprachigen Länder 1785/1803 bis 1945. Ein biographisches Lexikon, Berlin 1983
Erzbischöfliches Dom- und Diözesanmuseum, Wien
Österreichischen Nationalbibliothek, Wien, Bildarchiv
Österreichische Nationalbibliothek, Wien, Karten- und Globensammlung
Peter Jung, Der k. u. k. Wüstenkrieg. Österreich-Ungarn im Vorderen Orient 1915–1918, Köln/Graz/Wien, 1992
Parlamentsarchiv, Wien

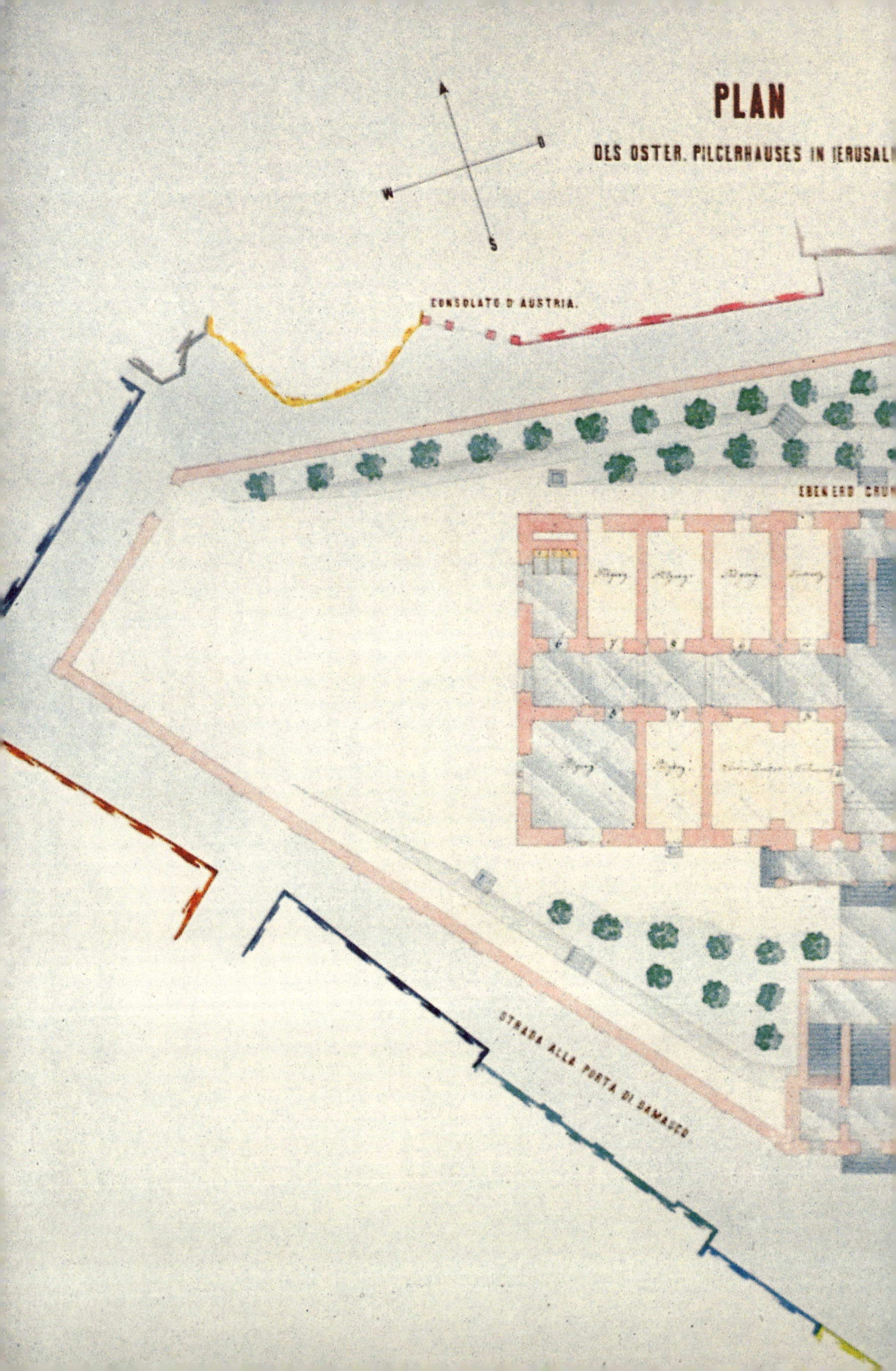
PLAN
DES OSTER. PILGERHAUSES IN IERUSAL
W
O
S
CONSOLATO D'AUSTRIA.
STRADA ALLA PORTA DI DAMASCO